智慧资源建设与开发

王胜洲　侯少杰　豆士婷　陈振鹭　编著

清华大学出版社
北　京

内 容 简 介

本书在传统企业管理的基础上，强调智慧资源建设的重要性与紧迫性，涵盖智慧资源的基础、建设、实现与维护等内容，构建了智慧资源建设从基础到实施的系统化架构，帮助读者整合相关的管理知识，通过系统化思考与设计，将业务转换成具备技术支持的智慧资源，实现跨学科融合。全书分为3篇，一是基础篇，主要介绍了智慧资源建设与开发的顶层设计、业务流程管理、软件工程基础，可以帮助读者了解智慧资源建设与开发的整体框架和基础逻辑；二是建设篇，介绍了从可行性分析、需求分析到概要设计、详细设计的全流程建设过程，以及面向对象方法、UML面向对象设计的工具及应用，旨在帮助读者理解和运用相关分析方法及工具进行智慧资源建设；三是实现与维护篇，主要介绍了软件实现与维护的工具及方法，帮助读者对企业智慧资源建设过程进行测试，对建设成果进行维护、更新。

本书面向本科及以上层次的工商管理类等专业的学生，以及企业管理从业者等。

本书封面贴有清华大学出版社防伪标签，无标签者不得销售。

版权所有，侵权必究。举报: 010-62782989, beiqinquan@tup.tsinghua.edu.cn。

图书在版编目(CIP)数据

智慧资源建设与开发 / 王胜洲等编著 . -- 北京：清华大学出版社, 2025.3. -- ISBN 978-7-302-68076-5

Ⅰ. F272.7

中国国家版本馆 CIP 数据核字第 2025228H5P 号

责任编辑：陈　莉
封面设计：周晓亮
版式设计：方加青
责任校对：成凤进
责任印制：杨　艳

出版发行：清华大学出版社
网　　址：https://www.tup.com.cn，https://www.wqxuetang.com
地　　址：北京清华大学学研大厦 A 座　　　邮　编：100084
社 总 机：010-83470000　　　　　　　　　邮　购：010-62786544
投稿与读者服务：010-62776969, c-service@tup.tsinghua.edu.cn
质 量 反 馈：010-62772015, zhiliang@tup.tsinghua.edu.cn

印 装 者：天津鑫丰华印务有限公司
经　　销：全国新华书店
开　　本：185mm×260mm　　印　张：14.5　　字　数：335 千字
版　　次：2025 年 3 月第 1 版　　印　次：2025 年 3 月第 1 次印刷
定　　价：58.00 元

产品编号：105570-01

前言 PREFACE

人工智能、物联网、大数据、云计算等技术的深入应用对社会的发展产生了深远的影响，也给各类管理活动带来了严峻的挑战，传统的以竞争、定位、分配为主导的管理方式已经转向以合作、共享、创造为主导的管理方式。毫无疑问，这种变化对商科的教育产生了巨大的冲击，成为商科教育改革、课程体系重构、课程内容建设与创新的催化剂和加速器。

在商业环境的颠覆性变迁及教育部"四新"改革的背景下，我们从2019年开始进行新财经教育改革的探索与创新。在此基础上，我们对教育模式改革的顶层设计，课程体系重构的逻辑思考，课程内容的解构、整合与重构，以及跨学科、跨专业的内容融合等进行了多层次、全方位的探索。

本书就是在这样的背景下应运而生的。我们组建了跨学科、跨专业的教师队伍，首先对逻辑框架进行研讨与探索，初步形成课程体系，再经过两轮的课堂检验与修订，形成了今天的基本框架，也可以称为《智慧资源建设与开发》1.0版本，后续会继续迭代、更新。

之所以进行智慧资源建设与开发的研究，我们的根本思考是智慧资源建设与开发是未来管理变革和创新的底层逻辑。乔希·沙利文等在《数字时代的企业进化：机器智能+人类智能=无限创新》一书中指出，"技术的飞跃，使得我们先前难以明辨之处，现在有了细纹理、高分辨率的全新图像。借助机器智能，我们得以发现一直处于朦胧之中的模式、异常和关联，而机器智能则建立在被称为'数据科学'的一揽子技术之上"，智慧资源建设与开发的目的正是打造数据科学的基础。

陈潭等在《工业4.0：智能制造与治理革命》一书中提出，"工业4.0是以智能制造为主导的第四次工业革命的革命性生产方法，是通过智能工厂和智能生产将制造业向智能化转型，其实施过程是制造业创新发展的过程，是制造技术、产品模式、业态组织等方面的下一代创新，是从大规模生产转向个性化定制的智能制造阶段，是生产过程更加柔性化、智能化、体验化的创新形态"，智慧资源建设与开发恰恰是产生这些变化的数据基础建设。

潘教峰在《数字科技：第四次工业革命的创新引擎》一书的序中指出，"数字科技作为第四次工业革命的创新引擎，对传统产业的改造赋能也进入新的阶段和更深层次，通过构建与传统产业深度融合的数据汇集、仿真建模、机器学习、智能决策等'数据—信息—知识'闭环，加快推进传统产业的数字化，使得大数据源源不断地进入经济和社会的价值创造体系"，智慧资源建设与开发正是解决数据汇集、仿真建模、机器学习、智能决策等问题的数据资源基础。

由此可知，智慧资源建设与开发的研究有其必要性和必然性，是管理变革与管理能力提升的基础。本书旨在解决数智管理中的底层数据资源搭建问题，为管理学类专业的本科生和研究生搭建数据资源建设与开发的逻辑框架，帮助其建立从顶层设计到业务流程构建，再到数据资源建设的整体逻辑。

本书认为，未来企业的竞争力来自数据共享、知识共有、价值共创、外部协同等重大变革，数智管理、数据科学、AI决策、快速反应成为企业管理的核心，这就亟须企业对数据资源进行建设与开发，快速建立企业可以共享、共治、共用的数据资源，构建企业管理的数据基石，奠定企业发展与成长的基础。

为完成本书的编撰，课程组深入企业调研，了解企业需求与面临的困境，获悉企业原有的信息化、数字化等改造与应用多是基于模块化思维构建起来的，这在一定程度上导致了条块分割和数据资源的浪费，缺乏数据共享与互联互通，进而导致企业迫切需要进行整体性、系统化的数据资源建设与开发。

本书是课程组在新财经教育改革和两轮课程建设与开发的基础上完成的，也是河北经贸大学新财经教育改革的系列成果之一，得到了学校和企业的大力支持与指导。全书由王胜洲负责统稿、修订与定稿，参与书稿撰写的有侯少杰、豆士婷、陈振鹭。在此，对支持本书内容研究与撰写的专家领导、相关企业，以及课程组成员一并表示感谢。本书免费提供教学大纲及课件，可扫二维码下载。

教学大纲及课件

本书旨在敲开数据资源搭建的大门，希望能对后续的研究和企业的智慧资源建设提供有益的帮助与启发。受课程组成员知识与能力的限制，本书中对有些问题的认识存在片面性和局限性，还请广大读者批评、指正，以利再版修正。

王胜洲
2024年10月10日

目录 CONTENTS

第一篇 基础篇

第一章 智慧资源建设与开发概述 / 2

  第一节 智慧资源建设与开发的背景 / 2

    一、信息技术的崛起 / 2

    二、数据资源的形成 / 3

    三、四次工业革命 / 4

    四、后工业社会 / 5

    五、间断平衡理论 / 6

  第二节 智慧资源建设与开发的必要性 / 7

    一、管理实践的迫切需要 / 7

    二、管理理论的演进 / 9

第二章 智慧资源建设与开发的顶层设计 / 12

  第一节 战略分析 / 12

    一、战略管理概述 / 12

    二、企业战略分析 / 15

  第二节 价值链分析 / 19

    一、价值链分析概述 / 19

    二、企业智慧资源建设与开发的价值链分析 / 21

  第三节 商业模式画布 / 23

    一、商业模式画布概述 / 23

    二、运用商业模式画布构建智慧资源 / 25

  第四节 平衡计分卡与战略地图 / 27

    一、平衡计分卡 / 27

    二、战略地图 / 30

  第五节 其他分析工具 / 32

    一、标杆管理 / 32

    二、价值网 / 35

第三章 业务流程管理 / 37

第一节 业务流程管理概述 / 37
一、业务流程管理的概念 / 38
二、业务流程管理的特点 / 38
三、业务流程管理的重要性 / 39
四、业务流程管理的生命周期 / 39

第二节 业务流程设计 / 42
一、业务流程图的概念 / 42
二、业务流程设计的基本原则 / 42
三、业务流程设计的常用方法 / 43
四、业务流程设计的步骤 / 46

第三节 业务流程改进 / 47
一、业务流程改进小组 / 47
二、业务流程改进的前提 / 48
三、六西格玛管理 / 49
四、精益管理 / 51
五、精益六西格玛管理 / 51
六、ECRS分析法 / 52
七、流程再造 / 53

第四节 业务流程的数字化转型 / 53
一、数字化流程与流程数字化转型 / 53
二、业务流程管理数字化的挑战 / 54
三、业务流程管理数字化的创新趋势 / 55

第四章 软件工程基础 / 56

第一节 软件危机概述 / 56
一、软件的概念 / 56
二、软件危机的出现 / 57

第二节 软件工程概述 / 58
一、软件工程的产生 / 58
二、软件工程的概念 / 61
三、软件工程的目标 / 61

第三节 软件生命周期 / 62

第四节 常见的软件生命周期模型 / 63
一、瀑布模型 / 63
二、快速原型模型 / 65
三、增量模型 / 66

四、螺旋模型 / 67

五、喷泉模型 / 67

六、统一过程模型 / 68

第二篇 建设篇

第五章 可行性分析 / 72

第一节 问题的定义和调研 / 72

一、问题定义 / 72

二、问题调研 / 72

第二节 可行性分析的内容 / 73

一、技术可行性分析 / 73

二、经济可行性分析 / 74

三、社会可行性分析 / 76

第三节 可行性分析报告的撰写 / 76

第六章 需求分析 / 80

第一节 需求分析概述 / 80

一、软件需求的概念 / 80

二、软件需求的划分 / 80

三、需求分析过程 / 82

第二节 结构化分析方法 / 84

第三节 数据流图 / 85

一、数据流图的基本符号 / 85

二、数据流图的设计原则 / 86

三、数据流图的应用 / 88

第四节 数据字典 / 92

一、数据流条目 / 92

二、数据项条目 / 93

三、数据存储条目 / 94

四、加工条目 / 95

第五节 状态转换图 / 96

一、状态转换图的基本符号 / 96

二、状态转换图的应用 / 96

第六节 软件需求规格说明书的撰写 / 98

第七章 概要设计 / 101

第一节 概要设计概述 / 101

一、软件设计的概念 / 101

二、概要设计的过程 / 102

三、概要设计的原则 / 103

第二节　系统结构图 / 104

一、系统结构图的基本符号 / 104

二、系统结构图的评价指标 / 107

三、数据流图向系统结构图的转换 / 108

第三节　实体-联系图 / 113

一、实体-联系图的概念 / 113

二、实体-联系图的基本符号 / 113

三、实体-联系图的应用 / 115

第四节　概要设计阶段文档的撰写 / 118

一、概要设计说明书 / 118

二、数据库设计说明书 / 120

三、测试计划 / 121

四、用户手册 / 123

五、项目开发计划 / 125

第八章　详细设计 / 127

第一节　详细设计概述 / 127

一、详细设计的概念 / 127

二、详细设计的过程 / 127

三、详细设计的原则 / 128

第二节　详细设计的工具 / 128

一、程序流程图 / 128

二、盒图 / 130

三、问题分析图 / 130

四、决策表与决策树 / 134

五、过程设计语言 / 136

第三节　详细设计说明书的撰写 / 139

第九章　面向对象方法 / 141

第一节　面向对象概述 / 141

一、面向对象方法的产生 / 141

二、面向对象的概念 / 142

三、面向对象的消息机制 / 142

第二节　面向对象的实现 / 143

一、类 / 143

二、对象 / 144

三、封装 / 145

　　四、继承 / 146

　　五、抽象 / 147

　　六、多态 / 149

第三节　面向对象方法 / 151

　　一、面向对象分析 / 151

　　二、面向对象设计 / 151

　　三、面向对象编程 / 153

　　四、面向对象测试 / 154

第十章　UML面向对象设计 / 155

第一节　UML概述 / 155

　　一、UML的基本概念 / 155

　　二、常用UML建模工具 / 155

第二节　用例图 / 158

　　一、用例图概述 / 158

　　二、用例图的应用 / 160

第三节　类图 / 162

　　一、类图的概念 / 162

　　二、类图引入案例 / 162

　　三、类图的表示方法 / 172

　　四、类图中的关系 / 175

第四节　时序图 / 178

第五节　状态图 / 183

第六节　活动图 / 187

第三篇　实现与维护篇

第十一章　软件实现与维护 / 192

第一节　软件实现 / 192

　　一、软件实现的相关概念 / 192

　　二、编程语言的选择 / 192

　　三、良好的编码风格 / 194

　　四、编码质量评价 / 195

　　五、提高编码质量的方法 / 195

第二节　软件实现技术 / 196

　　一、软件体系架构 / 196

　　二、N层架构 / 197

三、Java EE技术 / 198

四、.NET技术 / 199

五、前后端分离技术 / 200

六、常用开发技术 / 201

第三节 软件测试 / 203

一、软件测试的概念 / 203

二、软件测试方法 / 205

三、软件测试用例 / 206

四、软件测试自动化 / 208

五、测试计划的撰写 / 210

六、测试分析报告的撰写 / 212

第四节 软件部署 / 213

一、软件部署的概念 / 213

二、常见软件部署工具 / 215

第五节 软件维护 / 217

一、软件维护的概念 / 217

二、常见软件维护工具 / 217

参考文献 / 220

第一篇
基础篇

第一章
智慧资源建设与开发概述

随着物联网、大数据、云计算和人工智能技术的兴起,信息技术对全球经济,各国政府、企事业单位的发展和经济社会生活的方方面面产生了举足轻重的影响。

第一节 智慧资源建设与开发的背景

一、信息技术的崛起

进入21世纪,信息技术飞速发展,对现代社会的影响巨大而深远。信息技术不仅为人们提供了新的、更加有效的信息获取、传输、处理和控制的手段与工具,极大地扩展了人类信息活动的范围,增强了人类信息活动的能力,加速了社会的信息化进程,还孕育了一个新的产业——信息产业,加速了农业的现代化、工业的智能化和第三产业的高效化,改变了现代产业结构,从而使人类社会迈进了一个崭新的时代——信息时代,又称网络时代、知识经济时代。

什么是信息技术呢?信息技术,又称现代信息技术,是一个综合性极强的领域,它涵盖了信息的获取、传输、处理等多个方面,由计算机技术、通信技术及微电子技术等多种技术相互融合而成。信息技术主要运用计算机完成各种信息处理任务,同时结合现代电子通信技术,进行信息的采集、存储、加工、利用,并涉及相关产品的制造、技术开发及信息服务。一般而言,信息技术主要是指利用电子计算机和现代通信手段,实现信息的获取、传递、存储、处理、显示及分配等目标的相关技术。凡是能够增强或扩展人类信息获取、传输和处理能力的技术,都可以被归类为信息技术。

信息时代的特点在于信息技术有着广泛而深远的影响,几乎所有领域都被信息技术所渗透和重塑。从经济到政治,从科学到军事,从教育到社会,从企业运营到居民生活,无一不受到信息技术的影响。在军事领域,信息技术的运用使得信息战成为现代战争的重要形式,采用信息技术收集、分析、利用信息,以取得战场上的优势。在政治领域,信息技术的应用使得公民能够通过网络平台更直接地参与政治讨论和决策过程,推动了政治民主化进程。在社会管理领域,信息技术推动了"网格化管理"模式的引入,通过构建信息平台,实现了对社会资源的精细化管理和高效利用,提升了社会管理的效率和质量。此外,信息技术在经济、科学、教育等领域的应用也在不断推进,促进了产业升级、科研创新和教育现代化。

在现代社会,信息技术不仅成为经济发展的关键引擎,而且是科技进步的驱动力。信息技术的广泛应用为世界各国,特别是发展中国家,提供了一条实现工业、农业、科技和国防现代化的高效途径。许多国家正敏锐地抓住这一历史机遇,加速实现从工业化向信息化的跨越式发展。信息技术正在以前所未有的速度和广度,重塑着社会的各个方面,为人类社会的发展带来深远的影响。

二、数据资源的形成

信息化是将原来需要手工做的事情转换成用计算机完成,并且更加准确、更加方便、更加高效,即把现实世界中的信息通过传感器、摄像头、录音笔等媒介采集到计算机中,在计算机系统中形成很多数据,人类不断地通过存储系统、U盘、硬盘、光盘等做备份,以确保数据安全,目的是保存信息化的成果和人类的工作成果等。因此,从某种程度来讲,信息化的本质就是生产数据。早期的数据主要通过键盘录入,所以基本上都是字符数据;20世纪90年代以来,多媒体设备、数字设备大量出现(如音频、视频设备等),数据生产方式多样,生产数据的增长速度飞快,远远超出了IT技术进步的速度,这也为今天的大数据埋下伏笔。进入21世纪,各种感知大自然的设备(如温度湿度传感器、天文望远镜、对地观测卫星等)广泛应用,更多的数据来自对宇宙空间、自然界的感知,以及网络空间自身(如计算机病毒的传播、数据的大量副本和备份等)。来自国家、机构、企业的数据量越来越大。

在数据领域,只有当数据积累到一定程度,也就是达到"一定规模"时,这些数据才能转化为宝贵的数据资源。其中"一定规模"的门槛是数据资源形成的必要条件,缺乏这样的规模,数据便无法被归类为资源。在过去,只有少数人、少数实体或少数工作处于信息化的初级阶段,数据并未形成真正的资源。然而,随着信息化的全面推进,其广度与深度均达到了显著水平,数据因此成为极具价值的资源。以个人数据为例,一个人的身份数据由于其局限性,并不能单独构成数据资源。然而,当这些数据汇聚至一个城市级别,涵盖了所有居民的身份信息时,它就成为一项极其重要的数据资源。在当今信息时代,这种数据资源规模巨大、价值非凡。当前,世界各国都在利用卫星等开展太空探测、深海探测、地球勘探等,收集宇宙、大气、地球、海洋等产生的自然数据,形成自然数据资源;利用DNA测序获得关于生命的数据,形成生命数据资源;国民经济与社会信息化则促使大量关于社会发展和人类行为的数据产生,形成了经济社会数据资源(例如,在国民经济领域,有国家统计数据、证券交易所交易数据、海关数据等);在社会领域,有民政数据、交通数据、医疗保险数据、社会行为数据及大量的互联网行为(如电子商务、网络游戏、电子邮件、网络社区)数据等;在科学研究领域,国家建设的科学平台积累了大量的地球系统科学数据、国土资源科学数据、气象科学数据等;国家建设的自然人数据库、法人数据库、空间地理数据库和宏观经济数据库等也积累了大量相关数据。这些都是很重要的数据资源。个人数据的规模也非常可观，很多个人有TB级别的硬盘或移动硬盘，他们在其中存储了大量文档资料、数码照片、家庭视频及其他数据，这些都是数据资源。

数据作为新型生产要素，是数字经济时代的"石油"。2008年，朱扬勇和熊赟提出了"数据资源是重要的现代战略资源，其重要程度将逐渐显现，在21世纪有可能超过石油、煤炭、矿产，成为最重要的人类资源之一"，"数据资源的开发与利用滞后于网络基础设施和应用系统的建设，制约了国家信息化的综合效益"，"数据资源保护不力、开发不足、利用不够的现象将长期存在"，"提高数据资源开发与利用水平、保护国家的战略资源是增强我国综合国力和国际竞争力的必然选择"等前瞻观点。

三、四次工业革命

第一次工业革命即蒸汽革命，主要发生在18世纪和19世纪，机械的创新驱动农业社会向工业社会和城市化发展。随着蒸汽动力广泛应用于纺织、采矿、冶金和机械制造等行业，技术革命开始转化为产业革命。蒸汽机的发明及广泛应用使人类社会进入"蒸汽时代"，蒸汽驱动的机械能取代了人力、畜力和自然力，为社会生产带来了强大的能量，极大地提高了生产力，巩固了资本主义各国的统治地位。第一次工业革命引起了社会的重大变革，促进了近代城市的兴起，使社会日益分裂为两大对抗阶级，即工业资产阶级和无产阶级。

第二次工业革命被誉为电力革命，发生在19世纪末至第一次世界大战前夕，标志着工业领域的爆发式发展。这一时期的主要驱动力来自大规模生产技术、电力的普及和内燃机的发明。1866年，德国工程师西门子成功研制出发电机；19世纪70年代，实际可用的发电机问世，使得电力开始逐步取代蒸汽机，成为新的动力源。随后，电灯、电车、电影放映机等电力驱动的设备相继问世，改变了人们的生活方式。80年代，德国人卡尔·弗里特立奇·本茨等人成功研制出内燃机驱动的汽车，这不仅推动了内燃汽车、飞机及远洋轮船等交通工具的迅猛发展，还带动了石油开采业和石油化工工业的兴起。19世纪90年代，柴油机的成功创制进一步解决了交通工具的发动机问题，推动了内燃机的广泛应用。与此同时，科学技术的进步也促进了电信事业的发展。19世纪70年代，美国人贝尔发明了电话，90年代，意大利人马可尼完成无线电报的试验，这些发明极大地便利了信息的快速传递，加强了世界各国之间的经济、政治和文化联系。电能的广泛应用标志着人类正式进入"电气时代"，这不仅极大地推动了生产力的飞速发展，还对人类社会的经济、政治、文化、军事、科技和生产力产生了深远的影响。

第三次工业革命即电子技术革命，从20世纪40年代开始，个人计算机和互联网使社会产生了广泛的变革，新的电子信息技术为其提供了技术基础。1945年，第一颗原子弹成功爆炸；1946年，第一台计算机诞生；1953年，沃森和克里克发现DNA双螺旋结构，生物科学技术迅猛发展；1954年，第一座核电站出现，核能投入运用；50—70年代，美苏开展"太空竞赛"，先后取得了向月球、金星、火星发射人造卫星，以及向近地轨道和月球发射载人飞船等开拓性成果；50年代，半导体技术逐渐发展；1960年，激光诞生；1965年，摩尔定律被提出；等等。第三次工业革命中，电子技术广泛应用于社会生产各领域，实现了社会生产自动化，人类进入"电子时代"。第三次工业革命推动了社会生产力的发展，促进了社会结构的重大变化，人类的衣、食、住、行、用等日常生活的各个方面也发生了重大的变革，对国际关系产生了深刻的影响。

第四次工业革命即当前物理学、信息化和生物学的融合，主要驱动力是大型计算能力。大数据技术和大型计算能力的使用成本逐渐降低，且还在进一步下降。在电子技术革命的推波助澜下，社会进入人工智能时代。人工智能时代的智能化主要体现在：一是智能工厂，重点是智能化生产系统及过程，以及网络化分布式生产设施；二是智能生产，主要涉及整个企业的生产管理、人机互动及3D技术在工业生产过程中的应用等；三是智能物流，主要通过互联网、物联网、物流网整合物流资源，提高现有物流资源供应方的效率。第四次工业革命对人类的发展产生了前所未有的影响。在大数据、物联网、人工智能等新一代技术的支持下，企业需要紧跟社会发展进程，适应信息技术带来的时代变化，突破原有发展瓶颈，才能在智能时代中生存与长久发展。

四、后工业社会

丹尼尔·贝尔在1973年出版的《后工业社会的来临》中首次提到"后工业社会"这一概念。贝尔对人类社会的演进历程进行了详尽的划分：首先，前工业社会，又称农业社会，这一时期，人们高度依赖自然界提供的原材料和人力劳作，经济主要由农业、矿业、渔业和林业支撑；其次，工业社会，这一时期，人们减少了对自然界的直接依赖，转而依靠能源和技术驱动，利用机器进行大规模的商品生产，经济重心转移至制造业、交通运输业和商业等；最后，后工业社会，人们越发依赖信息，经济重心逐渐转向服务业。

贝尔提出了"后工业社会"的概念，预测了人类经济和社会互动结构的根本性变化，这种变化会对社会秩序造成影响，进入他所称的"信息时代"。后工业社会的具体表现：第一，从商品经济转向服务经济；第二，专业和技术人员处于主导地位；第三，理论知识是社会变革与制定政策的源泉；第四，科学技术的重要性显著提升；第五，智能技术在制定决策的过程中扮演重要角色。由于制造业的生产率明显高于农业和服务业，后工业社会的经济增长速度会低于工业社会。由于知识和技术成为越来越重要的生产要素，非熟练劳动者的弱势地位更加突显，分配和公平问题将成为长期难题。

在后工业社会中，理论知识占据了核心地位，其主导逻辑在于人与人之间的知识竞争。科技精英凭借其深厚的专业知识和技术专长，成为社会的领导者和统治者。领导者的权力来源于他们对前沿科技的理解、掌握和应用，这种专业能力使得他们在社会决策和资源配置中拥有显著的话语权。

后工业社会以理论知识为中轴，意图是人与人之间进行知识的竞争，科技精英成为社会的统治人物。后工业社会的特征如下。

(1) **技术创新的推动**。人工智能、物联网、区块链等技术的不断发展对后工业社会产生深刻的影响，从而推动社会进一步发展。

(2) **数字化程度的加深**。随着信息技术的应用场景不断丰富，数字化已经成为后工业社会的主要特征，将在很大程度上颠覆传统的生活方式和观念。

(3) **人类社会的自我优化**。后工业社会的愿景是让人类社会摆脱过去的瓶颈和束缚，走向更自由、更平等、更进步的未来。后工业社会是一个充满机遇和挑战的时代。

五、间断平衡理论

间断平衡理论是美国著名古生物学家古尔德(Stephen Jay Gould)提出的一种有关生物进化模式的学说。该学说认为，从化石记录看，生物的进化存在这样的模式：新种只能通过线系分支产生，并以跳跃的方式快速形成；新种一旦形成就处于保守或进化停滞状态，在下一次物种形成事件发生之前，表型上不会有明显变化；进化是跳跃与停滞相间，不存在匀速、平滑、渐变的进化。

1. 间断平衡理论的机制

间断平衡理论自提出以来，引发了广泛的讨论和研究。为了解释这种"间断平衡"现象，支持者们提出了多种可能的机制。其中，几个具有显著影响力的机制如下。

(1) **发育制约机制**：该机制强调胚胎发育模式的内在连贯性。一旦胚胎的发育蓝图确立，生物体将遵循固定的路径进行发育和生长，从而确保物种在长时间内保持相对稳定。新的遗传变异往往因无法与现有发育模式兼容而难以出现。然而，在特定情况下，当发育制约被打破，胚胎可能沿着新的途径发育，导致生物的形态发生重大变化。

(2) **重大突破机制**：该机制认为物种大爆发通常源于生物进化过程中的某个"重大创新"或特定"关键物种"的出现。这些"重大创新"或"关键物种"可能引发生态位的显著变动，推动了物种多样性的激增。

(3) **稳定化选择机制**：此机制侧重于研究生物如何应对环境变化。当生物已经适应并依赖特定的微生境或食物来源时，宏观环境的变化对其产生的影响会相对减弱。由于地质时期各地环境不断变化，但各种生境得以保持，生物可以通过迁移避免直接面对环境选择压力，从而在较长时间内保持稳定。

(4) **环境剧变机制**：该机制将微进化与大进化的交替出现归因于自然环境的剧烈变化。例如，大气含氧量变化、彗星撞击地球导致气候骤变等，这些剧变可能迫使生物迅速适应新的环境，从而推动了物种的快速进化和变化。

一般认为，平衡和间断是两种状态，平衡指处于渐进稳定状态，间断则指处于急剧变化状态。物种演化的平衡状态是长期稳定的，而突变往往是在短时间内发生和完成的。进化历程表现了周期性更迭的模式，长期的静止或平衡会被突如其来的进化飞跃所打断。这些飞跃不仅标志着旧有稳态的瓦解，还伴随着众多新颖物种的涌现。随后，这些新物种会进入一个相对平稳的演化时期，持续演进直至下一个进化突变的出现。因此，进化实质上是一个突变性跳跃与后续稳定性相互交织的进程，物种正是通过这些非连续的飞跃，达到并塑造了全新的生态平衡状态。

2. 间断平衡理论的应用

在数智时代，间断平衡理论仍然具有重要的指导意义。数智时代，产品、技术迭代速度加快，间断平衡理论有了新的应用。

(1) **技术创新的间断性**：数智时代的技术创新并非连续不断，而是呈现出间断性的特点。新技术的出现往往伴随着旧技术的淘汰和升级，形成技术创新的"跳跃"。

(2) **产业变革的间断性**：新技术的广泛应用会推动产业结构的调整和升级，形成新的产业生态和商业模式。这种产业变革同样具有间断性的特点，即在一段时间内保持稳定，随后发生快速变革。

(3) **社会影响的间断性**：数智时代的技术创新和社会变革不仅影响经济领域，还深刻改变着社会结构和人们的生活方式、思维方式。这些影响同样具有间断性的特点，即在某些关键时刻发生显著变化。

因此，在享受技术进步带来的便利和红利的同时，也要关注技术变革可能带来的挑战和风险。社会的发展是一个复杂而动态的过程，企业必须努力适应时代特点，构建智慧资源，推动技术创新与发展。

第二节　智慧资源建设与开发的必要性

一、管理实践的迫切需要

1. 商业环境变迁的冲击

随着时代的变迁，商业创新和发展的土壤与环境已发生重大的变化。首先，由经营商品转变为经营客户，由满足需求转变为创造需求。其次，在过去的增量市场时代，企业的发展与增长主要以营销为抓手，只要能抢占渠道、广招经销商就能实现增长，总量增长是当时行业发展的主旋律，企业间的竞争主要是看谁的增长更快，谁能吃下更多的市场份额；而在存量市场时代，总量增长转变为结构性增长，竞争逻辑也变成企业与企业之间的直接竞争，企业的增长取决于其商业模式能否获得市场的认可，能否从竞争对手手中抢到更多的市场份额，这就意味着只有更符合市场发展趋势的商业模式才能决定企业的生存与发展。再次，在全链路供应链时代，资源整合越发重要。供应链的全链路服务在全周期、全渠道、全场景和全时段背景下，马太效应显现，强者越来越强，弱者将被淘汰，如何通过商业模式创新整合优势资源，是当下所有企业发展面临的共同挑战。最后，数字化已经成为助推中国产业理性化发展的重要力量。互联网企业基于消费场景的跨界经营正潜移默化地改变人们的生活方式，并成为互联网产业发展的新常态。不仅如此，它们还不断地向产业链上游延伸，与生产相关的各个环节发生关系，并从根本上改变了中国从消费品到工业品的品牌、渠道、供应链、商业模式及企业管理方式，甚至影响产业的集中度与规范程度，最终决定了中国产业的竞争力。

在商业模式变迁的冲击下，商业模式创新的逻辑需要转变，要重视客户价值的深度挖掘，具备可持续的增长价值，以适应商业模式变迁带来的变化。

2. 《中国制造2025》的发布

2015年3月，时任国家总理李克强在《政府工作报告》中正式提出"要实施中国制造2025"。同年5月19日，国务院发布《中国制造2025》，提出通过"三步走"实现制造强国的战略目标，到2025年迈入制造强国行列，以"创新驱动、质量为先、绿色发展、结构优化、人才为本"为基本方针，将提高国家制造业创新能力、推进信息化与工业化深度融合、强化工业基础能力、加强质量品牌建设、全面推行绿色制造、大力推动重点领域突破发展、深入推进制造业结构调整、积极发展服务型制造和生产性服务业、提高制造业国际化发展水平等作为战略任务，实施制造业创新中心建设、智能制造、工业强基、绿色制造、高端装备创新等5项重大工程，实现长期制约制造业发展的关键共性技术突破，提升我国制造业的整体竞争力。

《中国制造2025》旨在通过信息技术与先进制造业的深度融合，或者说是互联网与先进制造业的有机结合，推动整个制造业领域实现新的跨越式发展。为了确保这一宏伟蓝图的顺利实现，《中国制造2025》详细规划了八大战略支撑和保障措施，包括深化体制机制的改革、构建公平竞争的市场环境、优化金融扶持政策、增强财税政策的支持力度、完善多层次的人才培养体系、出台支持中小微企业发展的政策、持续扩大制造业的对外开放程度，以及建立健全的组织实施机制。这些措施共同构成了《中国制造2025》战略实施的坚实后盾。

3. 制造业智能升级

随着人工智能技术的发展，制造业正迎来智能化升级的新时代。通过应用人工智能技术，制造企业可以提升产品质量和竞争力，实现更高效、更智能化的生产过程。智能制造是新一代信息技术与先进制造技术的深度融合，旨在提高制造业质量、效益和核心竞争力，是一种先进生产方式。它对于深化制造业供给侧结构性改革、提升产业链现代化水平、加快形成新发展格局具有重要意义。

首先，智能制造通过信息技术的应用实现了工厂的数字化转型。传统制造业常常存在生产线不连贯、生产计划与实际生产不匹配等问题，而智能制造通过物联网、云计算、大数据等技术，实现了生产设备之间、生产设备与计算机系统之间的互联互通，实现了生产过程的全面数字化，利用数据分析和人工智能技术对生产线进行实时监控与优化、调整，提高了生产效率和质量。

其次，智能制造实现了工厂的智能化操作和管理。传统制造业的生产过程中，依赖大量人工操作和管理，效率低，容易出现差错。而智能制造通过自动化设备和智能系统的应用，实现了生产过程的自动化和智能化。例如，机器人可以代替人工进行重复性操作，自动化仓储系统可以快速、准确地完成物品的存储和拣选，智能监控系统可以实时监测设备状态并预警，这些技术的应用使得生产过程更加高效、安全和可靠。

再次，智能制造促进了制造业的柔性化生产。传统制造业通常面临产品多样性和小批量生产的需求，需要频繁调整生产线和改变工艺流程，导致生产成本增加和周期延长。而智能制造利用模块化设计和柔性生产技术，能够快速适应市场需求的变化。通过数字技术实现了生产设备和工艺的灵活组合与调整，从而降低了生产成本，缩短了生产周期，提高了产品的响应速度和定制化水平。

最后，智能制造促进了产业链的协同和整合。传统制造业中，各个环节的"信息孤岛"较多，沟通与合作不畅。而智能制造通过信息共享和协同平台实现了企业间、企业内部，以及供应链上下游信息的顺畅，制造企业可以更好地与供应商、合作伙伴和客户进行协同，及时响应市场需求并提供更优质的产品和服务，这种协同有效地减少了信息传递的时间和成本，提高了产业链的效益和竞争力。

4. 中国"智"造的深刻变革

自2015年《中国制造2025》发布以来，国家全力推进的五大工程——制造业创新中心建设、工业强基、智能制造、绿色制造及高端装备创新，已成为社会各界热议的焦点。特别是智能制造作为这一战略的核心方向，更是得到了党和国家的高度重视。2019年的政府工作报告明确指出，要加快打造工业互联网平台，并全面拓展"智能+"应用，旨在赋能制造业的转型升级。从"中国制造"到"中国智造"的转变已经成为推动我国制造业向高质量发展迈进的必由之路，并将对实体经济的全面升级发挥至关重要的作用。

当前，制造业正经历着以数字化、网络化和智能化为主导的深刻变革，智能制造以其新一代信息技术与先进制造技术深度融合的鲜明特征，成为这场新工业革命的核心驱动力。作为制造大国，我国制造业正处于转型升级的关键历史节点。为了把握全球制造业变革带来的宝贵机遇，必须积极融入新一轮科技革命和产业变革的浪潮，加快智能制造的发展步伐。这不仅是实现从制造大国到制造强国转变的必由之路，而且是推动全面创新升级、实现高质量发展的必由之路。

二、管理理论的演进

1. 经验管理理论

最初的管理是经验管理，即凭借在实践中总结的经验进行管理。工业革命使工业从农业中分离出来，社会上出现了一类新的组织——工厂。由于工厂不同于以往任何一类组织，因此当时没有现成的管理经验可以借鉴，人们通常依靠自身能力及经验进行管理实践。

经验管理理论认为，组织管理的有效性取决于管理者个人的素质。一个企业之所以能够取得发展，在竞争中脱颖而出，是因为它拥有优秀的企业领导人；而另一个企业之所以在竞争中被淘汰，是因为它缺乏能人的指点。经验管理理论的特点是将企业成败的原因归结为企业管理者个人的素质，认为管理依附于人的经验，说不清、道不明。

经验管理理论的形成与人们缺乏前期对管理的深入研究及后期对管理活动所固有的艺术性的认识相对应的。即便在现在，不少没有参加过管理教育或培训的管理者仍然认为管理的有效性仅仅取决于管理者的个人素质。经验学派(主要代表人物包括德鲁克和明茨伯格等)注重管理实践经验的积累，并主张通过分析经验(常常是案例)来研究管理，认为只有通过研究各色各样的成功或失败的管理案例，才能理解管理问题，真正地学会有效管理。

2. 规范管理理论

在很多情况下，规范管理被等同于制度化管理，包括决策程序化、考核定量化、组织系统化、权责明晰化、奖惩有据化、目标计划化、业务流程化、措施具体化、行为标准化、控制过程化。

随着工业革命从英国延伸到欧洲大陆和美洲，在19世纪下半叶，工业得到了前所未有的发展。发明热使工厂制度日益普及，生产规模不断扩大，同类产品急剧增加，随之而来的是竞争加剧、价格下跌。在这种情况下，提高劳动生产率便成为企业在竞争中脱颖而出的关键，在早期研究和经验总结的基础上，科学管理理论随之诞生。

随着科学管理理念的广泛传播，劳动生产率显著提升，生产技术日益复杂化，生产的专业化程度不断提高，然而这也导致了劳资关系的日益紧张。为了调和这种矛盾并激发员工的工作积极性，从而提高生产效率，相关人员开展了霍桑试验等，这些试验结果推动了行为管理理论的正式确立。

第二次世界大战后，资本主义社会的生产力和生产关系得到了迅速发展，企业规模显著扩大，对管理的精细化提出了更高的要求。而战争期间积累的资源分配和运筹方法，为战后解决管理精细化问题打下了坚实的基础。这种需求与方法的结合极大地推动了定量管理理论的发展。

20世纪70年代，全球遭遇了石油危机，这标志着稳定的环境开始向动荡转变。同时，随着企业经营的全球化，组织管理需要适应不同的文化背景和社会制度，外部环境因素开始受到广泛关注。如何在多变的环境中生存并脱颖而出，成为管理研究的核心议题。相应地，强调根据环境变化灵活调整管理策略的权变管理思想，逐渐成为管理领域的主流思想。经验管理理论和规范管理理论的着眼点、基本观点、代表学派或理论如表1-1所示。

表1-1 经验管理理论和规范管理理论的着眼点、基本观点、代表学派或理论

管理理论		着眼点	基本观点	代表学派或理论
经验管理理论		经验	管理的有效性取决于管理者的经验	经验学派
规范管理理论	科学管理理论	科学方法	管理的有效性取决于管理者的经验，更重要的是依据一定的科学方法或原则	科学管理理论、一般管理理论、官僚组织理论
	行为管理理论	人	人是组织中最宝贵的资源，管理应以人为本	人际关系学派、行为科学学派
	定量管理理论	数字化	只有致力于定量化，才能真正提高管理的效率与效益	管理科学学派
	权变管理理论	环境	不存在普遍适用的管理理论与方法	系统管理理论、权变理论学派、过程理论学派

3. 数字化管理理论

在数字驱动管理的重要性已经被所有企业和组织管理者认可的今天，依靠信息技术和系统实现数字化管理与智能运营已经成为所有管理层的共识。数字化管理是以信息技术为基础，将传统的管理方式转化为数字化的管理方式。

数字化管理应用于不同的领域，具有不同的应用形态。比如，在制造业，数字化管理可以通过自动化、智能化制造流程，实现生产过程的监控和优化；在物流行业，数字化管理可以通过物流信息平台，实现物流信息的实时监控和管理；在金融领域，数字化管理可以通过智能风控系统和数据分析技术，实现风险控制和客户管理的升级。数字化管理的实现需要在技术的基础上进行有效的战略规划和系统建设，需要根据不同领域、不同部门、不同岗位的管理特点进行个性化定制，便于信息技术与管理实体的深度结合。

数字化管理的优势在于，通过信息技术，可以将各个部门、岗位的信息关联起来，实现数据共享和协同操作，从而提高生产效率。数字化管理还可以通过数据分析，帮助管理者更好地了解组织的运营状况，进一步优化管理流程。

数字化管理的实施，是一次技术升级或者系统建设，更是一种管理思维的转型。数字化管理需要领导者的理解和支持，需要全体员工的参与和配合，需要全局的协同与支援。

4. 智能管理理论

人工神经网络、模糊系统、进化计算、群优化计算和人工生命等新的智能技术不断出现，人工智能的传统领域也得到不断地拓展。智能管理是在数字化管理的基础上，通过人工智能、物联网等技术对客户需求和市场信息进行深度挖掘，得到更加精准的管理方案。

随着科学技术的发展，管理及管理系统的信息化、网络化、智能化已受到越来越多的关注。近年来，经过人们不断探索和实践，目前已形成了独具特色的信息系统理论和技术体系，其应用已深入社会的各个方面。智能管理作为信息科学、计算机科学、管理科学、决策科学、系统科学、认知科学及人工智能等多学科交叉融合的产物，专注于研究如何提升管理系统的智能化水平，并深入探索智能管理系统的设计原理、方法及实现技术。智能管理系统是在管理信息系统(MIS)、办公自动化系统(OAS)和决策支持系统(DSS)的功能与技术高度集成的基础上，采用人工智能领域的专家系统、知识工程、模式识别，以及人工神经网络等方法和技术，打造出的新一代计算机管理系统，不仅实现了智能化、集成化，还在协调化设计与实现上取得了显著突破。

智能管理的主要优势在于高效率、高质量、低成本。大数据、物联网、人工智能兴起的时代背景下，智能管理已成为企业发展的必要条件，对企业的发展水平和竞争力具有非常重要的作用。比如，人工智能技术可以帮助企业分析、解决复杂的问题，提高管理效率，帮助企业制定多元化的市场战略，还可以实现智能化的客户服务体验和运营管理流程，帮助企业减少业务处理时间和人工造成的错误。

第二章
智慧资源建设与开发的顶层设计

　　智慧资源建设与开发是企业数字化转型和工业互联的基础，是企业降本增效的基石，更是一个系统工程，需要具备全局性思维，从整体出发进行顶层设计。智慧资源建设与开发必须摒弃模块化思维，转变从业务模块入手，逐渐增加业务内容，再进行拼装组合的传统思路，实现智慧资源建设与开发的系统思考和整体运行，保障企业运营逻辑的完整性、系统性、持续性。因此，企业智慧资源建设与开发的顶层设计需要构建战略分析、价值链分析的逻辑框架。

第一节　战略分析

　　战略是企业智慧资源建设与开发的起点，企业智慧资源建设与开发必须符合其战略目标。企业智慧资源建设与开发并非针对某一个部门、某一个环节，而是对企业整体的建设与开发，战略在企业运行过程中起引领作用，企业需要在战略指引下进行智慧资源建设与开发。

一、战略管理概述

1. 战略管理的概念及特点

　　战略的英文"strategy"一词源于希腊语"strategos"，意为军事将领、地方行政长官，后来演变为军事术语，指军事将领指挥军队作战的谋略。

　　企业战略的思想随着管理理论与实践的发展逐渐形成。1954年，彼得·德鲁克(Peter Drucker)在《管理的实践》一书中指出，战略决定组织要干什么和如何干，并讨论了企业战略涉及的三个基本问题：我们的企业是什么？我们的企业应该是什么？为什么？1962年，阿尔弗雷德·钱德勒(Alfred Chandler)在《战略与结构：美国工商企业成长的若干篇章》一书中指出，战略是企业长期发展的基石，它明确了企业的主要目标和为实现这些目标所采取的一系列行动及资源调配。1965年，伊戈尔·安索夫(H. Igor Ansoff)将战略视为连接企业活动与产品/市场的桥梁，强调产品/市场的广度、增长方向、竞争优势及各部门间的协同作用。1971年，肯尼斯·安德鲁斯(Kenneth R. Andrews)把战略看作公司决策的核心框架，明确了公司的宗旨和目标，并规划了实现这些目标的主要路径，界定了公司所从事的业务范畴。1980年，迈克尔·波特(Michael Porter)认为战略是创造一个唯一的、有价值的定位，涉及不同环节的经营活动。战略的概念呈现出多样性，战略领域仍然有很多问题需要深入研究和探讨。

战略管理是指企业根据内、外部环境设定战略目标，为实现战略目标进行谋划，并将这种谋划和决策付诸实施，以及在实施过程中进行控制的动态管理过程。战略管理包括战略规划、战略实施，以及战略评价和控制，是关于组织发展的长期计划，具有全局性、纲领性、长远性，其特点如下。

(1) **战略管理的全局性**。战略管理，必须站在全局角度，系统地把握企业内外部资源与条件，对标企业使命、愿景、目标，优化企业资源配置，构建企业整体的商业逻辑和商业运营模式。战略管理的全局性还体现为管理的高层性和管理对象的全面性，战略管理通常是企业高层管理者的工作，涉及企业长期性、发展性、成长性或生存性的问题，引领企业发展方向。战略管理的对象包含企业运营的方方面面，战略管理是对企业全过程、全方位、全面的管理。

(2) **影响因素的综合性**。战略的选择、制定、实施是一个动态的过程，诸多因素相互影响、相互制约、相互促进，任何一个因素的变化都有可能导致其他因素的动态调整，进而影响整个战略的实施。尤其是在当今外部环境复杂、多变的情况下，战略管理更需要关注影响因素的动态变化，及时进行战略管理控制与调整。因此，战略管理需要对内外部环境和条件进行综合分析与评价。

(3) **战略管理的层次性**。战略管理可以分为公司战略、竞争战略、职能战略3个层次，战略层次由高到低层层展开与分解，由低到高层层保障与实施，形成整体目标保障体系，如图2-1所示。

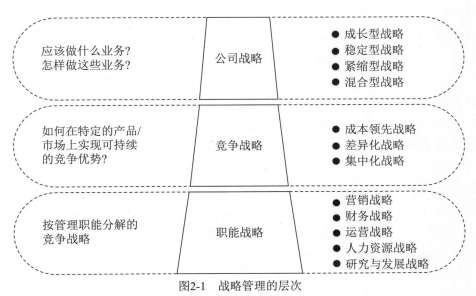

图2-1　战略管理的层次

2. 战略管理的过程模型

战略管理是一个涉及从确定企业使命、愿景、目标，到态势分析、战略制定、战略实施、战略评价与控制的全过程管理，如图2-2所示。

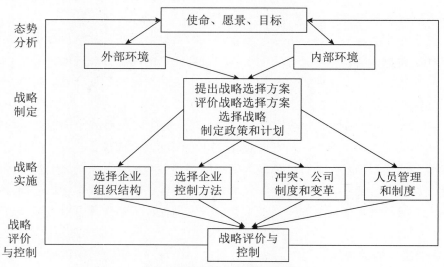

图2-2 战略管理的过程模型

(1) **使命、愿景、目标**。使命、愿景、目标的确定是企业战略管理的第一步，为战略制定提供依据及框架，这三者分别是对公司或组织存在理由的陈述(使命)、对未来情况的陈述(愿景)，以及对组织主要目标的陈述(目标)。使命、愿景、目标这3个战略元素在企业智慧资源建设与开发中是"屋顶"，如果这三者出现偏差，就会出现"上梁不正下梁歪"的问题。因此，在企业智慧资源建设与开发过程中，使命、愿景、目标这3个要素起引领作用，所以务必要与企业的管理者沟通清楚，务必让所有参与方都达成共识，这涉及最高层级的概念一致性，不能出现任何偏差。

(2) **态势分析**。态势分析是对公司或组织内外部环境的分析，通过对组织外部环境的分析，识别组织面临的机会及威胁；通过对组织内部环境的分析，识别组织的优势和劣势。

(3) **战略制定**。战略制定是基于公司使命、愿景、目标及态势分析选择战略，发挥公司优势、规避公司劣势，抓住机遇、应对威胁。

(4) **战略实施**。战略实施是管理层确定公司战略之后，将战略付诸行动，以实现竞争优势、提高绩效。战略的实施包括在职能层、业务层和公司层执行战略计划，也包括设计合适的组织结构和最佳的文化与控制体系，为战略实施提供保证。

(5) **战略评价与控制**。一旦战略被实施，战略的执行过程就要受到监督，包括考察战略目标的实现在事实上达到了何种程度，是否建立并保持了竞争优势等。这些信息反馈至公司，成为下一轮战略制定和实施的输入材料，管理层可据此决定是否沿用现有的经营模式或者在未来做出改变。

战略分析即根据收集和整理的资料分析组织的内外环境，包括组织诊断和环境分析两部分。战略分析包括确定企业的使命、愿景和目标，了解企业所处环境的变化，以及这些变化将带来机会还是威胁。

企业智慧资源建设首先需要根据企业具体情况确定战略，然后构建渠道管理、客户管理、客户细分、客户关系管理、关键活动、合作伙伴管理、财务核算、绩效考核等业务能力组件，进而进行更为细化的建模工作。

二、企业战略分析

企业智慧资源包括研发、运营、营销、人力、财务等方面。

1. 研发

随着企业数字化转型步伐的加快，未来企业的业务增长越发依赖业务与信息技术的深度融合。企业信息系统正经历前所未有的转型与升级浪潮，旨在灵活应对产品创新的快速迭代需求。传统的软件开发模式是一种线性的、阶段分明的流程，被细化为业务规划、需求分析、架构设计、编码测试直至产品发布的多个孤立阶段，这种串联式的作业方式不仅在不同部门、团队及项目间造成了流程割裂，还显著暴露出效率低下、成本高昂及开发周期冗长的弊端。鉴于用户日益增强的数字化互动偏好，企业产品研发策略亟须调整，转向以市场数字化为导向，精准捕捉客户需求，区分产品差异化优势。这意味着企业需要依据客户行为数据，深入洞察市场缺口，精准定位目标市场与核心竞争力，从而迅速调整产品配置，有效降低试错成本，建立统一的产品视图和生命周期管理，这需要向可满足多维、高频、线上场景数据驱动需求的产品工厂模式转变。

产品工厂的有效运作，首要条件在于构建一个全面、统一的产品目录体系，该体系不仅为企业产品研发提供了清晰、一致的产品视角，还确保了所有可售产品的标准化与规范化，奠定了坚实的产品管理基石。产品目录的标准化促进了产品的参数化与组件化设计，通过细致划分产品类别并深入提炼产品的各类条件、规则，实现信息的结构化管理与封装，这构成了产品工厂高效运作的基石，极大加速了产品创新与开发的敏捷进程。动态定价机制作为产品工厂的另一大支柱，是实现个性化定制与差异化服务的关键。它能够依据客户使用行为、需求偏好、忠诚度及产品间的相互依赖性等复杂因素，灵活调整产品或套餐的价格策略，如实施价格浮动、定制专属合约等，最大限度地满足市场与客户的多元化需求。产品工厂不仅提供了标准化的成本核算流程与全面的客户洞察，还确保了定价决策的及时性与准确性。需求分析与功能设计则是产品工厂实现精准管理与持续创新的先决条件，这一过程涉及深入剖析市场动态与客户需求，将市场洞察转化为具体的产品功能要求，为研发部门提供清晰、明确的配置指南，促进新产品的快速开发与部署。产品的快速配置是产品创新的灵魂所在，产品工厂需要能够在获取新的功能需求后，快速选择已有产品组件、参数进行新产品组合和配置。

2. 运营

企业智慧资源建设与开发助力运营效率持续提升。目前多数行业已经进入存量竞争阶段，数字化运营的作用越来越重要。整体来看，数字化转型打破了客户的边界，对企业运营管理也产生了巨大影响，未来企业需要通过智慧资源建设与开发强化顶层设计，支撑新业态的商业模式；统筹流程管理，提高运营流程的定制化能力，确保运营流程的标准与高效，通过流程再造实现精益化、标准化的交付，通过流程挖掘与员工行为数字化等技术，持续为业务部门、职能部门、一线员工减负。

(1) **流程数字化**。随着跨界生态体系的日益完善，企业正积极构建或融入生态服务平台，借力丰富的生态资源，拓宽客户获取途径。这一过程中，企业需要深刻理解并优化自身价值链，确保业务流程的无缝对接与高效协同。随着产品和服务日益融入多样化的应用场景，企业需要深入挖掘并精准定位这些场景，将产品自然融入其中，同时提供覆盖全周期、全方位的服务体验。为了实现这一目标，企业需要加速推进数字化转型，整合并优化各环节资源，确保从产品展示到用户服务的每一个细节都能得到精准把控与高效执行。这种数字化整合不仅有助于提升业务转化效率，还能显著增强用户的使用体验与价值感知，从而构建用户对产品的深度认同与高度依赖。通过不断提升用户满意度与自身产品的价值贡献度，企业将进一步巩固市场地位，实现可持续发展。

(2) **员工行为数字化**。员工行为的数字化转型是优化客户体验与提升内部流程效率的又一重要途径。以银行业为例，在开户流程中，银行采用光学字符识别(OCR)技术结合大数据与机器人流程自动化(RPA)的强大能力，实现了从信息调阅、核对、比照到监管报备、账户生成的全程自动化，彻底摆脱了人工干预，极大缩短了开户时间并提高了准确性。同时，柜员印章的电子化不仅大幅减少了员工的工作量，还简化了后续核对流程，让银行运营更加高效、顺畅。为了进一步提升客户体验，银行还积极利用线上渠道，将其与远程视频服务相结合，实现了客户及法人"双录"(录音、录像)与真实意愿核实的便捷化操作。在授权中心与集中作业领域，银行同样引入了OCR、RPA与大数据等先进技术。流程机器人被广泛应用于替代烦琐的人工操作，实现了授权流程的自动化与智能化。而OCR与人工智能的结合，则让凭证影像的自动分类与证件识别变得轻而易举，极大地减轻了前台业务部门的工作负担，使其能够更专注于为客户提供高质量的金融服务。员工行为的数字化转型不仅提升了银行内部的运营效率与服务质量，还为客户带来了更加便捷、高效与安全的金融体验。

(3) **生产数字化**。敏捷交付可用性、易用性、灵活性更好的产品，可以改善产品感官体验与交互体验，提升独立用户与全局用户的满意度、忠诚度。

3. 营销

营销环节作为连接企业与消费者的前沿阵地，正经历着前所未有的数字化与智能化变革。在过往，消费者如同一个难以窥探的黑箱，即便企业建立了会员体系，也难以实现即时且深入的交流，共同创造价值更是难上加难。然而，在智能化与数字化的浪潮下，消费者数据如同宝藏被逐渐挖掘，不仅改变了企业对消费者的认知，还推动了角色转变——从传统的"客户"晋升为"用户"，再进一步演变为"产销合一"时代的"价值共创者"。这一转变使企业与用户之间的互动达到前所未有的深度与广度。在实时、不间断的交流中，智能化营销无处不在，悄然改变着市场格局。它不仅能够精准捕捉用户需求，实现个性化推送与定制化服务，还能在双方共创价值的过程中，激发新的价值点，推动产品和服务的持续创新与优化。因此，智能化、数字化的营销正成为推动企业转型升级、深化用户关系、实现共赢发展的强大引擎。

企业在传统上习惯于按业务贡献区分高端客户和普通客户("二八法则")，但数字时代打破了客户边界，可以通过数字化渠道触达所有客户群体(长尾法则)。在数字时代，要想获得长尾客群，需要更加精细化的营销能力、数字化的获客渠道、精准的客户洞察、"千人千面"的营销、智能化的客户体验等。

基于数据智能和自动化的精准营销模式将替代传统的粗放营销模式，数字化营销的核心是基于庞大的客户行为数据，通过机器学习、客户画像、关联分析等进行客户细分，划分不同群体。根据群体的属性制定差异化营销策略，推送个性化服务信息，从而达到"千人千面"的展示方式，以低成本促进营销转化率提升，从普众营销过渡到精准营销，演化为场景营销，最终实现智能营销。

当前，一些有前瞻性的企业正积极探索精益营销的新路径，将其融入日常营销策略之中，在客群细分、产品推广及渠道优化等多个维度实现了显著创新。在精准锁定目标客户群方面，企业借助大数据与机器学习技术的深度融合，构建精细化的客户画像与标签体系，实现了对目标客群的深度洞察与个性化定位。在产品营销层面，企业巧妙融合了数字化品牌塑造与精准营销策略，通过线上线下的闭环反馈机制，持续接收并分析市场反馈，不断优化营销策略，形成了高效运转的营销生态体系。这种策略不仅增强了品牌的市场影响力，还确保了营销活动的精准触达与高效转化。在渠道服务领域，企业打破了传统界限，实现了营销线索与服务请求的全渠道无缝流转，构建了企业内外一体化的服务网络。这种全渠道转介机制不仅提升了客户体验，还促进了企业各部门之间的紧密协作，共同为客户提供更加全面、便捷的服务。此外，企业还建立了基于用户画像、数据标签、营销策略与决策引擎的智能营销体系，该体系兼具计划性与事件驱动能力，能够实时响应市场变化，通过多渠道的协同联动实现场景化、精准化、高效化的营销触达。同时，借助丰富的营销运营组件，企业能够迅速搭建并调整营销流程，实时监控营销效果，并在实践中快速迭代、优化，确保营销活动的持续成功与创新。

4. 人力

在数字时代，人力资源管理需要更高效、更精细和更智能化，帮助企业在竞争中获得更多的优势。在人力资源管理过程中，可以采用数字技术实现对人力资源信息、数据、流程等的数字化管理，将人力资源管理中的信息化、自动化、智能化等手段进行集成，从而实现人力资源管理工作的高效化、精细化和智能化。人力资源管理数字化的实现需要采用各种数字技术，包括大数据、云计算、人工智能等。

人力资源管理数字化是企业数字化转型的重要环节，能够提高人力资源管理的效率、精准度和智能化水平，但数字化的管理方式也需要克服数据质量问题、信息安全问题和员工接受度问题等带来的挑战。未来，随着智能化、云计算和移动化等技术的应用，人力资源管理将逐步实现智能化、共享化和移动化，为企业的发展提供更好的支持和保障。

(1) **数字招聘**。利用在线平台和数据分析技术进行职位发布、简历筛选和候选人评估，提高招聘效率和精准度。人力资源管理数字化招聘过程中，需要进行招聘计划完成率、邀约数、面试数、录用数等关键指标的监控和分析。

(2) **在线培训与发展**。人力资源管理数字化学习系统提供个性化学习路径和支持，促进员工的持续教育和发展，需要跟踪培训计划数、培训覆盖率、培训完成数等指标，评估培训效果。

(3) **人力资源信息系统**。自动化的员工档案管理系统可以完成薪资、福利、考勤等数据处理，减少人工错误并提高效率，还可以实现组织人事的在线化管理，支持员工入、转、调、离等流程的自动化处理。

(4) **数据分析与洞察**。利用大数据和人工智能技术分析员工表现，为人才管理和战略决策提供数据支持。通过数据分析发现管理中的问题，提出改进建议。

(5) **员工体验**。利用数字工具改善沟通、反馈机制，提高员工满意度和参与度。营造数字化管理的文化氛围，培养员工的数字化思维模式。

5. 财务

财务数字化是一种利用现代技术手段，将传统财务工作与计算机技术、网络技术、数据库技术等相结合，实现财务信息自动化处理、在线操作、远程管理等功能的新型财务管理模式。财务数字化是适应数字时代发展要求的创新型财务工作方式，能够提高财务工作效率、降低成本、增强企业竞争力，是企业财务管理工作的重要发展方向。

财务数字化转型的核心在于依托先进的计算机技术、网络通信及数据库管理技术，对传统财务管理流程进行深度重构与优化，旨在实现财务信息的全面自动化处理、无缝在线操作及高效远程管理。这一转型不仅极大地提升了财务工作的执行效率，有效削减了运营成本，还通过深度数据挖掘与分析为企业战略决策提供了更加精准、即时的数据洞察。财务数字化管理体系覆盖广泛，关键要素包括但不限于财务数据的自动化处理、云端财务管理的实时在线体验，以及远程审计的智能化监督。具体而言，财务数据自动化处理作为该体系的基石，通过集成自动化软件、智能机器人等前沿技术，实现了财务数据从录入、核算到报表生成的全程自动化，极大地释放了人力，提升了工作效率。在线财务管理则借助互联网的力量，打破了地域与时间的限制，使企业能够随时随地访问并管理其财务信息，极大地增强了财务管理的灵活性与透明度。企业可以利用计算机与网络技术搭建一个安全、高效的远程监控平台进行远程审计，对财务数据进行即时审计与核查，确保数据的真实、可靠，为企业的稳健运营保驾护航。

财务数字化管理展现了多重显著优势。首先，它极大地促进了财务工作效率的提升，通过自动化流程减少了对人工的依赖，从而有效地降低了人力成本。其次，财务数字化管理打破了传统财务管理的地域与时间限制，实现了财务信息的即时在线操作与管理，使得企业能够随时随地掌握财务状况，增强了决策的时效性与准确性。再次，财务数字化管理还具备强大的数据分析能力，能够深入挖掘财务数据背后的价值，为企业战略决策提供更为精准、前瞻的数据支持。这种基于数据的决策方式有助于企业更好地把握市场动态，优化资源配置，实现可持续发展。最后，财务数字化管理还强化了财务监督与审计的效能。通过远程审计与监督技术的应用，企业能够确保财务数据的真实性与准确性，有效防范财务风险，维护企业的财务健康与稳定。

财务数字化是一种新型的财务管理模式，是适应数字时代发展要求的创新型财务工作方式。财务数字化管理不仅可以提高财务工作效率、降低成本、增强企业竞争力，还可以通过数据分析和挖掘为企业决策提供更加准确、及时的数据支持。因此，应该积极推进财务数字化管理的发展和应用。

第二节 价值链分析

价值链分析是查看将产品或服务的输入更改为客户重视的输出所涉及的活动的过程。公司通过查看创建产品所需的每个生产步骤并确定提高链效率的方法进行价值链分析。

一、价值链分析概述

1. 价值链的概念

迈克尔·波特于1985年提出"价值链"的概念，主要针对垂直一体化公司，强调单一企业的竞争优势。随着全球外包市场的日益繁荣，波特在1998年深化了其研究，引入了"价值体系"的概念，不仅拓宽了研究视野，还与后来兴起的全球价值链理念有一定的契合点。此后，寇伽特（Kogut）也提出了"价值链"的概念，更聚焦于价值链的垂直分割与全球空间再配置之间的紧密联系，进一步揭示了全球化背景下企业活动的动态变化与相互影响。

2001年，格里芬（Gereffi）对全球范围内的国际分工与产业联系进行了深入分析，并在此基础上提出了"全球价值链"的概念，为理解全球化背景下不同产业环节如何在全球范围内分布和相互关联提供了新的视角。具体采用哪一种价值链模型，需要根据企业的实际需要来确定，比如是否更关注上下游的关系等。这种模型的建立往往不是企业自身就能简单确定的，可能还需要一定的咨询或者学习过程。波特价值链如图2-3所示。

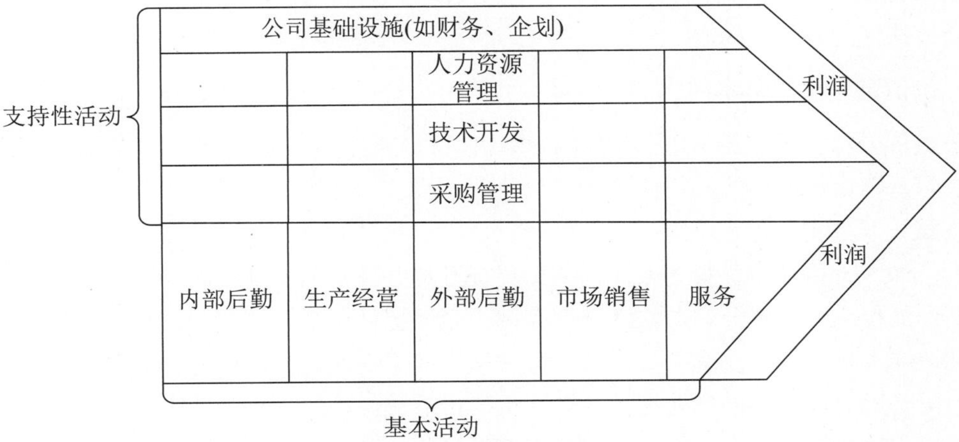

图2-3 波特价值链

价值链主要包括基本活动和支持性活动,基本活动是指主要生产过程,包括内部后勤、生产经营、外部后勤、市场营销、服务等;支持性活动则是指对基本活动起辅助作用及维持企业基本运转的各类活动,包括采购管理、技术开发、人力资源管理、公司基础设施等。实际中不必完全一模一样地照搬,因为波特价值链适用于制造业企业和生产类型的企业,用于服务业价值链分析时需要进行适当的变形。

2. 价值链分析的意义

从企业的角度来看,价值链分析为企业管理人员提供了深入理解企业资源和能力的途径,为企业智慧资源建设与开发提供了分析途径。通过这种分析,管理人员可以更加清晰地把握企业当前面临的显在和潜在挑战或问题。具体来说,价值链分析将企业的运营活动划分为一系列的价值活动,通过逐一评估这些活动,企业可以识别哪些活动对整体效益和总价值贡献最大,进而明确竞争优势的关键所在。价值链分析可以为企业智慧资源建设和开发活动提供参考。

从行业的视角出发,价值链分析能够让企业更准确地定位自身与关键客户和供应商的关系。这种分析不仅关注企业内部的运营活动,还考虑到了外部环境的因素,如供应商、渠道和买方等,从而为企业制定竞争战略提供了全面的依据。

相较于其他内部分析工具,价值链分析可以更加细致、精准地为企业提供一个清晰的分析框架。

通过逐一分析各价值活动对企业总效益、总价值的贡献,企业能够准确识别形成竞争优势的关键问题和关键环节,从而有针对性地制定战略和策略。

价值链分析还关注价值活动之间的衔接和协同程度,通过评估活动之间的相互作用,企业可以了解资源配置与竞争优势之间的关系,进而优化资源配置,提高运营效率。

分析不同价值活动的成本或差异特性,有助于企业发现那些成本高、价值低甚至无价值或负价值的活动。这为企业提供了改造这些活动的契机,通过创新手段降低成本、提升价值,进而增强竞争力。

通过价值链分析,企业可以了解与外部的相关价值链(如供应商价值链、渠道价值链、买方价值链等)的配合状况,有助于企业制定更能满足市场竞争需求的战略方案,提高与合作伙伴的协同效率。

3. 价值链分析的基本内容

价值链分析主要包括3项基本内容,即认识和界定价值活动、确认每项活动的价值贡献和成本、确认价值链的结构性因素。

1) 认识和界定价值活动

为了深入分析竞争优势的根源,并探寻提升这些优势的有效策略,通常需要对创造价值的整个流程进行细致分解,这种分解有助于企业更精确地理解每个活动环节对企业整体价值创造的贡献。值得注意的是,价值链并非一成不变,它因产业、企业乃至企业生命周期的不同阶段而异。不同产业拥有各自独特的价值链结构,同一产业中的不同企业也可能因其战略定位、资源能力等的差异而拥有不同的价值链。此外,同一企业在不同的发展阶段，其价值链也会随着市场环境、竞争态势等因素的变化而发生变化。

价值链的异质性不仅体现在其构成的多样性上，更体现在各类价值活动的重要性上。因此，在识别和界定价值活动时，必须细心区分不同属性的活动，明确哪些是主要环节，哪些是辅助环节，在分解过程中做到详略得当，既能突出重点，又不遗漏关键信息。

2) 确认每项活动的价值贡献和成本

(1) 确认每项活动的价值贡献。一项活动之所以被纳入价值链，核心在于其能够为企业创造价值。这些活动可以大致分为两类：直接创造价值和间接创造价值。直接创造价值的活动是那些直接参与产品或服务形成和交付的环节，如产品设计、零部件加工和销售等，这些活动直接关系企业的核心产品和服务，是企业利润的直接来源。间接创造价值的活动虽然不直接参与产品或服务的形成，但它们对保障直接创造价值的活动顺利进行至关重要，比如科研管理、设备维护和进度安排等，它们为企业的生产和运营提供了必要的支持与保障。

(2) 确认每项活动的成本。经营活动的核心目标是盈利，而盈利与成本直接相关。识别和界定了价值活动之后，企业不仅要评估这些活动的价值贡献，还要深入了解每项活动所耗费的成本，包括人力成本、物资成本、时间成本等。对于实施低成本战略并希望获得成本优势的企业来说，这项分析尤为重要。通过深入了解每项活动的成本，企业可以找出成本较高的环节，通过改进流程、提高效率或采用新技术等方式降低成本，从而提升整体的盈利能力。

3) 确认价值链的结构性因素

结构性因素，作为影响价值活动成本状况和差异化程度的关键要素，其重要性不容忽视。这些关联因素，即价值链内部各环节之间的紧密联系与精致结构，从根本上塑造了企业的竞争优势并决定了产品价值的高低。当价值链中的这些联系得到合理构建和优化时，它们不仅能帮助企业实现显著的成本优势，通过优化资源配置和运营效率降低生产成本，还能使企业的产品或服务在市场中独树一帜，实现与竞争对手的差异化。

值得注意的是，尽管竞争者可能模仿先进企业的某项活动或某种做法，但复制整个价值链中各环节之间的微妙联系和精致结构的难度极大。这是因为这些联系和结构往往是企业长期积累、精心打造的独特优势，受企业文化、组织结构、管理体系等多方面因素的影响，难以被复制。因此，企业应当高度重视结构性因素在构建和保持竞争优势中的重要作用，通过不断优化价值链结构，提升自身在市场中的竞争力。

二、企业智慧资源建设与开发的价值链分析

企业智慧资源建设与开发是贯穿价值链全过程的活动，具体内容如下。

1. 基本活动

基本活动，又称主体活动，包括涉及产品的物质创造(即销售、转移给买方和售后服

务)的各种活动,具体可以划分为以下5种类型。

(1) **内部后勤**,又称进货物流,主要包括原材料的进货、仓储管理及分配等活动。内部后勤的智慧资源建设包括如何通过智慧资源建设科学、高效地实现原材料的搬运、入库存储、定期盘存、运输至生产现场,以及可能的退货等。

(2) **生产经营**,是指将公司的投入转化为最终产品或服务的活动,如机械加工、生产、制造、包装、设备维护、检测等。

(3) **外部后勤**,又叫外部物流,包括与产品库存管理、分发至消费者手中相关的各项活动。它不仅包括最终产品入库的准备,还涉及接收订单、进行配送等一系列流程,确保产品能够高效、准确地送达消费者手中。

(4) **市场销售**,是指一系列旨在推动和指引消费者购买企业产品的策略与活动,包括广告宣传、制定合适的价格策略、建立并维护有效的销售渠道等。

(5) **服务**,专注于与保持和提高产品价值密切相关的活动,包括为客户提供的产品使用培训、产品的维修与保养、零部件的供应及产品调试等,旨在提升客户满意度,增强产品的持久价值。

2. 支持性活动

支持性活动,又称辅助活动,是企业运营的基础,为企业的基本活动提供必要的支持和保障,包括采购管理、技术开发、人力资源管理及企业基础设施建设等4个方面。

(1) **采购管理**,不局限于原材料的采购,涵盖了对企业所需各种资源的更广泛的采购与管理,例如企业通过建设智慧采购平台可以更高效地实现采购管理。

(2) **技术开发**,涵盖了所有能够优化企业产品和生产流程的技术活动。这些技术活动既可以是生产性的,也可以是非生产性的,它们存在于企业的每一项生产经营活动中,只是性质、开发程度和应用范围有所不同。技术开发活动不仅直接关系企业的最终产品,还是企业整体竞争力的重要支撑。

(3) **人力资源管理**,涉及企业员工的招聘、培训、晋升和退休等各个环节。这些活动对于支持企业的基本活动和支持性活动,以及整个价值链的顺畅运行都至关重要。

(4) **企业基础设施建设**,包括企业的组织结构、管理惯例、控制系统及企业文化等方面。高层管理人员作为决策者和执行者,在企业基础设施建设中扮演着重要角色。企业基础设施通常支撑着整个价值链的运行,为所有价值创造活动提供基础支撑。在多元化经营的企业中,公司总部和经营单位各自拥有自己的基础设施。

价值链主要描绘了企业价值的创造过程,通过引入价值链分析,可以为企业审视自身的业务能力、开发智慧资源提供分析框架。因此,价值链的设计完全可以是个性化的,只要确认其符合企业的特点,能够覆盖企业价值创造过程即可。比如,极度简化的价值链设计也可以将支持性活动整合后并入基本活动中,形成只有一个维度的价值链。

第三节　商业模式画布

一、商业模式画布概述

1. 商业模式画布的概念

商业模式画布的概念由瑞士的亚历山大·奥斯特瓦德(Alexander Osterwalder)和伊夫·皮尼厄(Yves Pigneur)两位学者联合提出，又称商业画布模型。商业模式画布不仅提供了更加灵活和多样化的战略规划方案，还极大地增强了满足用户需求的能力，更为关键的是能够标准化地呈现商业模式的各个元素，并突出这些元素之间错综复杂的相互作用关系。一个正确的商业模式画布可以帮助创业公司明确自己要做什么、为什么做及怎么做，减少贸然"烧钱"的风险，降低试错成本。

2. 商业模式画布的内容

商业模式画布主要由4个方面、9个要素组成，4个方面即价值主张、资源能力、客户层面、盈利模式，9个要素分别为客户细分、价值主张、渠道通路、客户关系、收入来源、核心资源、关键业务、重要合作伙伴、成本结构，如图2-4所示。

重要合作伙伴 一些活动需要外包，而一些资源则需要从其他公司获得	关键业务 要完成交付和交付需要完成的重要业务活动	价值主张 组织的价值主张是解决客户的问题并满足客户的需求	客户关系 根据客户群建立和维护客户关系	客户细分 每个组织将为一个或多个客户群体提供服务
	核心资源 实现每个项目的交付所需的资源		渠道通路 价值主张通过沟通、销售和分销渠道传递给客户	
成本结构 成本结构取决于经济模式的要素			收入来源 收入来自将价值主张成功地提供给客户	

图2-4　商业模式画布的9个要素

(1) **客户细分**。商业模式画布的第一个要素是确认企业要向其交付价值的最重要的客户。这需要企业根据客户的特定属性、消费习惯、产品偏好等因素，对所有的潜在和现有客户进行细致的分类，即了解他们是谁，他们做什么，他们为什么要购买企业的产品或服务，有助于企业更精准地了解不同客户群体的需求和期望，从而为其提供更加个性化、有针对性的产品或服务。

(2) **价值主张**。商业模式画布的第二个要素是企业的价值主张，更重要的是找到企业的独特的价值主张。价值主张是企业针对其目标客户及合作伙伴所明确做出的独特承诺，它不仅是对竞争对手的回应，还是企业所独有的价值传递方式。通过价值主张，企业清晰地表明了其能够为客户解决哪些难题，以及如何在满足客户需求的过程中创造真正的价值。这种价值主张的意义在于，它向客户传达了企业的核心价值和竞争优势，增强了客户对企业的信任度和忠诚度，同时为企业带来了更多的商业机会和增长潜力。

(3) **渠道通路**。完成了市场细分并找到企业的价值主张之后，接下来就是建立渠道通路，即企业向每个客户细分市场传递其价值主张的渠道通路。渠道，实质上就是企业与客户的交互点或接触点，即企业在其运营过程中，有效地与潜在客户和现有客户建立联系的方式。这涉及企业如何定位并找到目标客户群体，以及客户通过哪些途径和方式能够了解并接触到企业的产品或服务。

(4) **客户关系**。一旦企业确定了目标客户群体，就需要考虑如何与这些目标客户群体建立、培养和发展关系。客户关系是指企业在长期的服务和产品供应过程中，与客户之间建立的相互信任和互动的关系。建立客户关系不仅是为了短期的交易，更多的是致力于建立长期、稳定且可持续的服务合作。企业会根据客户需求和期望，采用不同的客户关系管理模式，如提供个性化服务、定制化的私人服务、便捷的自助服务、智能化的自动服务，以及促进互动的客户社区和共同创造等。这些多样化的客户关系类型可能同时存在于企业与某一特定客户细分市场的互动中，旨在满足客户的多元化需求，增强客户忠诚度和促进企业的持续发展。

(5) **收入来源**。收入来源是指企业获得收入与利润的方式，即企业通常通过什么产品及服务来获取收入，确定其盈利点。收入来源包括企业通过前面定义的每个客户细分市场。确定收入来源时，企业需要选择恰当的收入方式，不同的企业可能有不同的收入方式。一般创造收入来源的方式有资产或商品销售、订阅费、租赁或借贷、许可使用费、白标、广告等。值得注意的是，这些收入来源并不是一成不变的，它们会随着市场的变化而变化。作为一个企业，应该定期审视商业模式画布，以确保每个收入来源都尽可能有效。

(6) **核心资源**。核心资源通常是不同于竞争对手的资源，是企业在从事生产经营活动中所需要的各种关键资源，如资金、技术、人才等。并非所有的资源都是核心资源，除非它服务于价值主张的特定方面，即核心资源能够让企业的价值主张比竞争对手更有价值，提供的价值主张比竞争对手成本更低。核心资源有多种形式，包括实物资源、人力资源、财务资源、无形资源等。

(7) **关键业务**。关键业务在企业的价值主张和客户需求之间搭建了一座桥梁，包括企业生产经营过程中所有具体的、能够满足客户需求的、能够为企业带来收益的核心活动。大多数企业通常进行的一些典型的关键业务主要包括4个方面：研发、生产、市场营销、销售与客户服务。

(8) **重要合作伙伴**。构建商业模式时，多数情况下需要考虑与各种重要合作伙伴的合作，以充分利用企业的商业模式。重要合作伙伴指的是那些在企业生产经营活动中发挥关键作用的各类实体，包括机构、个人、政府和其他企业等。这些伙伴不仅参与企业的运营过程，还在各个环节为企业的发展提供必要的支持和协助。通过与这些重要合作伙伴的紧密合作，企业能够获取更多的资源和优势，进而在商业活动中创造更大的价值。重要合作伙伴包括合资企业和非股权战略联盟等，以及买家、供应商和生产商。

(9) **成本结构**。成本结构描述的是如果选择特定的商业模式，企业可能产生的所有成本，指企业生产经营过程中各个环节正常运转所需要支出的成本，如人工成本、营销成本等。成本包括一些显性的成本，如制造成本、物理空间费用、租金、工资；也包括隐性的成本，如沟通成本、培训成本、团队磨合成本等。如果企业不确定成本结构中应该包括什么，可以看看竞争对手或与所在行业相似企业的损益表，就会发现各种名目的成本，如研究和开发费用、销售商品成本、管理费用、运营成本等。一旦确定了成本名录，就应该优先考虑企业的关键业务和核心资源的成本，并确认它们是固定成本还是可变成本。

二、运用商业模式画布构建智慧资源

商业模式画布为企业提供了一种结构化的方式来建设和开发智慧资源，目标是创建一个独特的商业模式，支持企业在市场上竞争。商业模式画布可以回答客户为什么购买企业的产品或服务，还提供了一种方法来理解所有不同的要素如何结合在一起为企业提供产品或服务。

打印几份商业模式画布，填充元素，并了解不同元素是如何组合在一起的，以及这样做的意义。保留它们的副本，并在每个版本上做标记，这样就可以回顾想法，也可以看到商业模式是如何发展的。

绘制商业模式画布共有10个步骤。

步骤一：客户细分

这一步的主要工作是完成商业模式画布的客户细分。

(1) 目标客户。了解企业的目标客户是企业智慧资源建设与开发的关键。

(2) 细分市场的构成。客户细分是从宏观层面界定潜在客户群。了解客户的构成及其变化情况，不同客户细分市场有多少人，这有助于企业确定市场潜力和可行性。企业需要了解客户在企业产品领域的想法、所见、所感和所做。一定要列出产品的购买者和用户。

(3) 问题、需求、行为，以及目前的替代方案。许多客户都有隐藏的需求，换句话说，当企业观察客户时，就会发现客户往往采取变通办法满足需求。了解客户想要达到的目标并观察他们是如何达到目标的，这将为企业了解为什么以及如何向他们提供有价值的见解，确保企业明确客户的需求/问题，以及目前使用的替代方案。如果企业无法确定，就需要进一步观察，和一些客户做进一步交流。在下一步骤中，企业需要清楚地将企业的价值主张与这些联系起来。

完成这一步骤后，企业应该能够清楚地定义企业的细分市场，并为不同的细分市场提供一些买家形象，这些买家形象描述了企业客户的概况、行为、问题，以及当前的解决方案或替代方案，对各个细分市场进行编号，据此建设和开发企业智慧资源。

步骤二：价值主张

这一步的主要工作是建立价值主张与客户细分之间的联系。

价值主张描述了价值主张和客户细分相互作用的细节。价值主张是一种定位陈述，解释了企业为谁提供了什么好处，以及企业如何独特地做好这些；描述了企业的目标客户、企业需要解决的痛点，以及为什么本企业产品明显优于其他企业产品。在价值主张中，要找出客户看重的价值是什么，为什么客户在经过比较之后会更喜欢企业的价值主张。当然，智慧资源是企业价值主张最显著的优势。

通常企业会有多个价值主张，价值主张旨在解决问题，并提出一种新方法。将每个价值主张罗列出来，然后根据价值主张与买家形象的关联性，找出价值主张与客户细分市场的对应关系。

步骤三：渠道通路

这一步的主要工作是连接渠道通路与客户细分。

渠道通路包括企业用来接触客户的方法。企业应该了解客户是否有明确的客户社区，有什么标签或头衔，可以将他们归类为哪些利益集团，以帮助企业识别他们。

能够通过营销渠道接触到客户对于帮助客户了解企业的产品和测试企业的价值主张至关重要。一些典型的渠道有付费搜索(如百度)、社交媒体广告(如微信广告、小红书广告)等。如果每个买家形象或客户细分市场有很大的不同，则要清楚地记录潜在的与客户接触的渠道。

步骤四：客户关系

这一步的主要工作是连接客户关系与客户细分。回答下列问题，可以帮助企业完成这部分工作：

(1) 企业如何发展客户关系？
(2) 在产品销售和产品生命周期中，客户将如何与企业交互？
(3) 什么是客户旅程？
(4) 客户旅程中最关键的元素是什么？
(5) 企业在多大程度上使用了自动化？什么是个性化？
(6) 客户是否可以便捷地联系企业？企业是否对客户进行回访？

考虑客户关系时，还应兼顾客户关系与价值主张的联系，最终描述出每个部门/角色的客户关系类型。

步骤五：收入来源

这一步的主要工作是描述每个细分市场的数量和潜在收益，不要高估细分市场。注意：企业必须经常区分早期采用者和主流的常规购买者，后者往往忠诚度较高。使用电子表格计算收入来源的各个变量。列出收入来源列表，如果细分市场和价值主张存在一一对应关系，则将收入来源逐一与买家和价值主张连接起来。

步骤六：核心资源

核心资源是企业需要具备的战略资产，企业需要具备比竞争对手更多或更有针对性的核心资源。核心资源与关键业务有非常密切的联系，企业应根据关键业务的需要，通过内部学习、收购，以及与关键合作伙伴合作，获得相应的核心资源。

步骤七：关键业务

关键业务是企业需要做的必不可少的事情，以交付其价值主张并使业务的其余活动正常运行。如果企业专注于为客户提供一系列服务，那么就应该在该细分领域保持卓越的专业度，创造和提供合适的产品与服务。

步骤八：重要合作伙伴

通过商业模式画布，可以更加清晰地了解业务的焦点，相应地，也可以了解哪些业务活动和资源是重要的。企业提供价值主张需要了解如何运用业务活动，以及需要补充哪些资源。在一些业务活动中，如果其他企业能够比企业本身做得更好，则企业可以寻求与这些企业建立合作伙伴关系，将相应的业务活动交付给合作伙伴。如果企业资源无法完全满足业务活动的需要，与其他企业或者个人合作可以更好、更快地积累所需的资源，则可以寻求与其他企业或者个人合作，积累相应的资源。设计商业模式画布时，可以列出备选合作伙伴列表，然后根据关键业务和核心资源的需要，从中找出合适的重要合作伙伴。

步骤九：成本结构

通过以上步骤，企业已经了解了关键业务是如何推动企业获得价值主张和收入来源的。回答以下问题可以帮助企业完成这一步的工作：

(1) 关键业务是如何确定成本结构的？
(2) 关键业务的成本是否与价值主张相一致？
(3) 当企业测试不同的商业模式时，成本是固定的还是可变的？
(4) 成本与关键业务的比例是变化的还是相对固定的？

对于企业，特别是初创企业，了解企业的成本并预测成本的运行率是至关重要的。完成这一步后，企业应该形成一个成本结构列表，在列表中标注成本与关键业务的关系。

步骤十：外部环境分析

在前面的步骤中，主要从商业模式画布的各个要素出发，考虑如何绘制商业模式画布。绘制商业模式画布时，也应纳入未来的假设或者将竞争等外部环境的影响直接反映在画布上。

第四节 平衡计分卡与战略地图

一、平衡计分卡

1. 平衡计分卡概述

平衡计分卡(balanced score card，BSC)由美国哈佛商学院卡普兰和诺朗诺顿研究所所长、美国复兴全球战略的创始人诺顿提出的。在众多战略管理工具中，平衡计分卡凭借其全面、均衡的评估方式，成为当前最受欢迎的战略管理工具之一。美国高德纳咨询公司调查结果显示，在《财富》杂志评选的"全球1000强"企业中，高达70%的企业采用了平衡计分卡，并因此取得了显著的业绩提升。《哈佛商业评论》将平衡计分卡评为75年来最具影响力的战略管理工具。

平衡计分卡是一种以信息为基础的综合业绩评价指标体系，它系统地考量了企业业绩的驱动因素，并通过多维度的平衡指标进行全面评估。这里的"平衡"意味着在评价过程中需要兼顾多个方面，包括战略与战术、长期与短期目标、财务与非财务衡量方法、滞后与先行指标，以及内部与外部业绩等因素。企业若想取得卓越的财务绩效，必须有令人满意的市场表现作为支撑；而要在市场上取得令人满意的表现，企业就必须不断优化和改进其业务流程，以提供更具性价比的产品和服务。这种业务流程的优化和改进能力，直接决定了企业的运作效率，且依赖于企业员工在学习和成长方面的持续提升。因此，平衡计分卡不仅是一个评价工具，还是一个推动企业全面、均衡发展的战略框架。

平衡计分卡对企业战略管理的意义如下。

(1) 平衡计分卡是组织战略的解释者，通过一系列精心设计的因果关系链条，将组织的使命、愿景和目标系统地呈现出来。

(2) 平衡计分卡是一个战略展示工具，它帮助组织的管理层和员工更深入地理解战略，增强其执行战略的主动性和自觉性。通过平衡计分卡的评估，公司的高层管理者能够实时掌握管理人员和整个组织的业绩与动态，从而更加聚焦于战略的实施情况而非短期的财务目标。这种管理模式的转变，使得战略成为驱动组织发展的核心力量。

(3) 平衡计分卡促使团队目标、个人目标与组织的战略相关联。

(4) 平衡计分卡可以有效地将组织的战略转化为实实在在的行动。

2. 平衡计分卡的主要维度

平衡计分卡是一种以企业战略目标为核心，将传统财务指标与现代管理思想相结合，综合评估企业业绩的先进工具。它通过将财务指标与客户满意度、内部运营效率、学习与成长能力等多维度指标相融合，形成了一个全面而均衡的绩效评价框架，如图2-5所示。在平衡计分卡的实践中，企业的战略目标被细化为4个主要维度：财务、客户、内部流程、学习与成长。财务维度衡量了企业的盈利能力和股东的投资回报；客户维度反映了客户对企业产品或服务的满意度和忠诚度；内部流程维度关注企业内部运营的效率和效果，确保生产和服务流程的顺畅；学习与成长维度则揭示了企业的发展潜力和未来竞争力，是其他3个维度的基础和动力源泉。

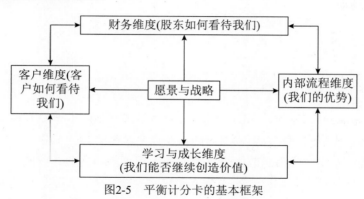

图2-5 平衡计分卡的基本框架

第一，财务维度。作为企业的核心结果性指标，其重要性不言而喻。其他3个维度——客户、内部流程、学习与成长，其最终的目标都是提高企业财务效益，为企业股东和投资者创造更多价值。股东与投资者对财务指标格外关注，因为这些指标能够直观地反映企业经营活动所带来的利润，从而判断企业能否为股东创造足够的价值。企业的资金流向和资金储量真实反映了企业的实际经营状况，同时体现了企业管理者的能力和水平。常用的指标包括净资产收益率、应收账款周转率和资产负债率等，这些指标不仅展示了企业的盈利能力，还揭示了企业的财务稳健性和运营效率。此外，财务指标还反映了企业对经济资源的消耗和利用效率。通过对比经济资源产出与经济资源消耗，可以衡量企业的资金投入产出比，这对企业制定合理的资源分配策略、提高经济效益具有重要意义。

第二，客户维度。客户是企业发展的核心驱动力，作为企业的服务对象，客户的满意度和忠诚度对企业的生存与发展至关重要。企业管理层必须时刻关注客户的需求和反馈，努力提供高质量的产品与服务，以满足股东和投资者的期望。只有当企业真正满足了客户的需求，赢得了客户的满意和信任，才能够不断扩大市场占有率，拓展业务范围，实现生产规模的扩大，并在行业中保持领先地位。客户维度的指标将直接衡量企业当前的业务布局和发展方向是否正确。通过评估客户满意度、客户保持率及新客户增长率等指标，企业可以深入了解客户对自身产品或服务的认可程度，以及市场对企业业务发展的反馈。这些指标不仅有助于企业识别当前业务中的优点和不足，还为企业提供了改进的方向和策略，推动企业持续提高客户满意度和忠诚度，实现可持续发展。

第三，内部流程维度。内部流程维度的指标揭示了哪些业务活动能够有效提升企业价值，进而推动企业实现其战略目标。合理且高效的内部流程是企业抢占市场先机、规避经营风险的关键所在。这一维度的指标作为平衡计分卡中的过程性指标，其绩效评价结果直接反映了企业的运营效率。内部流程指标通常包括产成品合格率、计划产量完成百分比等，这些指标不仅可以衡量企业内部运作的顺畅程度，还可以揭示企业在资源利用、成本控制等方面的表现。

第四，学习与成长维度。企业所处的外部环境日新月异，员工只有不断学习新知识、掌握新技能，才能适应这些变化，确保企业在竞争激烈的市场中保持领先地位。学习与成长维度是平衡计分卡中相对基础的指标，它鼓励企业内部部门或员工积极学习、探索创新，不断提升自身的能力和素质。通过学习与成长维度指标的推动，企业内部部门或员工可以熟悉新的市场动态、掌握新的技术与方法，从而优化业务流程、提升客户满意度，进而提高企业经济效益。这种持续的学习和成长是企业实现长远发展的根本动力。

3. 平衡计分卡的实施流程

实施平衡计分卡，首先需要对企业的愿景与战略予以澄清，然后衔接企业战略目标与各级各层目标，进一步制定具体目标、确定行动方案，使企业战略得以落实，最后进行战略学习与反馈。平衡计分卡的实施流程包括紧密关联的4个步骤。

第一步，明确企业愿景与战略定位。这是战略学习流程的首要步骤，从平衡计分卡的4个维度细化并明确企业的愿景与战略。这一步旨在将原本模糊、笼统的概念转化为具体、可衡量的目标，从而帮助企业高层管理者在关键问题上达成共识。

第二步，全面沟通。在这一步中，应动员每一位员工参与实现组织目标的行动。平衡计分卡的设计强调了因果关联和系统思考，帮助不同部门的成员理解组织全貌，认识个人角色如何影响整体，以及整体如何影响个人。这种全面的沟通有助于个人目标与部门目标、企业目标之间建立紧密的联系。

第三步，详细规划目标并设计战略行动方案。通过平衡计分卡设定具体的、可量化的绩效指标，以衡量企业的预期绩效与当前实际绩效之间的差距，并据此设计战略行动方案，以缩小甚至消除这些差距。这一步骤可以帮助企业更加精准地把握战略方向，确保企业目标的实现。

第四步，战略学习与反馈。战略学习与反馈可以赋予公司战略性学习的能力。传统的反馈和考查程序只注重公司及其各部门、员工是否达到了预定的财务目标。当管理体系以平衡计分卡为核心时，公司就可以从客户、内部流程，以及学习与成长等维度来监督短期结果，然后根据最近的业绩评价战略、修正战略，随时反映学习所得。

通过以上4个步骤，企业将短期战略目标与短期行动联系起来，可以建立一个完整的战略管理体系。

二、战略地图

1. 战略地图的概念

战略地图由罗伯特·卡普兰(Robert S. Kaplan)和戴维·诺顿(David P. Norton)在其著作《战略地图——化无形资产为有形成果》中首次提出。战略地图是一种工具或框架，用于帮助组织清晰地定义和可视化其战略目标、关键要素，以及它们之间的关系。

战略地图是在平衡计分卡的基础上发展起来的，不仅继承了其核心理念，还在两个重要维度上进行了拓展和深化。一是战略地图引入了更精细的颗粒层，使得每一个战略层面都能被拆解为一系列具体而关键的要素；二是战略地图增加了动态的层面，这意味着它不再是静态的蓝图，而是可以根据企业的战略规划过程进行动态调整和更新，这种动态性赋予了战略地图更高的灵活性和适应性，使得企业能够根据实际情况和市场环境的变化，及时调整战略方向，确保企业始终保持竞争力。

战略地图作为一种图形化工具，融合了文字、图表和关键指标等多种元素，全面展现企业实现战略目标的路径。战略地图的核心在于企业通过运用人力资本、信息资本和组织资本等无形资产(学习与成长层面)，能够不断创新和优化内部流程，建立战略优势和提高效率(内部流程层面)。在此基础上，企业将特定的价值传递给市场，满足客户需求(客户层面)，最终实现股东价值的增长(财务层面)。通过战略地图这一工具，企业可以清晰地发现和识别战略实施中的关键逻辑与路径，有助于企业进一步识别实现战略目标所需的关键流程、核心能力及资源需求。

企业绘制战略地图的意义主要如下。

(1) 能够有效地帮助企业在计划实施过程中解决突发问题。

(2) 可以很清晰地看到企业未来十年的发展方向以及达成的路径。

(3) 可以找到企业内部的关键资源和能力，并明确自身需要提升的能力及需要补充的资源等。

(4) 可以了解企业内部的优势和风险，以及企业内部哪些工作没有做好，哪些工作做得很好但是其他工作没有跟上，哪些工作需要调整，等等。

(5) 可以对企业内部所有关键绩效指标进行系统梳理和整理，有效地将企业内部和外部相关部门联系起来，帮助企业实现整体目标。

(6) 有助于了解企业内外部环境变化，为企业制定发展策略提供依据。

企业战略地图的绘制、战略规划及实施是一个自上而下的精细化过程，有较为明确的步骤。这一过程的起点是财务层面，逐步细化并落实到学习与成长层面，以确保战略目标的全面实现。

2. 战略地图的内容

战略地图的具体内容如下。

首先，财务层面。股东价值的提升直接关系企业财务业绩的增强。财务业绩的改善主要源于两个方面：一是收入的持续增长，二是生产率的显著提升。这两个方面可以进一步细化为改善成本结构、提高资本利用率、开拓新的收入来源及增加客户价值等。

其次，客户层面。客户是财务收入的直接来源。为了增加收入来源，企业需要在价格、质量、时间、功能、服务、合作、品牌等多个方面下功夫，以提高客户忠诚度、扩大市场占有率等。

再次，内部流程层面。内部流程涵盖运营管理流程、客户管理流程、创新流程及社会事务管理流程等多个方面。在这个层面上，企业可以通过优化内部流程提升客户体验和满意度，进而增加收入；也可以通过提高生产效率和资源利用率降低成本，进一步改善财务业绩。

最后，学习与成长层面。人力资本、信息资本和组织资本等无形资产对企业的长期发展至关重要，不仅能够帮助企业更好地应对市场变化、抓住发展机遇，还能够促进企业内部流程的优化和创新，从而推动企业价值的持续增长。

综上所述，战略地图通过这4个层面的有机结合，为企业提供了一个清晰、全面的战略规划和实施框架，如图2-6所示。它有助于企业识别关键成功因素、优化资源配置、提升竞争力，最终实现战略目标。

战略地图是一个战略制定和执行的路线图，通过战略地图可以发现战略执行中的关键路径，进而找到关键驱动因素，同时可以发现其中存在的问题和面临的风险，便于及时调整战略方向。

战略地图描述了以战略为核心、因果关系明确的框架体系，目标从上往下层层分解，从下往上层层支撑。财务目标的实现依赖于客户目标，客户目标的实现依赖于内部流程，内部流程依赖于企业无形资产，同理，企业无形资产支撑内部流程，内部流程支撑客户目标，客户目标支撑财务目标，4个层面的目标都以企业战略为中心，包括系统性目标与指标。具体来说，战略地图的4个层面先后回答了4个问题：财务层面回答的是企业如何满足股东期望的问题；客户层面回答的是企业如何满足目标客户需求的问题；内部流程层面回答的是企业必须做好哪些重点工作的问题；学习与成长层面回答的是企业必须在哪些无形资产上做好准备的问题。

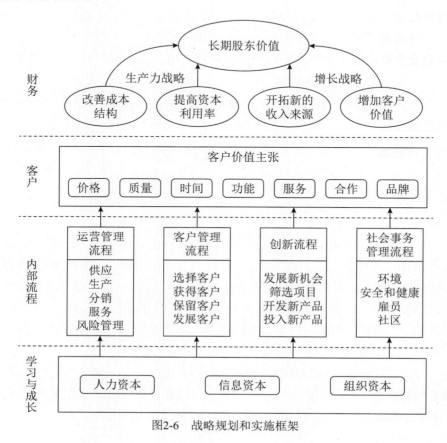

图2-6　战略规划和实施框架

第五节　其他分析工具

一、标杆管理

1. 标杆管理概述

标杆管理又称基准管理或对标管理，是一种新型企业管理方法。"标杆管理"一词的原始概念及衍生意义均源自土地测量领域。标杆原本是指在坚硬的岩石、坚固的墙壁或高大的建筑物上所做的明显标记，其主要作用是为观测者提供一个明确的参照点，在地形勘察和潮汐观测中精确地确定自己的位置或高度。从更宽泛的角度来看，标杆被视为一个基准点，或者是进行各种测量和比较时的标准参照物。标杆管理指通过相互对比进行业绩衡量的过程。

标杆管理源于20世纪70年代末至80年代初的美国施乐公司，该公司的罗伯特·坎普被公认为标杆管理的先驱和倡导者。1979年，面对市场份额的急剧下滑，施乐公司启动了一系列标杆管理活动，将佳能、比恩、NEC等作为标杆，深入学习了这些公司在交付效率、成本控制、产品研发等方面的成功经验。通过对比分析，施乐公司找到了与标杆企业之间的差距，并据此调整了自身的经营战略及战术，优化了业务流程。这一举措迅速帮助施乐公司夺回了失去的市场份额。随后，标杆管理在全球范围内广泛流行，成为企业质量控制、转型升级、流程再造等的首选工具。标杆管理与企业再造、战略联盟并称为20世纪90年代"三大管理方法"，标志着企业管理理论和实践进入一个新的发展阶段。

2. 标杆管理的流程

罗伯特·坎普将标杆管理划分为5个阶段，包括计划、发现与分析、整合、行动、绩效评估。

1) 计划阶段

(1) 确定标杆管理的内容。企业在实施标杆管理时，首先要对标杆进行选择，并确认对哪些流程进行标杆管理变革。企业在对流程进行筛选时，应设定必要的标准和依据，具体来说就是这些流程所影响的关键指标值或者核心要素表现，应选择影响企业收益或成本指标的最关键的流程，以保证企业能够以较低的成本获得最好的收益。

(2) 确定标杆管理的对象。企业实施标杆管理必须对作为标杆目标的企业进行比较和选择，一般遵循下述步骤：第一，实地考察，搜集标杆数据；第二，处理和加工标杆数据并进行分析；第三，与企业自身同类数据进行比较，进一步制定自身改进方案。

(3) 搜集标杆管理的数据。实施标杆管理前应先收集相关资料。

2) 发现与分析阶段

(1) 确定目前的绩效差距。在了解标杆目标公司的基础上，确定自己目前的做法与最好的做法之间的绩效差异。通过资料分析，企业应该对自己的优势和劣势有一定程度的理解，从而找到适合本企业的方法。企业所收集的目标企业的信息应维持动态更新，这是因为市场环境的变化要求对企业的分析不能仅限于静态视角。成功实施标杆管理的关键在于采用系统化的分析策略，精确识别标杆管理目标的切入点，并持续、有序地进行深入分析。

(2) 确定将来的绩效水平。虽然标杆管理可能引入前沿的理念，但这些理念未必完全适用于每个企业。因此，必须立足实际，制定既合理又适用的目标，确保未来绩效标准的可行性和适宜性。

3) 整合阶段

(1) 交流标杆管理的成果。标杆管理旨在学习并借鉴先进企业的卓越方法和实践经验。然而，在将先进企业的管理方法和理念引入本企业时，并不会立即完全契合，而是可能遭遇各种不适应性。因此，企业需要在标杆管理的实施过程中不断发现问题，并在企业内部进行充分的交流，以达成共识，最终逐渐形成一套适合自身发展的独特管理办法。

(2) 确定要实现的目标。标杆管理往往涉及企业内部的各个部门，可能是最优秀的运营机构，也可能是绩效不太好的部门。因此，进行标杆管理的时候，必须首先确立实施标杆管理的部门。值得注意的是，一些大型企业在某个地方或全球范围内的不同地方都有同时运行相同业务的机构和部门，因此，必须考虑各个部门及不同地区对标杆管理变革目标的执行能力，最好在绩效比较好、创新程度高的部门推行标杆管理变革。

4) 行动阶段

(1) 形成行动计划。计划应明确公司的标杆管理目标，并详细列出实施步骤。行动计划的主要内容：确立市场定位，明确企业在市场中的位置；设定标杆管理目标，基于市场定位，设定标杆管理的长期、中期和短期目标；分析当前形势，详细描述当前的企业和市场形势；制定具体步骤，包括具体的实施方法、时间表、责任人等；建立绩效与测评体系，为不同的管理目标设定不同的绩效体系和测评体系；资源规划与预算，明确所需的人员、费用预算及其他资源，以确保标杆管理项目的顺利实施。

(2) 实施标杆管理行动计划时，可以设定一个标杆管理项目小组，负责整个过程的监测和领导。该小组应由企业内部专家组成，标杆管理项目小组负责数据收集、分析，制定改进措施等各个环节的工作，并确保各项计划的有效执行。通过定期的沟通和反馈机制，不断调整和优化行动计划，以适应市场的变化和企业的需求。

(3) 监测行动计划。企业应对标杆管理的实施效果进行监测和分析，通过洞察竞争者和行业翘楚的策略与经验，助力企业在激烈的市场竞争中破局，进而脱颖而出，实现超越。

5) 绩效评估阶段

企业绩效评估是对标杆管理考核的关键所在。绩效评估的目标有很多，例如对企业的财务绩效评估，主要评估企业在生产成本方面是否满足了标杆管理目标要求。企业进行标杆管理的目标之一就是在市场竞争中具备优势，处于领先地位。

(1) 处于领先地位。处于领先地位是标杆管理的目标和方向，这需要企业建立一套完善的绩效考核体系，切实做到考核标准明确，考核方法科学合理、切实可行，且整个考核过程合理、公正，奖罚及时、有效。

(2) 全面整合各种资源和活动。标杆管理成功的关键在于对整个管理流程实施细致且高效的监控。为了确保标杆管理计划的顺畅实施，必须全面协调并整合企业内部的各类资源和管理活动，包括通过组织标杆管理的宣贯会议、制定明确的指令和报表制度，建立一套行之有效的管理框架。全面整合企业资源不仅有助于企业在标杆管理实施过程中保持有序运作，还是标杆管理计划得以顺利执行的重要保障。

(3) 重新调校标杆。标杆管理是一个动态且持续的过程，它需要根据企业和市场变化不断进行调整和校准。企业需要不断地审视标杆管理的研究假设和目标，以便更好地适应变化，提升标杆管理的实施效果。在实施标杆管理的过程中，还应该保持一种持续学习的态度。通过不断地学习和实践，发现自身存在的问题和不足，从而不断完善和优化标杆管理策略，确保它始终与企业的战略目标和市场需求保持一致。

二、价值网

1. 价值网概述

价值网理论是价值链理论的延伸,最早由亚德里安·J. 斯莱沃斯基(1996)在《利润区》(*Profit Zone*)一书中提出:"价值网是一种将客户的苛刻要求与灵活、高效和低成本制造相结合的新型商业模式,它连接合作提供商以提供定制化的解决方案,将运营提升到战略水平,以适应瞬息万变的外部市场环境。"

价值网以用户价值实现为主导,通过数字网络平台集结具备核心竞争力和专业技术知识的利益相关者。在这个网络中,成员们遵循公正的利益分配原则,共享资源和技术,基于整体价值最大化的理念进行深度融合与即时互动。这种模式能够迅速整合价值网内的资源,从而高效、精准地实现产品定制,为用户创造价值。

2. 价值网构成要素

价值网是一个由多元要素交织而成的复杂系统,其核心成员包括顾客、供应商、竞争者及补充者(见图2-7)。企业利用供应商提供的材料生产产品并同其他生产商竞争以获得顾客。互补者是指那些提供互补性产品而不是竞争性产品和服务的企业。一家企业可以是顾客、供应商、竞争者乃至互补者,企业若想制定有效战略,必须了解每个角色的利益。

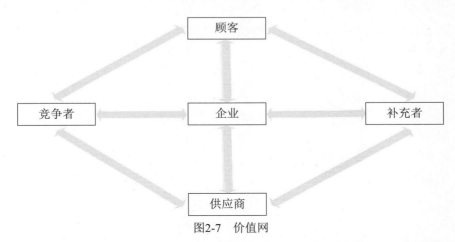

图2-7 价值网

价值网主要聚焦于客户需求,通过电子市场进行高效交易,同时吸引众多公司、组织者和多方参与者的加入,推动多元化合作,实现持续的发展与创新。在这个价值网中,核心企业扮演价值创造的中心角色,其商业合作是价值创造的重要基础。从价值网的主体成员来看,金融公司、子公司、战略合作伙伴及上下游企业共同构建了一个完整的价值体系,这些成员的利益紧密相关,相互融合,共同推动整个价值网的发展,如图2-8所示。从全局视角来看,价值网中的各个企业不仅进行信息的交流与共享,还相互提供资源,形成了紧密的互利共生关系。这种关系不仅促进了企业的协同发展,还为整个价值网带来了全局性的利益。

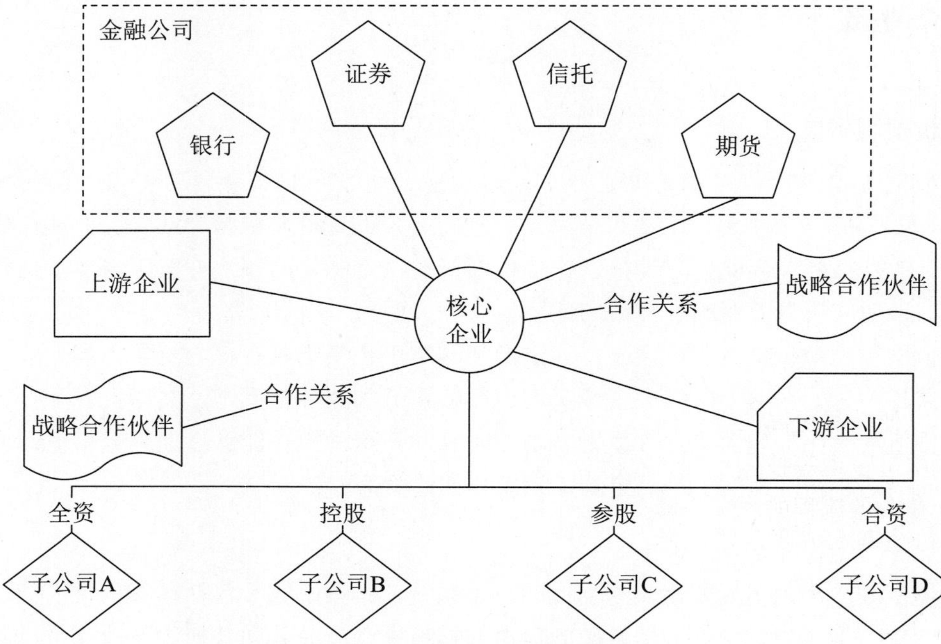

图2-8 价值网的一般模型

价值网理论是互联网时代的产物，它充分利用现代化信息手段，构建了一个能够快速响应消费者需求的网状结构。在这个理论中，所有的价值环节都紧密围绕消费者需求展开，动态地连接上下游企业，加强信息的流通与共享，从而提升价值网中各成员的协同效能，使企业能够更高效地满足消费者需求，实现企业价值的最大化。

第三章
业务流程管理

不论是营利性组织、非营利性组织还是政府机构,管理者都需要不断改进技术和管理方法,以便获得更高的生产率、更好的质量和更高的效率。虽然精益管理、六西格玛管理和全面质量管理等技术和方法帮助一些组织取得了显著的改进效果,但更多的组织因为战略执行和业务流程的脱节而不能维持这种改进的势头。战略告诉组织什么是应该做的,业务流程则告诉组织应该怎样去做。

业务流程对一个企业的竞争力具有重要意义,优秀的业务流程能够显著提升工作效率。一个精心设计的业务流程可以明确各岗位的职责和任务,避免工作中的重复、遗漏和冲突,使各部门、各员工之间的协作更加顺畅。此外,流程设计还可以简化复杂的操作步骤,减少不必要的等待和延误,从而加快工作进度,提高整体工作效率。

为了获得规模经济,大部分组织由纵向的职能部门构成,即具有相似背景的专家在一起,提供完成本领域内所有任务所需要的知识和技能。然而,大多数流程并不是纵向的,而是横向的。横向业务流程与纵向组织结构组合在一起将产生许多重叠、浪费,对流程的效率和效果都有着负面的影响。从更深层次来讲,如果不能把内部相互关联的流程看作一个整体,只是将某个具体部门的业务流程孤立看待,那么就会造成脱节。因此,要想获得竞争优势,根据战略对业务流程进行全范围的改进,即业务流程改进,是至关重要的。

业务流程的数字化转型是当前企业发展的重要趋势,旨在通过数字技术优化并提升业务流程的效率和效果。这种转型不仅涉及技术的引入和应用,还对组织活动、流程、业务模式和员工能力进行了全面的重新定义。

第一节 业务流程管理概述

任何产品和(或)服务都不可能脱离流程而存在。流程是指通过生产产品或提供服务为顾客创造价值的过程,在生产过程中,流程即工艺流程;在其他方面,流程即业务流程或作业流程。从这个意义上说,流程运用组织的资源提供确定的成果,组织中的业务流程在为客户创造价值,给股东创造回报。

一、业务流程管理的概念

组织是由需求驱动的,这种需求就是客户的要求和期望,应该得到组织高效率、高效益的满足。组织绩效要求管理者能够很好地理解并通过制定战略实现这种需求。如果企业对自己的产品和服务的生产流程没有一个清晰的图景,那么即使采取当前条件下各种可能的措施(如六西格玛管理、精益管理、流程再造等)解决战略理解和执行不好的问题,获得的效果也将微乎其微。

流程是把战略转换成规范的决策和行动的一种方式,是让人们根据预先制订的行动方案和计划,以一种系统化的方式反复执行相关任务,它建立了所需要的行动规划、时间规划和活动序列。组织要聚焦于客户,而流程就是为客户服务的。组织的本质就是让一群人在一起工作以实现一个共同的目标,为客户创造价值的流程实质上是跨部门完成的。可以这样描述业务流程:它是关联的、结构化的活动或流程(事件或活动链)的集合,从而为组织内部、外部的特定客户或客户群提供具体的产品或服务,简单来说,业务流程是为了实现既定的目标而采取的一系列步骤。

业务流程管理是一种系统化的方法,其核心在于规范地构造和优化端到端的业务流程,以持续提高组织的业务绩效。这种方法不但关注单一环节或任务的优化,而且着眼于整个业务流程的整合和提升。业务流程管理为管理团队和组织展现一个清晰的图景,描述工作的实际执行情况。

二、业务流程管理的特点

业务流程管理的最大特点是打破了传统的职能式管理模式。在职能组织结构下,大多数管理者总是认为组织的工作或活动是在他们控制下的细微层面完成的。而实际情况是,工作是横向跨越整个组织,也就是跨部门完成的——很多部门都在为最终的产品或服务做贡献。业务流程管理旨在打破组织内部的"信息孤岛",确保流程在不同职能部门之间顺畅运行,从而提高整体效率和效果。除此以外,业务流程管理的特点还体现在以下几个方面。

1. 标准化和规范化

业务流程管理注重流程的标准化和规范化,通过定义清晰的流程规则和步骤,确保操作能够按照统一的标准进行,减少由人为因素造成的错误和偏差。

2. 灵活性和适应性

业务流程管理不是僵化地遵循固定的流程,而是通过对流程进行调整和优化,满足不断变化的业务需求和市场环境。

3. 数据可视化

业务流程管理通过收集和分析流程数据,对流程进行监控、分析和优化,揭示流程的瓶颈和问题,为改进和优化提供有力支持。

4. 持续改进

业务流程管理是一个持续的过程，通过定期评估和分析流程性能，识别潜在的问题和改进机会，不断推动流程向更高效、更优质的方向发展。

5. 客户导向

业务流程管理关注客户需求和满意度，致力于通过优化业务流程提升客户体验。它强调以客户需求为出发点，设计和改进业务流程，以满足客户的期望和需求。

三、业务流程管理的重要性

1. 业务流程管理有助于企业实现规范化运作

通过制定明确的业务流程，可以确保员工按照既定的步骤和标准完成工作，减少随意性和主观性，提高工作的准确性和一致性。这有助于避免混乱和错误，提升企业的整体运营效率。

2. 业务流程管理有助于企业优化资源配置

通过对业务流程进行深入分析，企业可以识别资源瓶颈和浪费环节，从而优化资源配置，提高资源利用效率。这有助于降低企业成本，提升盈利能力。

3. 业务流程管理有助于企业提升客户满意度

通过优化业务流程，企业可以更好地满足客户需求，提供高效、便捷的服务。同时，通过改进内部流程，企业可以减少内部沟通成本，提高响应速度，进一步提升客户满意度。

4. 业务流程管理有助于企业应对市场变化

随着市场竞争的加剧和客户需求的变化，企业需要不断调整和优化业务流程以适应市场变化。通过业务流程管理，企业可以更加灵活地应对市场变化，保持竞争优势。

四、业务流程管理的生命周期

业务流程管理的生命周期分为4个阶段：建档、评估、改进和管理，如图3-1所示。

图3-1　业务流程管理生命周期的4个阶段

1. 建档阶段

在建档阶段，企业需要识别流程，并对流程进行分类：是核心流程、支持流程，还是管理流程。核心流程是企业为客户生产有价值的产品或提供有价值的服务而发生的一系列创造价值或使价值增值的活动的集合；支持流程是运行业务所必需的，但并不直接使产品或服务增值的流程；管理流程是监督、控制业务运营所需要的流程。

在建档阶段，关键是要从一个较高的层级观察、审视流程，主要目的是找出5~10个核心流程，并且不能设计过多的细节。流程的数量应当是可以管理的——一个组织显然不能有效管理超过100个流程。

核心流程是一个系统、项目或任务中最为关键和基础的步骤或环节，它构成了整个工作或活动的主干。一个清晰、高效的核心流程对确保任务的顺利完成至关重要。应该如何确定核心流程呢？要确定核心流程，首先应识别以下特性。

(1) **战略上的重要性**。核心流程对组织有重要影响，对组织的最终成功极其关键，与组织的战略、愿景和目标相关。当核心流程被有效执行时，能够提升组织的竞争能力；反之，如果执行得不好，将损害组织的竞争能力。

(2) **属性**。能够直接影响客户的流程通常被认为是核心流程，典型的例子包括获取客户、售后服务。同时，核心流程会涉及几个业务部门，甚至业务单元。

确定核心流程之后，就需要为核心流程建档，以便详细分析业务流程的运行情况，确定什么地方需要改进。表3-1给出了为核心流程建档要解决的基本问题和要做的工作。

表3-1 为核心流程建档要解决的基本问题和要做的工作

序号	内容	要解决的基本问题和要做的工作
1	定义目的	(1) 核心流程运行之后，最基本的输出是什么； (2) 要给这个流程的客户提供什么产品或服务； (3) 需要有哪些成分，产品或服务才能被客户接受
2	确定边界	(1) 核心流程的起点是什么，终点是什么； (2) 怎样才能触发这个流程； (3) 组织如何评价流程是否成功
3	吸纳员工	(1) 哪些员工直接参与核心流程； (2) 这些人能够自由地谈论核心流程的实际绩效吗； (3) 这些人能够理解核心流程运行以后的日常情况吗
4	控制细节	观察下一个层级的细节，但是不要陷入大量的细节中
5	精确修正	(1) 与一开始就没有参加流程建档工作的员工一起进行检查； (2) 与流程的客户一起检查，他们可能是外部客户(购买产品或服务的客户)，也可能是内部客户(把这个流程的输出拿来运行别的流程的客户)； (3) 日复一日地在流程中工作的员工是最好的信息源，管理者应该到参与这个流程的部门中，寻找那些关键人物或干系人，听听他们的描述

为核心流程建档之后，还有一些工作需要完成。首先要对建档的流程进行验证，也就是走一遍流程。这一步很重要，要确保建档的流程是走得通的。这一步可以查出遗漏的工作、程序、捷径，以及不必要的活动。所有的修改完成以后，这个文档就要截稿并存放在安全的地方，以备将来使用。接下来要确定核心流程的负责人。这个负责人必须有一定的级别，要对流程的端到端运行负责。从经验上讲，核心流程的负责人是从流程运行中得失最大的个体。最容易出现的问题是带着部门主义的偏见分配流程的所有权关系，因此核心

流程的名称不要与业务部门的名称相同。流程负责人确定后，就可以进入业务流程管理的评估阶段。

2. 评估阶段

为核心流程建档之后，需要开发一套评估指标，分析组织绩效状况是否与战略要求、长期目标和短期目标相吻合。评估指标分为3个基本类型：效率指标、效益指标和结果指标。

(1) **效率指标**，又称过程指标，是用于衡量某个过程、系统或组织完成任务所需资源(如时间、人力、物力等)与实际产出之间的关系的一组标准或度量。

(2) **效益指标**，又称输出指标，是流程依据自身特点或客户的要求，在产品或服务交付之前，对满足客户需求的可能性的量化描述。理解了客户的需求，并将其转化为规格，这本质上是一种预测。

(3) **结果指标**，又称(产品或服务的)输出效益指标，是产品或服务满足客户需求或期望的情况，通常指客户满意度。结果指标是回顾性的，是生产出产品或提供服务之后通过检测来确定的。它们是必需的，用来验证那些控制流程日常活动的效益指标。

3. 改进阶段

改进阶段的目的就是让组织的资源更高效地被使用。典型的目标是降低成本、缩短周期，提升产品或服务的质量。改进流程可能对业务的其他环节产生负面影响，因此一定要在充分理解整个业务流程的情况下再进行改进。

业务流程改进的工具包括六西格玛管理、精益管理、精益六西格玛管理、仿真、流程再设计、流程再造等，可以根据具体问题选择相应的工具。

4. 管理阶段

管理阶段应该对核心流程进行跟踪，监测它们的运行情况。跟踪评估指标并定期检查，确保流程在按要求运行，如果没有，就要采取相应的措施进行纠正。流程负责人要负责处理这些事情，他们的职责包括领导、文档、绩效和改进等，如表3-2所示。

表3-2 流程负责人的职责和要完成的工作

序号	职责	要完成的工作
1	领导	(1) 促使企业战略和客户导向策略保持一致； (2) 确定改进的优先级； (3) 解决流程间的耦合性问题； (4) 引领组织进行流程变革
2	文档	(1) 维护流程的输入、输出文档； (2) 维护流程文档并核准所有的变更； (3) 确定自动化的优先顺序； (4) 确保控制有效，以获得精确的财务报告； (5) 确保审计流程合规
3	绩效	(1) 部署评估指标，经常性地报告流程绩效； (2) 确定绩效差异的优先级； (3) 监控数据采集系统的精确性

续表

序号	职责	要完成的工作
4	改进	(1) 分析绩效差距； (2) 制订缩小差距的计划； (3) 根据差距确定相应的流程改进工具； (4) 执行流程改进项目； (5) 对标最佳实践并采纳最佳实践的经验； (6) 收集新的流程改进建议

业务流程管理之所以成为一种与众不同的管理方法，是因为它聚焦于通过流程执行把组织和客户对接起来。它强调要理解核心流程是如何交互的，并通过持续改进提升效率和效益。可以这样描述业务流程管理：它让组织从传统的职能式管理模式向流程式管理模式转变，从而让组织变得更加高效。

第二节　业务流程设计

业务流程设计是指根据市场需求与企业要求，对企业的业务流程进行布署、调整、优化的过程。它的主要目的是提升企业的运营效率、降低成本、提高客户满意度，并增强企业的核心竞争力。业务流程设计的主要成果之一就是业务流程图，描述了从业务起点到业务终点的全过程。

一、业务流程图的概念

业务流程图是一种用于描述组织或系统内业务流程的可视化工具。它通过箭头、框图及文字(或代号)来展示一系列相互关联的活动、决策、输入和输出，以便更好地理解、分析和优化业务流程。

某公司外部招聘新员工的业务流程图如图3-2所示。该业务流程图以提出招聘计划为起点，以新员工报到作为结束，描述了招聘新员工的8个基本步骤。

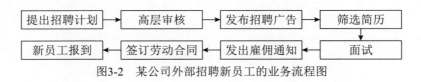

图3-2　某公司外部招聘新员工的业务流程图

二、业务流程设计的基本原则

1. 面向顾客的原则

获得流程绩效的前提是使顾客满意，而顾客满意的前提则是满足了其需求。因此，在进行业务流程设计时，应以满足顾客需求为第一原则。

2. 战略匹配性原则

业务流程设计总是与组织战略联系在一起，有助于企业或组织在复杂多变的市场环境下保持清晰的方向和稳定的步伐，实现持续的发展和增长。同时，战略匹配性原则也有助于提高组织的协同效率和资源利用效率，降低风险和成本，增强企业或组织的整体竞争力。

3. 跨职能协调原则

企业的业务流程往往需要由多个职能部门协作才能完成。为此，需要明确流程涉及的职能部门，并设计相应的协调机制。

三、业务流程设计的常用方法

业务流程设计的方法众多，下面主要介绍几种最常用、最有效的方法。

1. 框图

框图为描述流程提供了一种迅速、简洁的概括方法，但不能对流程进行详细分析，如图3-2所示。矩形框和带箭头的线是框图的主要符号，矩形框表示作业，连接矩形框的带箭头的线表示信息流动的方向和/或作业间的关系，一些框图还包括写有"开始"和"结束"的被拉长的环形框，用来表示框图的起止位置。

框图可以用于简化大型的复杂流程或者记录单项任务。每个矩形框中包含一个描述被执行的作业的句子，这些描述性的句子(作业名称)一定要简短。

事实上，每一个矩形框中还包含许多作业，如果愿意，每一个矩形框都能扩展成一幅框图。图3-3选取了图3-2中的第一项作业，把它扩展成一幅包含详细作业的框图。

收集加班数据 → 征询意见 → 确定招聘需求 → 确定招聘时间及渠道 → 编制招聘计划

图3-3　提出招聘计划的业务流程框图

即使在图3-3中，一些作业也还能进一步分解成单独的业务流程框图。例如，编制招聘计划就能够分解为一个独立的框图。

注意：每项作业的描述标签是以动词开头的，尽管这不是强制性的，但是这是一个通用原则，标准化的句子能加速理解。

2. 作业流程图

作业流程图是一种借助各种特殊符号来系统地描述一个作业过程的工具，与框图相比，能提供更多有关作业流程的详细情况，可读性极强。作业流程图是很多现代管理方法中应用的基本工具，如精益管理和六西格玛管理中都大量用到作业流程图。表3-3展示了作业流程图的常用符号及含义。

表3-3 作业流程图的常用符号及含义

符号	含义
⬭	开始/结束：圆圈或椭圆，用来表示流程的开头或结束
▭	任务/操作：矩形框，用来表示过程中的一个单独的步骤或具体的操作，活动的简要说明会写在矩形框内
◇	判定/决策：菱形框，用来表示过程中的一项判定或一个分岔点。判定或分岔的说明会写在菱形框内，常以问题的形式出现。对该问题的回答决定了判定符号之外引出的路线，每条路线旁标上相应的回答
→	连接符号：箭头，用来表示流程之间的连接，并表明方向——上、下、左、右
▱	书面文件记录：波形底的长方形框。当某项工作的产出包含记录在纸上的信息时，需要这个符号来表示(如报告、信函或计算机打印数据等)

某公司外部招聘新员工的作业流程图如图3-4所示。作为其他管理方法的基础工具，作业流程图必须详细，应达到可操作的水平；应准确，不断更新，使用最新的版本；应完全、客观地将一个过程抽象地表示出来。

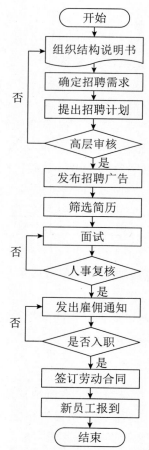

图3-4 某公司外部招聘新员工的作业流程图

3. 泳道图

泳道图，又称跨职能流程图，是在作业流程图的基础上，将进程中各步骤按执行的职能单位(如角色)、系统或功能模块划分出一个个泳道，以便相关人员更直观地查看各职能角色在全流程中的作用和对其他职能角色的影响。图3-5为某公司外部招聘新员工的泳道图。

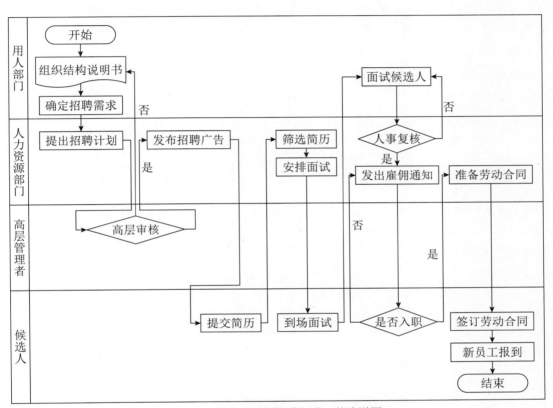

图3-5 某公司外部招聘新员工的泳道图

4. SIPOC图

SIPOC图由质量管理大师戴明提出，是一种高级过程流程图，常用于业务流程的设计与改进。它简洁、直观地展示了一个流程的结构和概况，为后续的分析及研究奠定了基础。SIPOC由5个英文单词的首字母组成，分别代表供应商(suppliers)、输入(inputs)、过程(processes)、输出(outputs)和客户(customers)。

(1) **供应商**。供应商是影响流程关键结果的资源来源，包括所有为流程提供必要资源或材料的组织或个人。对于在企业内部就可以完成的局部流程，供应商实际上指的是上一个工序或上一个环节。

(2) **输入**。输入是指执行流程所需的单个元素，包括资源、原材料、信息或任何其他类型的输入，这些输入是流程的起点。企业应明确各项输入及必须满足的标准。

(3) **过程**。过程是将输入转化为输出的活动或步骤的集合，描述了执行步骤，以及如何通过一系列步骤将输入转化为有价值的输出。

(4) **输出**。输出是过程的结果，可以是产品、服务或其他形式的成果；输出是过程的目标，应满足客户的需求和期望。

(5) **客户**。客户是接受输出的人或组织，包括最终消费者、内部部门等，客户对输出的满意度是衡量流程成功与否的重要指标。

绘制SIPOC图时，需要明确目的和范围，以及涉及的流程和系统。同时，需要收集相关的资料和数据，包括流程的文档、数据表格等，以便更好地了解流程的细节和特点。通过绘制SIPOC图，可以对研究的目标过程有基本了解，有助于流程管理和改进。

注意，SIPOC图的具体应用可能会因行业和流程的不同而有所差异。在实际应用中，可以根据具体情况进行调整和优化。图3-6是设计与开发流程的SIPOC示例图。

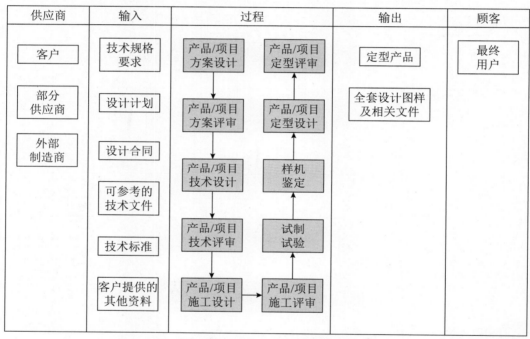

图3-6　设计与开发流程的SIPOC示例图[①]

四、业务流程设计的步骤

表述一个业务的流程一般要经过以下步骤。

(1) **明确战略**。通过详细评估组织的现状与竞争环境，制定组织战略。

(2) **组建团队**。流程的分析往往需要以团队的形式完成，特别是有些业务需要跨部门协同完成，因此还需要组建跨职能团队共同进行流程分析。团队成员可能包括业务流程的所有者或使用者，流程、产品、设计和设备的技术人员，运营人员，培训员，监管和其他

---

① 王玉荣，葛新红.流程革命：让战略落地的流程管理[M].北京：北京大学出版社，2011.

有关管理人员。制作业务流程图的投入包括头脑风暴、观察与经验、有关手册、工艺说明、工作指南和"5M1E"(人、机、料、法、测量和环境)等。

(3) **定义业务流程的范围**。业务流程界定在什么范围取决于所要解决的问题。例如，外部招聘新员工流程中，如果企业要解决提出招聘计划(业务流程包括收集加班数据、征询意见、确定招聘需求、确定招聘时间及渠道、编制招聘计划)的问题，在这种情况下，面试过程就不应该包括在分析的范围内。

(4) **确定流程单位**。流程单位是流程分析的对象，是用来对流程业绩进行测量的单位，对流程分析具有重要意义。

(5) **明确业务流程的各项步骤及其执行时的先后次序**。明确业务流程的各项步骤是核心环节，从而把握一个流程的框架；将流程中的每个步骤均视为一个投入与产出的过程，明确每一个步骤的投入与产出，以及完成的程序。

(6) **使用图形符号表示流程**。精确地使用图形符号将流程形象化。

(7) **对整个流程进行一次实地检验，以证实该流程表述的正确性**。

(8) **优化与调整**。在整个业务流程的执行过程中，需要做好数据收集工作并进行分析，主要目的是给下一步决策的制定提供依据，帮助决策制定者发现整个过程中存在哪些问题，以便做进一步的优化与调整。

第三节　业务流程改进

业务流程改进是帮助组织显著提高业务流程运作水平的系统的方法体系，能够帮助管理者做出更出色的决策，并且以更快的速度实施。业务流程改进要付出成本，但是一个执行良好的业务流程改进项目所节约的成本是所付出成本的很多倍。

业务流程改进的3个主要目标如下。
- 使流程有效果——产生需要的结果。
- 使流程有效率——资源消耗最小化。
- 使流程具有适应性——能够适应不断变化的顾客需求和商业需求。

一、业务流程改进小组

业务流程改进的组织保证至关重要。业务流程改进工作涉及各种类型的团队，其中流程改进小组是最常见的团队。流程改进小组成员应该包括流程所涉及的每一个部门的代表。例如，订单执行流程改进需要市场部、生产部、财务部、客户部、物流部等多个部门的人员参加。

业务流程改进小组一般包含4～12名成员，超过16名成员，其效果就会降低。业务流程改进小组的具体工作内容如下。

(1) **流程调研与诊断**。业务流程改进小组首先需要对企业的业务流程进行全面的调研和了解，识别关键的业务环节和存在的问题。

(2) **数据分析与评估**。基于收集的数据，小组需要进行深入的分析和评估，找出流程中的瓶颈、浪费和低效环节。

(3) **改进措施制定**。根据分析结果，小组需要提出有针对性的改进措施，包括流程优化、自动化技术应用、人员培训等方面的建议。

(4) **实施方案设计与协调**。小组需要制定详细的实施方案，并协调相关部门和人员，确保改进措施能够顺利实施。

(5) **效果评估与持续改进**。改进措施实施后，小组需要对效果进行评估，并根据实际情况进行必要的调整和优化，以实现持续改进。

二、业务流程改进的前提

"精简"意味着最大限度地追求效率和效果，极好地描述了业务流程改进的根本目标。业务流程改进工具是那些可以在效果、效率和适应性等方面带来积极变化的方法。业务流程改进之前，首先要做到以下几点。

1. 剔除官僚主义

官僚主义是在全公司范围内有条理、系统地实施业务流程改进的主要绊脚石。官僚主义对工作的开展设置了阻力，提高了成本，却几乎没有带来真正的价值。剔除官僚主义，就是去除不必要的行政工作、审批和文书工作。可以通过回答以下问题来确认企业是否存在官僚主义。

- 有没有不必要的检查、协调工作？
- 这项作业的内容是不是监督或审核别人的工作？
- 它要求一个以上领导的签字吗？
- 有没有不必要的往来通信？
- 现在的组织程序是不是经常阻碍有效、高效和及时地履行职责？
- 有没有人审批其他人已经审批过的内容？

业务流程改进小组需要针对每一个流程提出这些问题，以便形成可以帮助精简流程的洞察力。

2. 剔除重复

如果在流程的不同阶段或由不同人进行了相同的作业，就要检查这两项作业是否都需要。通常情况下，由流程不同阶段产生的相同或非常相似的信息经常是由不同组织提供的，这不仅增加了流程的总成本，还可能因为矛盾的数据而使流程无法协调。在另外一些情况下，由于工作小组没有意识到该项作业已经被执行，冗余也就产生了，这又为改进整个组织的效果提供了机会。

3. 增值评估

增值评估是精简流程中的一项主要工作。这项工作简单、直接而且非常有效,主要内容是对业务流程中的每一项作业进行评估以决定其对满足顾客需求的贡献。有很多作业被业务所要求,但从顾客的角度看则没有增加价值,真正的增值作业是要由顾客为此付钱的那些作业。增值评估的目的是优化业务增值作业并使非增值作业降到最少或从根本上剔除,组织应该确保业务流程的每项作业都为整个流程贡献真正的价值。

4. 简化

组织的目标、需求和产量是不断变化的,业务流程需要不断适应这种变化,因而会带来更多的工作、更多的步骤,需要更多的人,产生更多的依赖关系和辅助工作,使得业务流程越来越复杂。简化意味着只要有可能就要降低复杂程度。可以通过回答以下问题找到简化的方向。

- 核心目标是什么?
- 哪些业务流程可以省略或合并?
- 如何简化用户界面?
- 是否有自动化或智能化的机会?
- 如何收集反馈并持续改进?

三、六西格玛管理

1. 六西格玛管理概述

1987年,时任摩托罗拉通信部门经理的乔治·费歇尔创立了一种革新性的改进方法,即六西格玛管理。六西格玛管理是一个以质量为主线,以顾客需求为中心,利用对数据和事实的分析,提升一个组织的业务流程能力的管理方法体系。六西格玛管理的"以顾客为中心,超越顾客期望"的理念提升了客户价值,在业务流程中为公司创造了价值,使公司与顾客的利益达到高度统一。

2. 六西格玛管理的六大主题

(1) **真正关注客户**。六西格玛管理强调将顾客需求放在首位,并将"顾客声音"与业务系统紧密相关。在六西格玛管理中,关注顾客是最核心的任务,绩效测量始于顾客,改进也是由对顾客满意度和顾客价值的影响来决定。

(2) **事实和数据驱动的管理**。六西格玛管理依赖数据和事实来驱动决策与管理过程,需要采用大量的数据统计和分析方法。它使用有效的测量系统追踪结果与产出,同时跟踪过程、投入和其他可预测因素。通过数据分析,企业能够深入理解关键变量并优化结果。

(3) **关注流程、消除变异**。六西格玛管理是一种基于流程优化的管理方法,其重点不是产品或服务本身,而是生产产品或提供服务的流程。六西格玛管理通过界定和描述流程，测量流程中关键环节的指标，分析产生变异的原因，优化流程，达到改进流程绩效的目的。此即六西格玛的DMAIC流程管理模式。

(4) **前瞻性管理**。六西格玛管理预测问题和变化，基于事实和数据对目标与方法的前提假设提出疑问。六西格玛管理聚焦于阻止问题的产生，追问应该如何正确地做事情，而不是事后的追溯。

(5) **无边界合作**。六西格玛管理强调企业内部各部门之间，以及企业与顾客、供应商和供应链上各业务伙伴之间的合作，反对竞争和不良沟通，让每个人都为客户提供价值而工作。这种合作超越了传统的组织边界，有助于更高效地利用资源和解决问题。

(6) **追求完美，但能够容忍失败**。如果人们知道有办法可以接近完美，但是害怕风险，不愿意承担后果，他们就永远不会尝试。实施六西格玛管理的组织把持续追求完美作为一个目标，同时愿意接受偶尔的挫折。

3. DMAIC流程管理模式

DMAIC流程管理模式是一种流程改进方法，它由5个阶段构成：定义(define)、测量(measure)、分析(analyze)、改进(improve)和控制(control)。这一模式主要用于对现有流程进行改进，包括制造流程、服务流程及工作流程等。DMAIC流程管理模式的目标是通过数据分析和改进循环，实现业务流程与设计的优化，以满足客户需求，提升顾客满意度，并最终实现六西格玛质量水准。

组建DMAIC团队的目的是充分利用各种机会，解决流程问题。团队通常由一个经过训练的专家带领，会有3~10个成员，分别代表与流程相关的各个部门。

(1) **定义阶段**。定义阶段的主要任务是利用SIPOC图、工艺或业务流程图、过程绩效测评、排列图等确定需要改进的产品及相关的核心流程，识别客户要求，确定影响客户满意度的关键因素，明确改进的目标和方向，确定六西格玛项目实施所需要的资源。

(2) **测量阶段**。测量阶段的主要任务是收集并整理数据，对测量系统的有效性做出评价，了解当前流程的性能，为后续的分析阶段提供基础数据。该阶段一般用到的方法有时间序列图、测量系统分析、直方图、描述性统计分析、过程能力分析等。

(3) **分析阶段**。分析阶段的主要任务是对测量阶段收集的数据进行深入分析，找出流程中存在的问题和瓶颈，以及影响流程性能的关键因素。该阶段一般用到的方法有流程图、因果图、假设检验等。

(4) **改进阶段**。改进阶段的主要任务是根据分析阶段得到的结果，制定并实施改进措施，以优化流程性能等。该阶段一般用到的方法有试验设计、田口方法、流程再造、甘特图等。改进阶段是最具创新性的一个阶段，改进可以在原有方案的基础上进行优化，也可以提出全新的方案。

(5) **控制阶段**。控制阶段的主要任务是建立监控机制，确保改进的成果得以维持，并推广、应用改进成果。这一阶段的主要工作包括定期检查流程性能，及时发现并解决潜在问题，以及持续改进和优化流程。该阶段一般用到的方法有控制图、防错方法、标准操作规程等。

这5个阶段前后衔接，不断循环。DMAIC流程管理模式是一种系统性的流程改进方法，它强调以数据为基础，通过持续的改进和优化，实现流程性能的显著提升。

四、精益管理

1. 精益管理概述

精益管理致力于消除生产过程中的一切浪费，其最终目的在于促使管理人员重新思考企业流程，提升企业竞争力，让顾客满意，获得显著的经济效益。精益管理的应用多种多样，其中一些关键实践如下。

(1) **消除浪费**。通过对业务流程的分析，找出浪费的原因，并采取措施进行改进，如减少等待时间、优化传输和加工流程等。

(2) **核心流程分析**。详细分析业务流程，找出核心流程和非核心流程，采取措施消除非核心流程，提高生产效率。

(3) **持续改进**。精益管理强调持续改进，通过不断地优化生产过程来提高生产效率和质量水平。

总体来说，精益管理是一种有效的经营管理理念，能够帮助企业实现资源的有效配置和合理使用，最大限度地为企业谋求经济效益。

2. 价值流图

价值流图(value stream mapping，VSM)是一种用于精益流程设计与优化的工具，最早由丰田公司提出。价值流图主要用于分析、设计和管理将产品从原材料转化为最终产品并交付给客户的全过程，包括其中涉及的材料和信息流。价值流图通过标准化的符号系统清晰地描绘各个工作流和信息流的状态，进而帮助企业和团队识别并消除那些不增加价值或浪费资源的环节。

价值流图的目的是提供一种持续的、系统的价值流改进方法，可以客观、直观地描述当前的流程状态，即产品是如何制造出来的、价值是如何实现的，在此基础上识别浪费环节，进而改进并描述未来理想的流程。因此，价值流图实现了精益生产与流程改进的有机结合。

五、精益六西格玛管理

精益六西格玛管理是融合了精益管理和六西格玛管理两种方法的流程改进工具，用来重新设计并改进流程，以满足客户的期望，并维持竞争优势。精益管理强调消除浪费、提高效率和流程优化，而六西格玛管理则专注于减少变异、提高质量，以及通过数据驱动进行决策。图3-7列出了精益管理和六西格玛管理的组合要点。

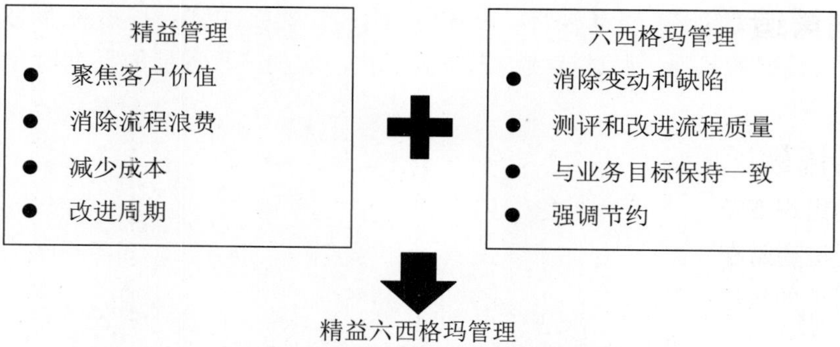

图3-7　精益管理和六西格玛管理的组合要点

只有以流程为中心才能真正发现整个流程中何处的变异较突出，业务流程中哪些活动是不创造价值的。因此，精益六西格玛管理必须以流程为切入点。

六、ECRS分析法

通过取消(elimination)、合并(combination)、重排(rearrangement)、简化(simplification)4项技术对现有流程进行优化，以减少不必要的流程，达到更高的生产效率的方法俗称ECRS分析法。

1. 取消

审查每一项工作，确定其是否有取消的可能性。这通常需要评估该项工作是否必要，是否有价值，以及取消该工作是否会对其他工作或整体流程产生影响。

2. 合并

如果工作不能取消，则将两个或两个以上的对象或工作合并为一个，以减少重复现象并提高效率。这可以应用于流程的合并、工具的合并等方面。

3. 重排

对业务流程进行重新排列，以达到更好的效果。这可以通过改变工作的先后顺序、调整生产现场机器设备的位置等方式实现。通过重排，可以消除浪费、平衡工作量，并提高整体效率。

4. 简化

对工作进行深入的分析与研究，尽可能地简化现行方法，以缩短作业时间并提高工作效率，包括简化工作内容、步骤和动作，以及节省能量等方面。简化并不意味着降低质量或功能，而是采用更有效的方法实现相同或更好的结果。

总体来说，ECRS分析法是一种有效的工具，可以帮助企业和组织优化生产流程、提高工作效率并降低成本。然而，在实际应用中，需要根据具体情况灵活运用这4项技术，并结合其他工具和方法进行综合分析与改进。

七、流程再造

企业经营过程中,常常会发现最初的流程设计不再有效了,需要重新设计流程。流程再造是一种深入且彻底的企业活动,旨在从根本上重新分析和设计企业的业务流程,并管理相关的组织变革,让流程能够更好地支持组织实现愿景,追求更高的绩效和更快的成长。流程再造通常在对组织的愿景、战略目标和客户需求进行高阶评估之后开始。

流程再造的核心在于打破企业按职能设置部门的管理方式,代之以业务流程为中心,重新设计企业管理流程。它追求的是全局最优,而非个别最优,以提高客户满意度的业务流程为核心。流程再造的重点在于选定对企业经营极为重要的几项企业程序,进行重新规划,以提高运营效果,并在成本、品质、对外服务和时效等方面实现重大改进。

从基础层面反思组织应该如何工作,以追求巨大改进,是流程再造与流程改进的最大区别,流程改进关注的是功能或增量的改进。流程改进和流程再造的区别如表3-4所示。

表3-4 流程改进和流程再造的区别

对比项目	流程改进	流程再造
变革的程度	渐进的	革命性的
起点	现存的流程	新起点
变革的频率	持续的	一次性的
需要花费的时间	短	长
变革路径	自下而上	自上而下
典型的范围	小,限于一些部门	大,跨部门
风险	中等	高

第四节 业务流程的数字化转型

一、数字化流程与流程数字化转型

数字化转型是企业在全球数字化变革背景下适应数字经济环境、应对市场变化的必要手段,更是推动企业发展、实现业务增长的重要途径。数字化指的是将传统的业务流程、数据、服务等转换为数字形式的过程。数字化转型则是指企业全面应用数字技术,以数字化为核心重构组织运营和商业模式,从而实现业务的转型升级,提升企业的核心竞争力。数字化转型不是简单的数字化过程,它涉及企业的各个领域和环节,包括采购、生产、物流、销售、客户服务等,旨在通过数字技术实现企业的全面优化和升级。

当前,数字化流程已经成为企业数字化转型的热点。数字化流程就是将新一代数字技术融合到业务流程中,改变相关人员参与和互动的模式,提升流程参与者对流程的影响能力,大幅改善流程参与者的体验并提升其满意度,进而为企业战略的实现提供有力支撑。

随着新一代数字技术的不断融入，企业原有流程的运行模式正在发生巨大变化。由数字技术驱动的这一轮流程再造和优化被称为流程数字化转型，流程数字化转型的根本目的就是赋予企业更强的运营和竞争能力。

二、业务流程管理数字化的挑战

业务流程管理可分为建档、评估、改进、管理4个阶段，新兴技术需要更紧密地整合并支持这4个阶段。根据数字技术对业务流程管理带来的巨大影响，可以发现业务流程管理数字化带来的挑战。

1. 战略层面

业务流程管理数字化往往涉及企业核心业务流程的重新设计和优化，这需要企业高层领导对数字化战略有清晰的认识和定位。如何结合企业自身的业务特点、市场定位和发展目标制定切实可行的数字化战略规划，是企业在实施数字化流程管理时面临的首要挑战。

数字化转型不仅是技术层面的变革，还是企业文化、组织结构和管理模式的全面变革。企业需要打破传统的层级结构和僵化的管理方式，建立更加灵活、开放和创新的组织文化，以适应数字时代的需求。

2. 设计层面

数字化流程管理需要企业投入大量的人力、物力和财力，如何有效地整合和配置内外部资源，确保数字化项目的顺利实施和高效运营，是企业需要面对的重要挑战。

数字化流程管理涉及大量数据的收集、存储、处理和应用，如何确保数据的安全性和隐私性，防止数据泄露和滥用，是企业必须关注的重要问题。同时，如何有效地管理和利用数据，挖掘数据价值，为企业决策提供有力支持，也是企业需要解决的难题。

不同企业的业务流程各具特色，既有共性也有个性。在设计数字化方案时，如何既考虑到通用性，又满足企业的个性化需求，是一项具有挑战性的任务。此外，随着企业的发展和市场环境的变化，业务流程也可能发生调整，这就要求数字化方案具有一定的灵活性和可扩展性。

3. 执行层面

数字技术虽然强大，但如何将其与企业的实际业务需求相结合，实现技术与业务的深度融合，是企业需要面对的重要挑战。这要求企业不仅要具备先进的技术，还需要具备将技术应用于实际业务场景的能力。

业务流程管理数字化往往需要多个部门的共同参与和协作，然而不同部门之间可能存在沟通障碍和利益冲突，这可能导致数字化方案在设计和实施过程中出现偏差。因此，如何加强部门间的沟通与协作，确保数字化方案的顺利实施，是一个需要关注的问题。

4. 分析层面

不同部门和业务流程中产生的数据格式、质量和标准可能存在差异，这使得数据集成变得复杂。为了实现有效的分析，需要对数据进行标准化处理，确保数据的一致性和可比性。

市场上存在众多数据分析工具和技术，选择能够满足企业特定需求的工具和技术是一项艰巨的任务。此外，如何将这些工具和技术与现有的业务流程管理系统有效集成也是一个挑战。

企业的业务流程通常具有复杂性和多样性，这增加了数字化分析的难度。如何准确地识别和分析业务流程中的关键环节和瓶颈，提出有效的改进措施，是数字化分析层面需要解决的关键问题。

三、业务流程管理数字化的创新趋势

1. 自动化与智能化

通过应用先进的数字技术，如人工智能和机器学习，业务流程管理正逐步实现自动化和智能化。这不仅极大地提高了工作效率，减少了人为错误，还在数据分析和预测方面展现出强大的能力，持续改善与客户的互动，从而帮助企业更好地把握市场动态和业务发展趋势。

2. 平台的集成与协同

平台的集成与协同是指通过构建统一的数字化平台，将不同的业务系统、应用程序和数据源进行集成，实现信息的共享、通信的协作和工作流的自动化。这种集成与协同可以打破"信息孤岛"，消除数据冗余，促进部门之间的沟通和合作，提升企业的整体运营效率和响应速度。随着业务流程管理数字化的深入发展，越来越多的企业开始构建或采用集成的数字化平台，以实现各部门、各业务环节之间的无缝对接和高效协同，这不仅提高了企业内部沟通的效率和准确性，还能够促进信息的共享和流通。

3. 持续创新与优化

业务流程管理数字化是一个持续不断的过程，需要企业不断地进行技术创新、模式创新和管理创新。只有这样，企业才能跟上时代的步伐，充分利用数字技术的优势，不断提升自身的业务水平和市场竞争力。

第四章 软件工程基础

第一节 软件危机概述

一、软件的概念

软件是计算机及手机等终端设备运行的程序、数据、文档和服务的集合,包括程序、数据、相关文档和完善的售后服务的完整集合,即

$$软件=程序+数据+文档+服务$$

式中,程序是为了让计算机执行某些操作或解决某个问题而编写的一系列有序指令的集合;数据是使程序正常处理信息的数据结构及信息的表示;文档是与程序开发、维护和使用有关的技术资料;服务是指对各种软件用户的服务,包括提供软件产品使用说明书、推销服务及售后技术支持等。

需要注意的是,程序与软件不同,程序只是软件的组成部分。

软件工程师是软件研发人员的统称,按照分工不同又分为系统架构师、系统分析师、软件设计师、程序员、测试员、维护员和管理员等。

软件是伴随计算机硬件和信息技术的发展而产生的,具有如下特点。

(1) **抽象性**:软件没有物理形态,逻辑处理和数据结构相对复杂,只能通过运行来了解其功能、特性和质量。

(2) **智能性**:软件是人类智能劳动的产物、代替和延伸,渗透了大量的脑力劳动、逻辑思维、智能活动和技术应用。

(3) **非损及更新性**:软件不存在像硬件设备一样的物理性磨损和老化问题,但存在缺陷维护和技术更新问题。

(4) **复制性**:软件成本相对比较高,但是开发完成后很容易被复制,是可复制的特殊产品。

(5) **泛域性**:软件应用很广泛,可服务于各种领域、行业和层面。

按照软件功能的不同,可分为系统软件、支撑软件和应用软件。系统软件是指为

了有效地使用计算机系统，为应用软件开发和运行提供支持，或者为用户管理和使用计算机提供方便的软件，是用户和裸机的交互接口，如Windows、Linux、DOS、Unix、MacOS等；支撑软件是支撑各种软件的开发与维护的软件，包括数据库软件、接口软件、编译程序、解释程序和工具组等；应用软件是指为某种特定的用途而开发的软件，可以是一个特定的程序，也可以是一个功能相互联系的程序集合，还可以是由众多独立程序组成的庞大软件系统，如办公软件、多媒体软件、财务管理软件、工业控制软件、辅助教育软件等。

按照软件工作方式的不同，可分为实时处理软件、分时软件、交互式软件和批处理软件；按照软件服务对象范围的不同，可分为项目软件、产品软件；按照软件运行的终端设备的不同，可分为服务器软件、计算机软件、手机软件、机器人软件和嵌入设备软件等；按照软件规模的不同，还可以将软件划分为微型软件、小型软件、中型软件、大型软件、超大型软件等，一般可以从研发人数、研发期限或代码规模方面进行衡量。

软件技术的发展经历了4个阶段。

(1) 程序设计阶段：该阶段以个体手工劳动为主，使用机器语言或汇编语言进行开发，主要生产面向批处理的、有限分布的自定义软件产品。

(2) 程序系统阶段：该阶段以小规模合作生产为主，使用高级语言进行开发，主要生产多用户访问的、实时处理或数据管理等方面的软件产品。

(3) 软件工程阶段：该阶段开始采用工程化的理念和方法，以及数据库、网络、分布式、面向对象等高级技术，主要生产分布式的或具有一定"智能"的软件产品。

(4) 创新完善软件工程阶段：该阶段不断引入创新思维和技术来完善软件的生产，借助强大的桌面系统、专家系统、神经网络、并行计算等先进技术，生产大规模数据融合、智能集成或人工智能应用等方面的软件产品或综合系统平台。

二、软件危机的出现

20世纪50年代，软件伴随着第一台电子计算机的问世而诞生，出现了一批以编写软件为职业的编程人员。这一时期，大多数软件由个人或机构研制，往往带有个人主义色彩，没有什么方法，也不讲究设计，软件产品只有源码，没有配套的文档。

从1960年开始，美国一部分大学开始设置计算机专业，软件的影响迅速扩大。20世纪60年代中期到70年代中期，软件开始被广泛使用，市场需求旺盛，出现了一大批"软件作坊"。随着软件数量的急剧增长，大批的劣质软件涌入市场，不讲究设计方法和开发不规范导致失败的软件项目屡见不鲜，软件危机开始产生并不断加重。

1. 软件危机的主要表现

软件危机是指20世纪60年代计算机软件在研发、运行、维护和管理过程中，出现了一系列严重问题的现象，主要表现如下。

(1) 软件开发管理能力差，对开发成本和进度的估计不准确，并且随着软件复杂性的提高，研发成本会大幅度攀升，甚至失控。

(2) 用户对已经投入使用的软件常常感到不满，经常出现功能欠缺、性能不足或偶发故障，缺乏相应的软件升级和维护服务。

(3) 软件产品的主要体现是程序，缺乏必要的规范和标准，没有文档资料，质量、可靠性、安全性等难以保证。

(4) 软件开发效率低，无法满足日益旺盛的软件需求，当出现较大的需求变化时，常常出现无法维护和升级等情况。

2. 产生软件危机的主要原因

产生软件危机的主要原因如下。

(1) 软件开发规模、复杂度和需求量不断增加，而"软件作坊"式的开发还没有做好应对的准备。

(2) 工程化管理意识淡薄，软件需求分析与设计制度不完善，用户和研发人员沟通不足，软件的开发和维护极易出现问题。

(3) 软件测试、调试工作不规范，提交的软件质量不达标。

(4) 忽视软件交付后在运行过程中的正常维护和升级。

3. 解决软件危机的措施

经历了大量的软件研发失败、血本无归的案例后，人们开始对作坊式的软件开发过程进行审视和思考，意识到软件开发不仅需要规范、可行的技术保障，还需要强有力的组织管理策略，才能适应快速增长的软件需求。因此，解决软件危机需要从以下3方面入手。

(1) 在技术方法方面，构建适合软件开发的工程化的技术方法，并形成标准与规范。

(2) 在开发工具方面，研发更加先进、高效的软件开发工具，协助完成软件开发过程。

(3) 在组织管理方面，形成适合软件开发过程的管理制度和标准，明确研发团队人员的角色和分工，实施团队协作与激励策略，注重配套的文档及服务。

第二节　软件工程概述

一、软件工程的产生

软件系统发展早期，软件开发还没有形成明确的行业特点，大多数开发工程师是从数学专业或者电子工程专业跨界而来，常常带有很强的个人主义色彩，编码比较随意，程序结构不太规范，程序风格也杂乱无章。同时，受到当时硬件环境的限制，早期软件的逻辑比较简单，功能单一，难以解决体量较大的复杂性问题，不考虑通用性问题，也没有形成系统的开发方法，缺乏设计文档。

随着软件系统规模越来越庞大,结构越来越复杂,软件产品生产效率低下、不规范、质量差、维护难等问题不断涌现,为软件开发团队带来了难以摆脱的压力和挑战,软件危机由此产生。

软件危机的典型案例如下。

案例4-1 贝尔实验室操作系统研发。

1964年,贝尔实验室与麻省理工学院、美国通用电气公司合作,共同开发一个分时操作系统(Multiplexed Information and Computing System,Multics)。在Multics开发初期,研发团队基于GE 645计算机开发,目标是能够安装在大型主机上,可以满足300个以上终端同时连线,实现多人、多任务的运行。

Multics的设计非常宏大,试图构建一个全面、复杂的计算机系统。随着项目的推进,管理团队发现许多先进的技术难以实现,硬件技术还不足以支撑预期的性能,特别是处理器的速度和存储问题更是难以突破的瓶颈。当时客户热衷于购买更小、更便宜的计算机系统,而Multics与这一理念背道而驰,并且同时期的Unix迅速发展,带来了巨大的竞争压力。这些情况给Multics项目带来了巨大打击。直到1970年,Multics项目的进度仍然十分缓慢,成本越来越高,最终被迫裁撤。

案例4-2 美国国内医疗保险在线交换网站。

2013年10月1日,美国国内医疗保险在线交换网站首次上线运行就遭遇了一系列严重问题,包括性能问题、漏洞等。项目由加拿大IT及业务流程服务提供商CGI集团承建,预算是8.5亿美元,目标是满足6万用户同时在线,并在开发过程中追加了1.5亿美元的预算。网站上线当天就出现了严重阻塞现象,绝大多数用户无法完成注册,频繁出现数据缺陷,社会民众对此批评、指责不断。10月30日上午,美国众议院能源与商务委员会为此召开专题听证会,通过美国各大电视台和主流媒体网站播出,卫生和公共服务部部长Kathleen Sebelius向全民道歉。

为了避免软件危机,人们开始探索更加合理的软件研发策略和工程化的管理方法。软件工程是一门研究用系统化、规范化、数量化的工程原则和方法进行软件开发与维护的学科,主要包含两方面的内容。

(1) **软件开发技术**:包括软件开发方法学、软件工具和软件工程环境。

(2) **软件项目管理**:包括软件度量、项目估算、进度控制、人员组织、配置管理、项目计划等。

1968年,北大西洋公约科技委员会召集了约50名一流的计算机编程专家和工业界巨头,在联邦德国召开国际学术会议,首次讨论了软件危机问题,并制定了摆脱软件危机的对策,第一次提出了"软件工程"的概念,标志着软件工程的正式诞生。

在迫切的科技发展需求和巨大的市场需求面前,"软件工程"的概念一经提出,就得到了蓬勃发展。软件工程的发展历程如图4-1所示。

1930—1945年 计算机理论	1946—1954年 计算机诞生之初	1955—1969年 高级语言兴起	1970—1990年 软件工程诞生	1991—1999年 面向对象和Web诞生	2000—2005年 Web软件兴起	2006—2012年 Web2.0兴起	2013—2018年 移动互联网兴起
(1) 许多数学家为计算机理论发展奠定了数学基础；(2) 阿兰·图灵提出了著名的图灵机理论，从理论上解决了计算机软件的核心问题，即计算复杂性和算法表示问题	(1) 1946年，世界上第一台通用电子计算机ENIAC在美国宾夕法尼亚大学诞生，发明人是莫克利和埃克特，发明初衷是美国奥伯丁武器试验室用来计算弹道，标志着信息时代的开始；(2) 产生了机器语言和汇编语言，诞生了程序员职业	(1) 随着计算机硬件性能的提升，高级语言兴起，1957年，约翰·巴克斯发明了Fortran语言，是世界上最早的高级语言，是第一个结构化程序设计语言，标志着结构化程序设计的开始；(2) 出现了"软件"的概念，但编码随意，像意大利面一样杂乱无章，称为软件的"意大利面"阶段；(3) 1968年，北大西洋公约科技委员会召集了约50名一流的计算机编程专家和工业界巨头，在联邦德国召开国际学术会议，首次提出了"软件工程"的概念	(1) 1970年，尼克劳斯·埃米尔·沃思发明了Pascal高级语言；(2) 1972年，C语言出现，丹尼斯·里奇被尊称为"C语言之父"；(3) 1975年，第六版UNIX走出贝尔实验室，丹尼斯·里奇被尊称为"UNIX之父"；(4) 1983年，本贾尼·斯特劳斯特卢普研发了C++语言；(5) 1985年，Win1.0推出	(1) 面向对象的诞生是软件发展史上最重要的里程碑；(2) 1991年，Web诞生，进入了Web1.0时代	(1) 传统单机软件发展为基于Web的应用；(2) 静态Web开始转向动态Web，三大主流动态网站技术兴起，即PHP、JSP和ASP；(3) 软件工程师都是全栈开发工程师；(4) 服务架构都是单体架构	(1) Ajax技术兴起，解耦了Web软件的呈现层和业务逻辑层；(2) 前后端分离，软件工程师和后端工程师分为前端工程师和后端工程师；(3) 后端面向服务架构开始盛行	(1) Web软件的B/S架构开始转向多端/S架构，包括PC浏览器、移动浏览器、Android、iOS、小程序等；(2) 微服务架构被提出，并开始盛行

图4-1 软件工程的发展历程

二、软件工程的概念

一直以来,软件工程都没有被广泛认可的定义,很多学者、组织机构和标准办法中都给出了自己的定义。

1968年,Fritz Bauer在北大西洋公约科技委员会召开的会议上提出,软件工程是建立并使用完善的工程化原则,以较经济的手段获得能在实际机器上有效运行的可靠软件的一系列方法。

1983年,《IEEE软件工程标准术语》将软件工程定义为:软件工程是开发、运行、维护和修复软件的系统方法,其中软件是指计算机程序、方法、规则、相关的文档资源,以及在计算机上运行时所必需的数据。

1993年,《IEEE软件工程标准术语》对软件工程的定义进行了改进:软件工程是将系统化的、规范的、可度量的方法应用于软件的开发、运行和维护的过程,即将工程化应用于软件中。

我国国家标准《信息技术 软件工程术语》(GB/T 11457—2006)将软件工程定义为:软件工程是软件开发、运行、维护和引退的系统方法。

《计算机科学技术百科全书》对软件工程的定义是:软件工程是应用计算机科学、数学及管理科学等原理开发软件的过程。

综上所述,可以认为软件工程主要研究和应用如何以系统性的、规范化的、可定量的过程化方法开发和维护软件,以及如何把经过时间考验而证明正确的管理技术和当前能够得到的最好的技术方法结合起来。

另外,从学科角度来看,软件工程是计算机科学与技术学科的一个重要分支,是一门指导软件系统开发、运行、维护和管理的工程学科,涉及软件生产过程的各个方面,包括最初的软件需求分析、系统设计、编码,直到投入使用后的系统维护。一般认为,软件工程学科的主要研究内容包括软件设计与开发、软件过程与生命周期、软件配置管理和软件工程管理。

三、软件工程的目标

软件工程的目标是在给定成本、进度的前提下,开发出具有适用性、有效性、可修改性、可靠性、可理解性、可维护性、可重用性、可移植性、可追踪性、可互操作性且能满足用户需求的软件产品。

(1) **适用性**,是指软件适应不同的系统约束条件的难易程度。

(2) **有效性**,是指能够最有效地利用计算机系统资源,减少开销并提升性能。

(3) **可修改性**,是指在不增加系统复杂性的前提下进行软件修改的难易程度,是很难达到的目标,有助于软件调试和维护。

(4) **可靠性**,是指避免因系统不完善或操作不当导致的功能失效。

(5) **可理解性**，是指软件具有清晰的结构，对于复杂系统，这项指标更加重要。

(6) **可维护性**，是指在软件交付用户以后，还能够对其进行持续的修改和完善的能力。

(7) **可重用性**，是指把概念或功能相对独立的一个或一组模块定义为一个软部件，可以将其组装在软件系统的任何位置，以避免重复的工作量。

(8) **可移植性**，是指从一个计算机系统或环境搬到另一个计算机系统或环境的难易程度。

(9) **可追踪性**，是指根据软件需求对软件设计、程序进行正向追踪，或根据软件设计、程序对软件需求进行逆向追踪的能力。

(10) **可互操作性**，是指多个软件元素互相通信并协同完成任务的能力。

为了实现如上所述的软件工程目标，许多专家、学者和工程师对软件工程进行了持续的探索，提出了各种各样的观点和方法。1983年，著名软件工程专家B. Boehm综合有关专家、学者的意见，并总结了多年来开发软件的经验，提出了软件工程的7条基本原理，被业界广泛接受和认可：①用分阶段的生存周期计划进行严格的管理；②坚持进行阶段评审；③实行严格的产品控制；④采用现代程序设计技术；⑤软件工程的结果应能清楚地审查；⑥开发小组的人员应该少而精；⑦承认不断改进软件工程实践的必要性。

软件工程的原则是指围绕工程设计、工程支持及工程管理，软件开发过程中必须遵循的原则，一般认为包括7个方面：①适应性，软件工程的方法和工具必须适应不同的项目需求和开发环境；②抽象性，软件工程应采用抽象方法构建可理解和可管理的软件系统；③稳健性，软件工程应采用适当的管理和技术手段，确保软件的稳定性和可靠性；④可重用性，软件工程应鼓励和推广软件组件的重用，提高软件开发效率；⑤可测量性，软件工程应通过度量和分析，提供对软件开发过程和产品的量化评估；⑥可理解性，软件工程应采用清晰、可理解的文档和代码促进沟通与理解；⑦可管理性，软件工程应提供有效的管理方法和工具，确保项目的顺利进行和交付。

第三节　软件生命周期

软件生命周期，又称软件生存周期、软件生存期等，是软件工程的重要概念之一，是指从提出开发需求开始，经过定义、开发、运行、维护，直到软件停止使用的整个周期。软件生命周期中的每一个阶段都有确定的任务，并产生一定规格的文档(资料)，提交给下一个阶段并作为继续工作的依据。在软件生命周期中，软件开发不仅是编码的过程，而且是一个个阶段前后衔接、不断延续的过程。

依据软件规模、种类、开发方式、开发环境等，软件生命周期的阶段有不同的划分方式。一般划分原则如下。

(1) 各个阶段的任务相互独立，便于分阶段计划和逐步完成。

(2) 各个阶段之间要有任务上的衔接，即前一阶段的终点是后一阶段的起点，后一阶段以前一阶段为基础和依据。

(3) 同一个阶段的任务性质尽量相同，便于软件开发过程的组织管理，容易明确研发人员的分工和职责。

被广泛认可的是将软件生命周期划分为计划、开发和运维3个时期，计划时期又进一步划分为问题定义、可行性分析、需求分析3个阶段；开发时期划分为概要设计、详细设计、软件实现和软件测试4个阶段；运维时期只包含软件维护一个阶段。

通过对时期和阶段的划分，能够将规模大、结构复杂的软件系统的开发过程进行分解与细化，使开发环境和开发任务变得容易控制与管理。有些阶段用来完成重要的、具有标志性的任务，又称为里程碑或基线。

第四节　常见的软件生命周期模型

模型是对现实系统本质特征的一种抽象、模拟、简化和描述，用于表示事物的重要方面和主要特征，包括描述模型、图表模型、数学模型和实物模型。

软件生命周期模型，又称软件开发模型，是描述软件开发过程是如何执行的模型。从软件产品提出的一刻开始，软件产品就进入了软件的生命周期模型，会经历需求分析、概要设计和详细设计、软件实现和测试、运行维护等过程，直至产品迭代或因为某些原因不再维护直至消亡。

通过软件生命周期模型，能够确立软件工程中各阶段的先后顺序、相关限制和准则，便于相互协调，提高各个阶段的完成效率，提高管理和控制能力。

常见的软件生命周期模型有瀑布模型、快速原型模型、增量模型、螺旋模型、喷泉模型、统一过程模型等。

一、瀑布模型

瀑布模型是指将软件生命周期的各个阶段按照固定的顺序从前向后排列，形如瀑布流水，最终获得软件产品。瀑布模型将软件生命周期划分为计划时期、开发时期和运维时期，每个时期包含若干阶段。

(1) **计划时期**，完成问题定义、可行性分析、需求分析。

(2) **开发时期**，完成概要设计、详细设计、软件实现、软件测试。

(3) **运维时期**，对交付并投入使用的软件进行各种维护，记录和保存相关文档。

瀑布模型的工作流程如图4-2所示。

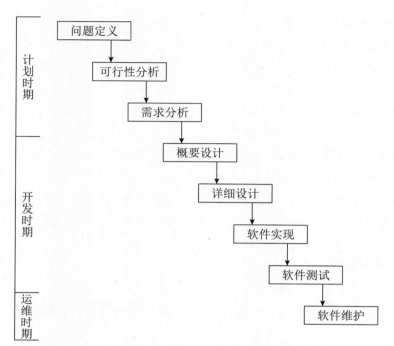

图4-2 瀑布模型的工作流程

在瀑布模型中，带箭头的实线表示开发流程，每个阶段顺序进行，有时会返工；带箭头的虚线表示反馈工作的流程，根据不同情况返回不同的阶段，如图4-3所示。

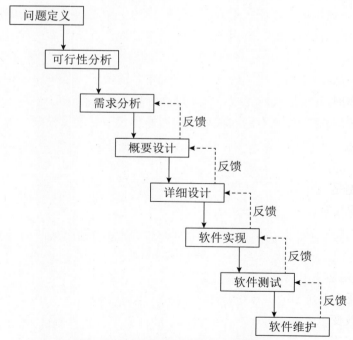

图4-3 带反馈的瀑布模型的工作流程

瀑布模型适用于软件需求明确、相关技术成熟、工程管理规范的情景，优点如下。

(1) 严格遵循软件生命周期各个阶段的固定顺序，每个阶段划分明确，都有固定的文档或源程序流入下一个阶段。

(2) 能够统筹兼顾，在计划时期和开发时期前期，投入了大量精力充分理解和设计软件，避免了过早编程。

(3) 各个阶段都需要对要完成的任务进行复审，能够及时发现和排除隐患，较好地保证软件质量。

瀑布模型的缺陷也很明显，它将软件开发过程硬性地分隔为多个孤立的阶段。而在实际开发中，各个阶段常常有相互重叠的部分，并且时常需要回溯和优化，导致这类问题不易解决。例如，软件开发不可能在计划时期精确、完整地描述整个系统，造成后期维护工作难以开展。当软件开发规模增大时，这一缺陷更加明显，危害性也越来越大。

二、快速原型模型

快速原型模型是先搭建一个快速原型，如操作窗口、展示页面等，让用户试用和评价后，进行有针对性的交流，形成修改说明，进行原型调整；再让用户试用，如此循环往复，直到完成全部功能的开发，如图4-4所示。

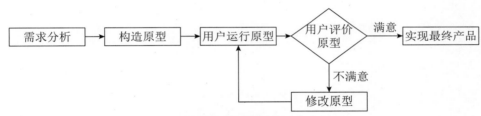

图4-4　快速原型模型的工作流程

进行软件开发时，由于种种原因，在需求分析阶段得到完整、准确的需求说明常常很困难。快速原型模型是在获得一组基本的需求说明后，就开始进行快速实现。在这种快速实现中，虽然需求分析还不完备，但能促进研发团队对系统的理解，也能帮助用户在试用过程中受到启发，完成对需求说明的进一步补充。

快速原型模型是一种新的软件工程思想，主要优点如下：①可以尽早为用户提供有用的产品，便于及早发现问题，随时纠正；②减少了技术应用的风险，缩短了开发时间，减少了费用并提高了生产效率；③通过试用原型系统，促使用户主动参与开发活动，加强了信息反馈，减少了不必要的误解，能明显提高软件系统的质量。

当然，由于快速原型变化迅速，缺点也很明显：①缺乏丰富而强有力的软件工具和开发环境；②缺乏有效的管理机制，还未建立起自己的开发标准；③对设计开发环境要求较高；④在重复改变原型的过程中，程序员会感到厌倦；⑤系统的易变性对测试有一定影响，很难做到彻底测试，更新文档较为困难。

三、增量模型

增量模型,又称渐增模型或有计划的产品改进模型,是把待开发的软件系统进行模块化划分,将每个模块作为一个增量组件,分批次地分析、设计、编码和测试这些增量组件。运用增量模型的软件开发过程是递增的过程,开发人员不需要一次性地把整个软件产品提交给用户,而是分批次进行提交,如图4-5所示。

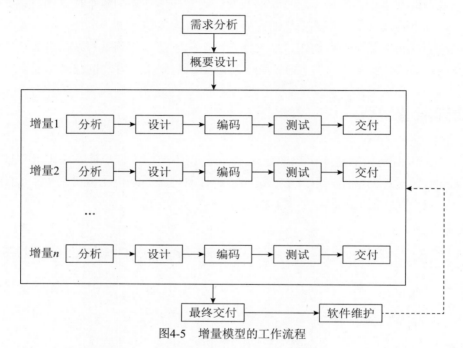

图4-5 增量模型的工作流程

增量模型的灵活性很强,适用于软件需求不明确、设计方案可能存在潜在风险的项目,具有以下优点:①将待开发的软件系统进行了模块化划分,通过分批次提交软件产品,使用户能够及时了解项目的进展情况;②以组件为单位进行开发,降低了软件开发的风险;③开发顺序十分灵活,开发人员可以先完成需求稳定的核心组件,并且可以随时调整开发顺序,提高了开发效率,降低了开发风险。

增量模型具有如下缺点:①软件需要具备开放式的体系结构,以便进行比较清晰的模块划分,新加入组件时,不能破坏已构造好的系统;②增量模型比较灵活,比瀑布模型和快速原型模型更容易适应各种需求变化,但管理欠妥,容易蜕化为边做边改、反反复复的过程,项目失去整体性,进度也难以保证,因此,对项目管理人员的全局控制能力要求较高。

增量模型是瀑布模型和快速原型模型的综合,也就是说,它在整体上按照瀑布模型实施开发,而在软件创建过程中,将软件系统按功能分解为若干组件,并以组件为单位逐个创建和交付,直至完成全部增量组件。

四、螺旋模型

螺旋模型将瀑布模型和快速原型模型结合起来，兼顾了快速原型模型的迭代特征和瀑布模型的系统化能力，同时强化了其他模型中常常被忽视的风险分析环节。在螺旋模型中，每个迭代都需要构建原型，以减小风险，适用于大型的、昂贵的系统级软件应用的开发。

螺旋模型将软件开发过程划分为制订计划、风险分析、实施工程和客户评估4类活动。
(1) **制订计划**：确定软件目标，选定实施方案，弄清项目开发的限制条件。
(2) **风险分析**：分析评估所选方案，考虑如何识别和消除风险。
(3) **实施工程**：实施软件开发和验证。
(4) **客户评估**：评价开发工作，提出修正建议，制订下一步开发计划。

在平面直角坐标系中，螺旋模型分别用4个象限表示4类活动，然后由原点沿着螺旋线多次迭代，逐步延伸，最终获得满意的软件产品，如图4-6所示。

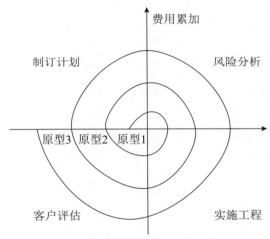

图4-6 螺旋模型的工作流程

螺旋模型是一种风险驱动模型，在每个阶段之前及经常发生的循环之前，都必须进行风险评估，主要优点如下：①兼顾快速原型模型的迭代特征，设计灵活，可以在项目的各个阶段进行变更；②以小的分段来构建大型系统，使成本计算更加容易；③促使客户参与每个阶段的开发过程，便于客户有效地掌握项目进展，既保证了项目不偏离正确方向，又提高了项目的可控性。

螺旋模型的缺点有：①螺旋模型十分强调风险分析，但要求客户接受这种分析，并配合研发过程全程做出反馈是不容易的；②如果执行风险分析将大大影响项目的利润，那么进行风险分析就变得没有意义。

五、喷泉模型

喷泉模型属于面向对象的软件开发过程，认为软件开发过程包含了自下而上的多个阶段,它们依次展开,相互迭代并且无间隙地进行。喷泉模型以对象为驱动,摆脱了瀑布模型不支持软件重用和多项开发活动集成的局限性。

喷泉模型包括4个阶段:需求分析、概要设计、详细设计和实现。传统的瀑布模型中,需求分析结束后才开始设计活动,设计活动结束后才开始编码;喷泉模型中,不同阶段虽然依次发生,但可以并发和重叠,更加适合面向对象的软件开发,如图4-7所示。

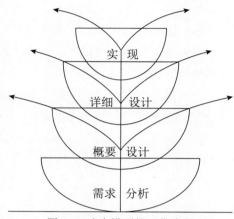

图4-7 喷泉模型的工作流程

喷泉模型的优点主要体现在它的各个阶段有重叠,开发人员可以同步进行各个阶段的活动,提高了开发效率,节省了开发时间,更加适用于面向对象软件的开发。

喷泉模型的阶段可以重叠,活动可以并行,同一时刻的任务常常较多,有一定的管理难度。另外,喷泉模型对文档管理工作要求十分严格,审核难度也比较大。

六、统一过程模型

统一过程模型(Rational unified process,RUP)是Rational公司开发的一套软件过程框架。它以用例驱动为导向,以软件架构为核心,经过多次迭代进行增量式开发,直至完成软件项目。每次迭代只考虑一部分需求,且都是在已完成的基础上继续实现新功能的。统一过程模型全程都有对应的UML方法及工具支持,自提出以来,广泛地应用于各类面向对象的项目。

1. 统一过程模型的时间维度

如图4-8所示,统一过程模型从两个维度描述了软件项目的流程变化和工作量,横轴按照时间顺序展示,显示了软件开发的时间周期和阶段,描述了软件开发过程的动态特征。横轴从左到右发展,分为4个阶段,即初始、细化、构建和交付。每个阶段都以一个里程碑作为结束标记,是下一阶段工作和管理的重要依据,描述如下。

(1) 初始:完成系统的可行性分析和需求分析,关键是确定软件项目的风险和粗略规划,完成后建立目标里程碑。

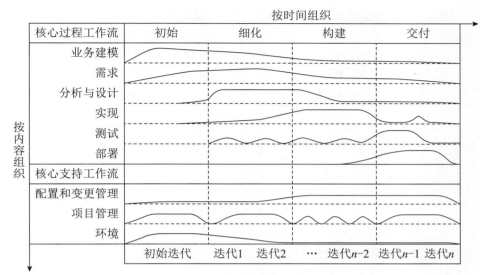

图4-8 统一过程模型的工作流程

(2) **细化**：细化需求分析，深入了解软件系统的应用范围、功能性需求和非功能性需求，完成系统开发计划，完成软件系统体系结构的设计，建立结构里程碑。

(3) **构建**：完成代码编写和测试，持续迭代，并继续改进需求分析和体系结构，直至完成产品，完成用户手册和相关设计文档，建立产品里程碑。

(4) **交付**：进行系统部署和系统测试，进行用户培训，提供技术服务并处理意见反馈，最终交付用户，完成后建立发布里程碑。

2. 统一过程模型的内容维度

在图4-8中，纵轴描述了软件开发过程的核心工作流，对应各个阶段的任务，属于静态特征，包括6个核心过程工作流，即业务建模、需求、分析与设计、实现、测试、部署，以及3个核心支持工作流，即配置和变更管理、项目管理、环境，如下所述。

(1) **业务建模**：描述软件系统的业务模型，包括功能性需求和非功能性需求。

(2) **需求**：抽取用户的需求，识别软件系统中的参与者和用例，使用用例图配合文字描述，阐述功能性需求和非功能性需求，对不合理的业务建模进行补充或完善。

(3) **分析与设计**：分析需求用例，使用类图、时序图、活动图、协作图或状态图等工具逐步完成概念设计和总体设计，对不合理的需求进行补充或完善。

(4) **实现**：选择合适的面向对象语言，组织代码实现设计，对不合理的分析与设计进行补充或完善。

(5) **测试**：进行单元测试、集成测试、有效性测试、系统测试和验收测试，验证是否满足了所有需求，包括功能性需求和非功能性需求，发现缺陷并修复。

(6) **部署**：产生可以对外发布的软件版本，完成软件打包，移植相关软件和数据，完成安装并提供技术支持和服务。

(7) **配置和变更管理**：控制研发团队中由多名成员负责的模块的进展，管理软件配置、软件版本的变更。

(8) **项目管理**：平衡项目中的各种冲突和管理风险，保证开发效率和产品质量。

(9) **环境**：为研发团队提供开发环境、模板和工具等，保证工作条件。

统一过程模型的优点主要有：①每个阶段结束都需要进行阶段性评估，能够尽早发现缺陷和风险；②通过反复迭代，能够更深入地理解需求，设计更加优化的系统架构，使得最终交付的功能更加完善；③有良好的UML工具支持。

统一过程模型的缺点体现在：①对开发人员的素质要求较高；②强调严格的文档管理，需要花费较高的人力成本和时间成本撰写相关文档。

在实际使用中，可以根据软件系统的规模和特点，对工作流内容进行适当的简化，以降低成本，提高研发效率。

综上所述，在软件工程发展的早期，瀑布模型、快速原型模型和增量模型最为常用，而螺旋模型因十分强调风险分析，常常在企业内部软件升级或特定的行业软件中使用。随着软件系统复杂程度的提高，面向对象技术逐渐全面取代了传统的结构化设计，接受并使用喷泉模型和统一过程模型的企业越来越多。

在具体选择时，通常需要考虑以下因素：①符合软件本身的性质，包括规模、复杂性等；②满足软件应用系统整体开发进度要求；③尽可能地控制并消除软件开发风险；④拥有计算机辅助工具的支持，如快速原型工具；⑤与用户和软件开发人员的知识及技能匹配；⑥有利于软件开发的管理与控制。

另外，在实际应用中，选定模型后，开发过程也并非直接照抄照搬、一成不变，有时还需要根据实际开发目标，对模型过程进行裁剪和修改，或者将多个模型综合运用。

第二篇
建设篇

第五章 可行性分析

第一节 问题的定义和调研

一、问题定义

问题定义是指在对拟研发软件进行可行性分析和立项之前,对有关需求进行初步调研、确认和描述的过程。

在问题定义阶段,系统分析员要深入现场,与用户进行充分、深入的交流,对软件功能和要解决的具体问题形成清晰的认知,了解为什么建设系统,以及系统建设的背景。一般来说,问题的定义需要反复讨论和确认,避免出现模糊不清的地方,主要明确以下内容:

(1) 软件系统或项目的名称;
(2) 软件系统的建设背景、建设目标和规模;
(3) 软件系统的类型、规模、用途和服务范围;
(4) 软件系统的功能要求;
(5) 软件系统的输入、输出和性能指标要求;
(6) 软件系统的主要技术要求;
(7) 软件系统的安全性和保密性要求;
(8) 软件系统的开发费用要求;
(9) 与其他相关系统的对接要求。

完成问题定义工作后,系统分析员要撰写"问题定义报告",并经用户负责人确认,形成下一步工作的重要依据。

二、问题调研

问题域是指描述问题的空间。在软件工程中,问题域是指拟开发软件系统的应用领域，即客观世界中由该软件系统处理的业务范围。在可行性分析阶段，对拟开发软件系统进行调研，需要事先确定调研的对象、范围和问题。

调研对象一般是现行系统及相关的业务部门。调研过程中，系统分析员需要深入业务数据处理现场进行实地观察，收集并阅读相关资料。必要的情况下，还可以采用问卷调查表、座谈会等形式，对原系统的数据处理流程进行分析、归纳、整理、描述，获取拟开发软件系统所涉及的各种具体需求。

目前，普遍认可的软件问题调研原则主要包括：
(1) 自顶向下/自底向上逐步展开；
(2) 实事求是；
(3) 工程化的工作方式；
(4) 重点与全面相结合；
(5) 主动沟通与友好交流。

第二节　可行性分析的内容

可行性分析是对要建设的软件系统展开调研、分析和论证，从而确定研发可行性和必要性的过程。一般来说，可行性分析是一次高度简化的、抽象的系统设计。系统分析员要从技术、经济、社会等方面进行综合分析，还要根据开发背景、运行环境、软硬件资源、数据资源、研发能力和产出效益等情况，确定立项的可行性和必要性。

可行性分析后，必须给出一个明确的结论，主要包括3种情况：
(1) **可行**，即可以按初步方案和计划进行立项并开发；
(2) **基本可行**，要对系统方案进行修改并经用户确认后，才可以进行开发；
(3) **不可行**，即不能立项。

通过对拟开发系统的可行性研究，能够实现用最小的代价在尽可能短的时间内确定问题是否可以解决。也就是说，可行性研究的目的不是解决问题，而是确定问题是否能得到解决。一般来说，可行性分析花费的时间取决于系统建设的规模，成本占总成本的5%~8%。

可行性分析主要包括3个方面：技术可行性分析、经济可行性分析和社会可行性分析。有时候，针对特定场景的应用，还需要进行开发方案可行性分析、运行可行性分析、操作可行性分析等。

一、技术可行性分析

技术可行性分析是根据用户提出的系统功能、性能和实现系统的各项约束条件，从技术角度研究实现系统的可能性的过程。技术可行性分析难度较大，需要对软件开发有丰富经验的专家或工程师来完成，一般分析内容包括：

(1) 软件系统的具体指标要求，包括运行环境、约束条件、响应时间、存储速度、存储容量、安全性、可靠性、扩展性等；

(2) 软件系统对网络通信、云端服务、第三方组件等的具体要求；

(3) 目前所拥有的人、财、物等资源能否支持软件系统开发；

(4) 软件系统开发是否存在技术风险，或者说在技术上能否实现。

二、经济可行性分析

经济可行性分析是通过对软件开发成本、软件利润、软件市场需求、软件竞争及货币的时间价值等方面的分析，评估软件系统在经济上是否可行，为投资决策提供依据的过程。

1. **软件开发成本**

软件开发成本是影响软件系统经济可行性的关键因素之一，主要包括：

(1) **人工成本**，指为软件开发过程提供服务的人员成本，在软件开发成本中占比较高，通常包括软件工程师、测试人员、项目经理、市场营销人员的工资和福利等；

(2) **硬件成本**，包括计算机和服务器等设备的购买、租赁、维护和更新等费用；

(3) **软件工具成本**，包括开发工具、测试工具等软件的购买、租赁、维护和升级等费用；

(4) **测试成本**，指与确保软件质量相关的费用。

2. **软件利润**

软件利润是影响软件系统经济可行性的关键因素之一，即软件销售收入和软件开发成本的差额。软件销售收入主要包括：

(1) **软件授权费**，指软件购买者为使用软件所支付的费用，包括初次购买费用或订阅费用；

(2) **软件维护费**，指为保证软件产品正常运行而提供的服务和支持所需要的费用，包括软件更新、技术支持等费用。

3. **软件市场需求**

软件市场需求一般通过市场调查、用户反馈、竞争对手分析等方式进行评估。

(1) **市场调查**，是评估软件市场需求的常用方法之一，可以通过问卷调查、电话调查等方式进行，用来帮助软件研发团队了解软件市场需求的具体情况和用户的诉求。

(2) **用户反馈**，是评估软件市场需求的常用方法之一，可以通过用户调查、社交网络、在线评论等方式获得，用来帮助软件研发团队了解软件的优点和不足之处。研发团队据此优化设计，丰富功能，满足用户期望和市场需求，间接提高软件的市场价值。

(3) **竞争对手分析**，通过分析竞争对手的产品、销售策略、市场份额等，了解软件市场需求的具体情况，帮助研发团队了解市场上主要竞争对手的优势和劣势，间接提供完善软件功能的指导意见。

4. 软件竞争

软件竞争是指软件开发商之间的竞争，与软件功能、性能、销售价格等多方面的因素有关，主要通过市场份额、销售额进行评估。

(1) **市场份额**，指一款软件在整个市场销售额中所占的比例，可以间接地反映软件在市场上的竞争力，一般份额越大，则竞争力越大，经济可行性也越高。

(2) **销售额**，指软件在一定时间内的销售收入，销售额越高，经济可行性也越高。

5. 货币的时间价值

有的软件系统开发时间较长，投入较大，货币的时间价值就是一个重要的评估指标。货币的时间价值就是指当前所持有的一定量货币比未来获得的等量货币具有更高的价值。

假设年利率为i，若项目开发所需经费(即投资)为P元，则n年后可得资金为F元：

$$F=P(1+i)^n$$

反之，若n年后可得效益为F元，则这些资金现在的价值为

$$P=\frac{F}{(1+i)^n} \tag{5-1}$$

案例5-1：假设开发一套企业应用系统需要投资20万元，5年内每年可产生直接经济效益9.6万元，设年利率为5%，试计算投入产出比。

考虑到货币的时间价值，5年的总体收入应当逐年按照式(5-1)估算，每年的收益如表5-1所示。

表5-1　货币的时间价值计算表

时间/年	直接经济效益/万元	$(1+i)^n$	当前收益/万元	当前累计收益/万元
1	9.6	1.05	9.1429	9.1429
2	9.6	1.1025	8.7075	17.8503
3	9.6	1.1576	8.2928	26.1432
4	9.6	1.2155	7.8979	34.0411
5	9.6	1.2763	7.5219	41.5630

由表5-1可知，软件项目的投入产出比(效益成本比，即项目中1个单位资金能产出多少收益)为41.5630/20=2.0782。

投资回收期指使累计的经济效益等于最初的投资费用所需的时间。投资回收期越短，则项目越值得开发。案例中，两年后收入17.8503万元，尚缺2.1497万元没有收回成本，还需要时间2.1497/8.2928≈0.259(年)，即投资回收期(时间)为2.259年。

纯利润是整个生存周期内的累计经济效益(折合成现在值)与投资之差。案例中，5年纯利润收入为41.5630−20=21.5630(万元)。

经济可行性分析是软件可行性分析的关键环节之一，需要对软件开发成本、软件利润、软件市场需求、软件竞争及货币的时间价值等做出综合评估，只有软件项目收益大于成本一定值时才值得开发。

软件系统开发各个阶段的投入占软件生命周期总投入的比重大致如下。

(1) **可行性分析**：包括人员工资和可行性资料收集、调研、文档化费用等，占比 5%～10%。

(2) **需求分析**：包括人员工资，以及需求收集、资料分析和文档化费用等，占比 5%～10%。

(3) **系统设计**：包括人员工资、设计文档编制费用、系统架构决策和设计工具的使用费用等，占比15%～25%。

(4) **软件实现**：包括人员工资、开发工具和相关软件费用等，占比10%～30%。

(5) **软件测试**：包括人员工资、测试用例设计费用、测试工具的使用费用等，占比10%～20%。

(6) **软件部署**：包括人员工资、生产环境软硬件配置费用和部署工具的使用费用等，占比5%～10%。

(7) **软件维护**：包括人员工资、生产环境维护及相关费用等，占比40%～50%。

三、社会可行性分析

社会可行性分析是评估软件项目在社会层面上能否被接受和实施的过程，所涉及的范围较广，包括法律道德、社会安全、网络安全、经济政策、资源分配、市场发展趋势、文化适宜性、用户管理模式、业务规范、应用操作及软件产生的后果或隐患等。不同的软件项目，社会可行性分析的内容不尽相同，常见的考虑因素有合同签订、侵权问题、责任与义务、是否与法律法规相抵触、是否与行业领域的标准规范相抵触、软件操作方式是否可行、是否违背现有的管理制度等。

第三节　可行性分析报告的撰写

可行性分析报告是项目初期的成果，包括项目的要求、目标和环境等内容，提出了几种可供选择的方案，并从技术、经济和社会三方面进行可行性分析，是项目决策的依据，也是项目建议书、投标书等文件的基础。

依据《计算机软件文档编制规范》(GB/T 8567—2006)，可行性分析报告的具体内容和参考格式如下。

1. 引言

1.1　标识

说明本软件的完整标识，包括名称、缩略词、版本号等。

1.2　背景

阐述本软件的提出者、开发者和用户，以及该系统同其他系统或机构的来往关系。

1.3 项目概述

列出所开发软件的特性和用途。

1.4 文档概述

概述本文档的用途和内容，说明保密性要求。

2. 引用文件

列出用得着的参考资料，主要包括经核准的计划任务书或合同、上级批文、相关的已发表文件，以及所引用的文件、资料、标准等。需要写明这些文件资料的标题、编号、发表日期、出版单位及获取方式。如果某文件不能从正常供货渠道获取，应加以说明。

3. 可行性分析的前提

3.1 要求

说明建议系统的基本要求，主要包括功能、性能、输入、输出、处理流程、安全性、保密性、与其他系统连接、完成期限等方面。

3.2 目标

说明建议系统的主要开发目标，主要包括人力与设备费用的减少、处理速度的提高、控制精度的提高、生产能力的提高、信息服务的改进、自动决策能力的改进、人员利用率的改进等方面。

3.3 条件、假定和限制

说明给这项开发提供的条件、系统开发的假定和所受到的限制，主要包括建议系统的运行寿命、多方案的选择与比较、经费限制、法律法规限制、软硬件环境限制、可利用资源限制、系统投入使用时间限制等方面。

3.4 进行可行性分析的方法

说明这项可行性分析将是如何进行的，所建议的系统将是如何评价的，以及所使用的基本方法和策略，如调查、加权、确定模型、建立基准点或仿真等。

3.5 评价尺度

说明对系统进行评价时所使用的主要尺度，如费用的多少、各项功能的优先次序、开发时间的长短及使用的难易程度等。

4. 对现有系统的分析

现有系统指的是当前正在使用的系统，这个系统可能是计算机系统，也可能是机械系统，甚至是人工系统。对现有系统的分析，目的是阐述开发新系统或升级现有系统的必要性。

4.1 处理流程和数据流程

说明现有系统的基本的处理流程和数据流程，可以使用流程图的形式表示和描述。

4.2 工作负荷

列出现有系统所承担的工作及工作量。

4.3 费用开支

分析现有系统的运行费用及关联费用，如人力、设备、空间、支持性服务、材料等。

4.4 人员

列出现有系统运维所需要的人员情况。

4.5 设备

列出现有系统所使用的设备情况。

5. 可选择的其他系统方案

5.1 现有系统存在的问题

列出现有系统存在的问题，如处理时间慢、响应不及时、数据存储能力不足、功能不够等，并且进行适当的描述，还要说明为什么对现有系统的改进性维护不能解决这些问题。

5.2 可选的系统方案

简要阐述曾考虑过的几种可选方案，包括需要开发的和可直接采购的，并从中选择一个方案。对选择或不选择每一种方案的理由加以说明，重点阐述选中的方案。

6. 建议系统

6.1 建议系统说明

概括地说明建议系统，并说明3.1所列出的要求能否得到满足。

6.2 处理流程和数据流程

描述建议系统的处理流程和数据流程，可以使用流程图的形式表示和描述。

6.3 改进之处

针对3.2中列出的目标，逐项说明建议系统对现有系统的改进情况。

6.4 影响

阐述建议系统开发后的预期影响，主要包括对软硬件环境、环境设施、用户操作、人员数量、技术水平、运行过程、运维费用等方面的影响。

6.5 局限性

说明建议系统尚存在的局限性，以及这些问题未能消除的原因。

7. 技术可行性分析

阐述技术方面的可行性，主要包括现有技术条件、开发人员数量和水平、开发期限等内容。

8. 经济可行性分析

8.1 支出

针对选中的方案，说明所需费用，包括：

(1) 基本建设投资，如采购、开发和安装设施、设备、软硬件等费用；

(2) 其他的一次性支出，如需求调研、设计研讨、技术管理、培训、差旅、人员调用等方面的费用；

(3) 非一次性支出，如建议系统生命周期内的房屋租赁、设备租赁、维护维修、通信、维护人员工资、保密安全等方面的费用。

8.2 收益

说明建议系统能够带来的收益,包括:

(1) 一次性收益,如使用资源的减少、设备的回收、存储的改进、性能的优化等;

(2) 非一次性收益,如建议系统生命周期内开支的减少等;

(3) 不可定量的收益,如服务的改进、失误的减少、灵活性的增加、效率的提高、管理的改进、对外形象的改善等。

8.3 收益/投资比

计算建议系统的收益/投资比。

8.4 投资回收周期

计算收益的累计数开始超过支出的累计数的时间。

8.5 敏感性分析

所谓敏感性分析,是指一些关键因素,如系统生命周期长度、工作负荷量、软硬件配置环境对开支和收益的影响的敏感性估计。

9. 社会可行性分析

9.1 法律方面的可行性

说明法律方面的可行性,如是否存在合同责任、侵犯专利权、侵犯版权等方面的陷阱。

9.2 使用方面的可行性

从用户的行政管理、工作制度等方面分析是否能很好地使用建议系统,以及工作人员的素质是否能满足建议系统的使用要求等。

10. 结论

可行性分析报告必须明确给出结论,结论可以是下列之一:

(1) 可以立即开始进行;

(2) 需要推迟到某些条件,如资金、人力、设备等,落实之后才能开始进行;

(3) 对开发目标进行某些修改之后才能开始进行;

(4) 不能进行或不必进行,如技术不成熟、经济上不合算。

第六章 需求分析

第一节 需求分析概述

一、软件需求的概念

在经济学中,需求常用于表达消费者对某种具体商品的使用程度,包括是否购买、购买数量、使用频率、使用时长等。

在软件工程领域,软件需求包含3方面的含义:

(1) 用户解决问题或达到目标所需的条件或能力;

(2) 系统或系统部件要满足合同、标准、规范或其他正式规定文档的要求所需的条件或能力;

(3) 一份反映(1)和(2)所描述的条件或能力的文档说明。

需求分析就是搞清软件需求,具体来说,就是要准确地理解用户的要求,进行细致的调查研究,将用户非形式化的或者模糊的需求描述转化为完整的、清晰的需求定义,撰写"软件需求规格说明书"的过程。因此,需求分析是程序或系统开发工作的说明,一般表现为文档形式。

二、软件需求的划分

软件需求包括功能性需求和非功能性需求。

功能性需求用于描述软件系统要做什么,一般是用户能直接感受到的或者直观呈现出来的,比如要实现什么功能、提供什么服务等。例如,在百度的搜索服务应用中,功能性需求就是提供一个输入框、提供一个按钮,用户在输入框里输入关键字,单击按钮以后,可以搜索出相应结果并显示出来。功能性需求主要描述软件的业务功能,不会因系统环境、服务器配置、软件开发技术的不同而产生很大的区别。

非功能性需求主要用来描述系统工作时的特性,是根据一定的条件判断系统运作的情形或者系统特性。可以认为，非功能性需求是为了满足客户业务要求而存在的需求，通常指系统品质、限制、目标等。

功能性需求定义了系统的行为，而非功能性需求定义了系统的特性，后者常常是在前者完成的情况下，进一步开展的工作。在软件市场中，各个厂家都在非功能性需求上做足了功夫，借此提高产品竞争力，华为、百度、腾讯、阿里等企业的软件产品无一不是如此。

非功能性需求一般是隐性的，投入成本高且不易衡量，容易被研发团队忽略。非功能性需求包含的内容很多，并且没有业界一致认可的标准，一般认为包括如下内容。

(1) **观感需求**。观感需求也称为界面需求，主要描述了对软件产品外观的期望、情绪和风格。在实际应用中，很多软件产品采用现有系统环境的界面风格。

(2) **易用性需求**。易用性需求是指使产品符合用户使用习惯的能力。它会对生产效率、错误率及用户对新产品的接受程度产生很大的影响。

(3) **可执行性需求**。可执行性需求是指产品在给定的时间或精度内，甚至在极端情况下，执行某些任务都能达到预期目标的能力。例如，执行任务的速度、计算结果的精确度、存储容量、值域范围、并发任务数、资源使用率、平均无故障时间、连续运行时间等都属于可执行性需求。

(4) **安全性需求**。安全性需求是指软件产品消除潜在风险的能力和对风险的承受能力，可以分为保密性需求、可靠性需求和完整性需求3个方面。保密性需求是指数据不能被授权用户以外的任何人访问；可靠性需求是指授权用户访问数据不受阻止、与其他软件相互兼容及产品的强壮程度；完整性需求是指能够按预期目标保质保量地完成任务的能力。例如，服务器有没有对输入参数进行验证，数据库有没有做数据检查，用户之间能否共享数据等都属于安全性需求。

(5) **系统完整性需求**。系统完整性需求是指为满足业务需求和使系统正常运行，软件系统本身必须具有的功能。这些功能往往不需要用户提出就应该具备，如数据备份、数据恢复、日志管理、垃圾数据清理、联机帮助、软件发布管理、在线升级等。这些功能并非越多越好，需要根据产品的使用环境和企业发展的要求进行筛选。

(6) **系统可扩展性需求**。系统可扩展性需求是指当系统负载达到瓶颈时，在不修改软件的情况下就能够提高负载的能力。在工程应用中，可以通过提高服务器的性能来提高系统负载能力，但是任何服务器都有瓶颈，这时候，还可以考虑横向扩展服务器。

(7) **系统可维护性需求**。当技术或业务发生变化时，系统需求也会随之改变。这时候，研发团队不仅要重新设计和实现，有时还要重新定义产品。好的软件系统设计要能够以尽量小的代价来适应技术或业务的变化，这就是系统的可维护性需求。

作为研发团队，非功能性需求的获取主要来自3个方面。

第一，直接提供：用户直接提出或者从招投标文件、合同文件中获取，例如很多项目招投标文件中都对响应时间、软硬件平台等有所要求。

第二，提问式获取：研发团队应当从软件质量出发，不断启发用户，进行交流，从而获取需求。例如，可以和用户探讨软件的使用人数、使用频率、主要使用时间段、并发量及资源使用情况等。

第三，自行分析：研发团队自行预测软件产品可能存在的问题，再与用户讨论后，可以作为非功能性需求纳入设计。例如，后续是否进行数据迁移，是否需要与网络环境或第三方软件系统进行对接等。

在需求分析和撰写"软件需求规格说明书"的过程中，很难做到将功能性需求和非功能性需求分开，实际情况下两者联系紧密，分开进行描述会导致难以理解和把握。

需求分析是继可行性分析之后，进行系统开发的首要工作，是整个软件生命周期的基础和依据，对项目成败和质量影响极大，国内外著名的软件企业无一不是把需求分析摆在最重要的位置。但是，需求分析常常受到市场、环境、客户等多方面因素的影响，有难以把握的难点和难以解决的痛点，例如：

(1) **范围问题**，软件系统的不恰当定义或者用户给出不重要的技术细节，会干扰需求分析，模糊系统的总目标；

(2) **理解问题**，软件开发之前，用户通常并不完全确定自己的预期，对计算机环境的理解不够，无法进行有效沟通，甚至还会提出存在歧义的需求；

(3) **易变问题**，用户在软件生命周期的任何时间都可能会改变需求，有时甚至是颠覆性的，给需求分析的准确性带来了挑战。

三、需求分析过程

一般认为，需求分析过程包括获取需求和识别问题、建立系统逻辑模型、需求文档化和需求验证4个步骤，如图6-1所示。

1. 获取需求和识别问题

获取需求和识别问题是需求分析的基础，在这个步骤中，准确性十分重要。为了有效地完成这一步骤，研发团队应该采取科学的、经验证明效果较好的方法，如问卷调查、访谈、现场考察、建立原型并讨论、查阅资料等，做好资料的保存工作。

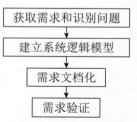

图6-1 需求分析过程

在问卷调查中，要合理地安排封闭式问题和开放式问题。一般来说，封闭式问题的答案是预定的，用户可以从列表中选择答案，效率较高，但会限制和引导用户的思维；开放式问题没有预设答案，自由、灵活，可以很好地激发用户的想象力，有助于用户尽可能地表达潜意识的想法，但效率较低，问题过多时，用户容易产生抵触心理。

访谈是研发团队代表与用户代表的面对面交流，是直接获取需求的方法。在访谈之前，研发团队要预先确定访谈目的，并设计好问题列表。在访谈中，研发团队要礼貌大方、态度诚恳，抓住重点问题并深入探讨，详细记录访谈资料。

为了直观地理解用户需求，研发团队有必要以用户的身份到现场参与业务过程，或者模拟业务过程，亲身体会现有系统的工作流程和利弊，进一步明确新系统要解决的主要问题，这就是现场考察。现场考察可以简单、直接地识别问题，但成本较高，花费时间较长，适用于关键需求的获取。

当研发团队和用户对需求的某些问题都比较模糊时，研发团队可以采用建立原型并讨论的方法。这种模拟式的操作能快速提高双方对新系统的认识，挖掘出更加准确的需求。

对于涉及理论研究或者需要参照相关成功案例等情况，研发团队可以通过查阅资料的方式获得需求。

获取需求和识别问题是一个目标明确且操作灵活的过程，应当尽量做到全面了解，掌握用户的真实想法，在交流过程中，不仅要关注用户的语言，还要关注他们的行为。错误有积累和放大作用，如果获得的需求模糊、有遗漏甚至有错误，则后期会付出巨大的修复成本和代价，应该尽全力避免。

2. 建立系统逻辑模型

获取需求和识别问题后，研发团队需要整理和归纳所有资料，对用户需求进行提炼和抽象，从更高的层次上建立系统的逻辑模型。在软件工程领域，为了便于逻辑模型的表达，已经形成了非常成熟的用于模型表示的图形工具，如实体-联系图、数据流图、数据字典、状态转换图、用例图等。不同的图形工具能够从不同视角描述用户的需求，绘制过程既能帮助研发团队进一步思考，也能作为需求分析的交流工具，帮助用户对自己提出的需求进行再次确认。

3. 需求文档化

这一步骤的主要任务是撰写"软件需求规格说明书"文档，由研发团队采用文字和逻辑模型的方式将目标系统需求描述清楚，作为后续软件设计和测试的重要依据。"软件需求规格说明书"应当做到全面、规范、准确和无歧义。

4. 需求验证

需求验证要求用户代表和相关领域专家对"软件需求规格说明书"文档进行确认和评审。需求验证保证了需求分析的全面性、规范性、准确性和无歧义性，确认是否真正满足了用户的需求，较好地避免了后期返工。

需求验证一般包括以下内容。

(1) **有效性检查**，指需求描述与用户提出的需求应当一致，不能有歧义。

(2) **一致性检查**，指需求描述之间不应该有冲突，同一功能不应该重复描述。

(3) **完整性验证**，指所有的需求描述及约束应当完整、合理和有效。

(4) **可行性验证**，指所撰写的需求内容应该能够利用现有技术并在预算范围内实现，预计的进度计划应当可行。

(5) **可测试性**，指所撰写的需求内容应该能够被测试，以便证明系统满足了用户的某项需求。

第二节　结构化分析方法

结构化开发方法采用系统的思想与系统工程的方法，对软件系统进行分析和设计，是目前应用最为广泛的一种软件开发方法。具体来说，结构化开发方法将软件系统开发过程划分为若干个相对独立的阶段，如系统规划、系统分析、系统设计和系统实施等。在前三个阶段，坚持自顶向下的原则，对系统进行结构化、模块化划分，从宏观入手，先考虑系统整体问题，再考虑局部问题；在系统实施阶段，则坚持自底向上的原则，从底层模块做起(编程)，然后按照系统设计的结构，将模块一个一个地拼装起来，逐步构建整个系统。

结构化开发方法包含3部分。

(1) **结构化分析**(structured analysis，SA)**方法**，是面向数据流进行需求分析的方法，适合于数据处理类型软件的需求分析。

(2) **结构化设计**(structured design，SD)**方法**，是一种面向数据流的设计方法，是以结构化分析阶段所产生的成果为基础，进一步自顶向下、逐步求精和模块化的过程。

(3) **结构化程序设计**(structured programming，SP)**方法**，是自顶向下、逐步求精的程序设计方法，采用顺序、选择和循环3种基本控制结构构造任何程序。

在结构化开发方法中，软件开发团队以模块化设计为中心，将待开发的软件系统划分为若干个相互独立的模块，每一个模块的工作内容都单纯而明确，为设计一些大型软件打下了良好的基础。

结构化分析方法的指导思想是"自顶向下、逐步求精"，基本原则是分解与抽象。分解是指把复杂的问题拆分成若干个容易解决的小问题，分阶段、分步骤依次解决。分解通常是分层进行的，高层更加抽象，底层更加具体，从高到低依次解决问题，每一步只关注当前阶段的主要问题，推迟对细节的考虑，这样就能实现问题的逐步精细化，最终将其解决。抽象与之相反，是一个从特殊到一般的过程，一般采用自底向上的方式，逐步理解和提炼若干小问题的共性特征，形成较高层次的概念，如图6-2所示。

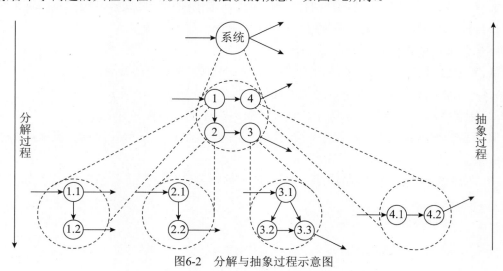

图6-2　分解与抽象过程示意图

结构化分析方法的过程如下。

(1) **描述原系统的物理模型**，主要采用问卷调查、访谈、现场考察、建立原型并讨论、查阅资料等方法，获取需求和识别问题，熟悉原系统后，采用物理模型的形式(如业务流程图等)描述原系统。

(2) **抽象原系统的逻辑模型**，从物理模型中剔除非本质、不关键的因素，分析问题的本质，抽象并提炼出原系统的高层次逻辑模型。

(3) **建立新系统的逻辑模型**，在原系统高层次逻辑模型的基础上，对比新系统与原系统，找出差异，构建新系统的逻辑模型。

(4) **优化新系统的逻辑模型**，采用分解的方法，将新系统细化和分解成小问题，对小问题不断优化。

(5) **进行新系统建模**，采用结构化设计方法进行新系统建模，构建逻辑模型，如数据流图等。

第三节　数据流图

数据流图(data flow diagram，DFD)是从数据传递和数据加工的角度，以图形化的方式描述数据在系统内部的逻辑流向和逻辑变换的过程，进而描绘系统的逻辑功能。数据流图是结构化系统分析方法的重要描述工具之一，能够很好地描绘系统各个处理环节之间的数据联系。

一、数据流图的基本符号

1. 起点和终点

起点和终点又称为外部实体，用矩形框表示，框内写明数据源的名称，可以是人、物或其他软件系统等，为系统提供数据源或接收系统输出的数据。

例如，手机用户为系统提供数据，如图6-3所示。

手机用户

图6-3　手机用户作为数据流图的起点

又如，系统为经理输出统计报表数据，如图6-4所示。

经理

图6-4　经理作为数据流图的终点

2. 加工和处理

加工和处理使用圆框表示，框内标明加工或处理的名称，表示对数据进行加工、处理的单元。加工接收一定的数据输入，处理完成后，产生输出。

例如，订单验证加工单元接收原始订单，进行验证后，发送合格订单给其他模块，如图6-5所示。

图6-5　订单验证作为数据流图的加工单元

3. 输入、输出文件

输入、输出文件又称为数据存储，用平行线表示，平行线之间标明文件名称，表示该文件向系统提供数据源，或者接收系统的数据输出。

例如，供应商信息是一个输入文件，向系统提供供应商名单，如图6-6所示。

供应商信息

图6-6　供应商信息作为数据流图的输入文件

又如，订货存根文件是一个输出文件，接收系统完成订单后，保存订货明细，如图6-7所示。

订货存根文件

图6-7　订货存根文件作为数据流图的输出文件

4. 数据流连线

数据流连线使用带箭头的线段或折线表示，并在一侧标明数据流名称，用来表示该数据流动的方向和路径。一般情况下，外部实体与加工(或处理)单元、加工(或处理)单元与加工(或处理)单元之间的数据流需要标明数据流名称，而加工(或处理)单元与输入、输出文件之间的数据流可以不标明名称。

例如，手机用户向系统中订单验证处理单元提供订单数据，如图6-8所示。

图6-8　手机用户与订单验证处理单元的数据流连线

二、数据流图的设计原则

1. 一般原则

设计数据流图时，必须遵循以下原则。

(1) **守恒加工原则**。每一个加工单元必须既有输入数据流,又有输出数据流,并且输出数据流不能与输入数据流同名,即使它们的组成成分相同。

(2) **数据守恒原则**。不论什么加工单元,其全部输出数据流仅由它的输入数据流确定,既不能漏掉某些输入数据流,也不能不使用某些输入数据流而输出。

(3) **起点和终点原则**。所有数据流必须以一个外部实体开始,以一个外部实体结束,两者可以是同一个。注意,外部实体之间、数据存储之间、外部实体与数据存储之间都不应该存在数据流。

(4) **父子图平衡原则**。子图的输入、输出数据流必须同父图的输入、输出数据流一致。该原则适用于复杂系统的逐步细化过程,不适用于单张数据流图。

2. 复杂系统数据流图的设计原则

对于复杂系统数据流图,为了数据流图细化过程的严谨性和规范性,应遵循以下原则。

(1) 自顶向下、由外向内绘制。注意绘制层次和顺序,用父子图描述不同的层次。

(2) 命名编号。从0开始编层号,对数据流命名(含义明显时可略)。

(3) 调整位置,尽量避免数据流的交叉。

(4) 对需要在两个设备上进行的处理,应避免直接相连,可在两者之间加一个数据存储。

(5) 如果一个外部实体提供给某一处理单元的数据流过多,可将其合并成一个综合数据流。

(6) 下层的数据流应与上层的数据流等价。

数据流图细化过程如图6-9所示。

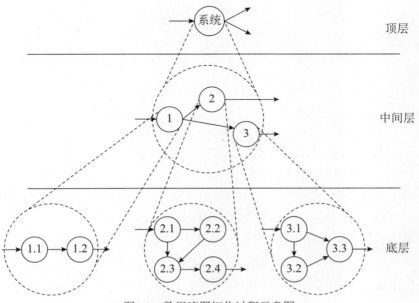

图6-9 数据流图细化过程示意图

三、数据流图的应用

例6-1 根据以下订货过程画出数据流图。

采购员发送采购通知单给系统，进行订货处理，具体操作如下：查阅订货合同，若已订货，则向供货单位发出催货单；否则，填写订货单，再发送给供货单位。

该订货业务的数据流图如图6-10所示。

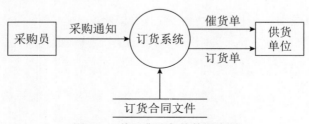

图6-10　某订货业务的数据流图

例6-2 某礼品销售App的主要功能描述如下：

(1) 系统接收手机用户的订单，并进行订单验证，验证过程主要是根据礼品目录文件检查订单的正确性，并根据用户信誉文件确定是新顾客还是老顾客及信誉情况；

(2) 通过验证的合格订单暂存在待处理订单文件中，集中后进行订单处理；

(3) 根据订货存根文件验证是否有存货，对于有货的订单，将通过短信给手机用户发送发货单信息；

(4) 对于缺货的订单，给供应商发送缺货单信息；

(5) 店铺经理可以生成统计销售情况的报表。

该礼品销售App的数据流图如图6-11所示。

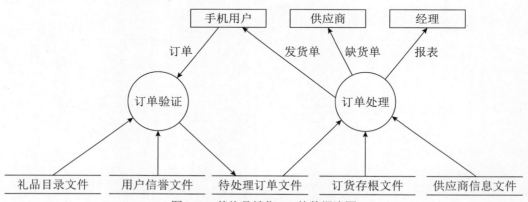

图6-11　某礼品销售App的数据流图

由例6-1和例6-2可以看出，当系统较为简单、业务逻辑清晰时，数据流图的分析和绘制相对容易。但当系统较为复杂、业务逻辑烦琐时，一步到位完成数据流图的绘制就很困难。对于复杂系统数据流图的分析与绘制，应该采用如下步骤逐步实现。

第一，确定系统的输入、输出。由于系统究竟包括哪些功能可能一时难以弄清楚，可将范围尽量扩大，把可能有的功能全部都包括进去。此时，应该向用户了解系统从外界接收什么数据、系统向外界发送什么数据等信息，再根据用户的答复画出数据流图的外围。

第二，由外向里绘出系统的顶层数据流图。将系统的输入数据和输出数据用一连串的加工单元连接起来，加工单元的位置就是数据流发生变化的位置，然后为各个加工单元、数据流及文件命名。

第三，自顶向下、逐层分解，绘出分层数据流图。对于大型的系统，为了控制复杂性，应该采用自顶向下、逐层分解的方法，即用分层的方法将一个数据流图分解成几个数据流图分别表示。

例6-3 根据销售过程绘制数据流图。

用户将订货单交给某系统，经检验后，不合格的订货单退回给用户重填，合格的订货单做出库处理，具体操作如下：查阅库存台账，如果有货，则向用户开票并发货；如果缺货，则发送采购通知给采购员。

该销售业务的数据流图如图6-12所示。

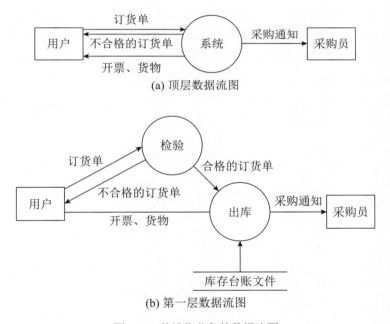

图6-12 某销售业务的数据流图

例6-4 根据储蓄所存款过程绘制数据流图。

储户将填写好的存款单、存折和现金交储蓄所，储蓄所核查后将不合格的存款单退给储户重填，合格的存款单进行存款处理。处理时，储蓄所要修改储户账目，并将存折交还储户，将现金放入现金库。

该储蓄所存款业务的数据流图如图6-13所示。

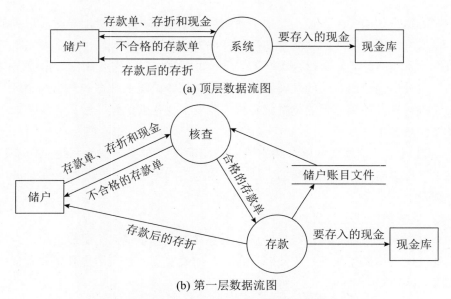

图6-13 某储蓄所存款业务的数据流图

例6-5 某仓库管理系统按以下步骤进行信息处理,试绘制数据流程图。

(1) 保管员根据当日的出库单和入库单通过出入库处理程序修改库存台账。

(2) 统计打印程序根据库存台账生成库存日报表给保管员。

(3) 需要查询时,保管员可在查询程序中输入查询条件,到库存台账中查找,显示查询结果。

该仓库管理系统的数据流图如图6-14所示。

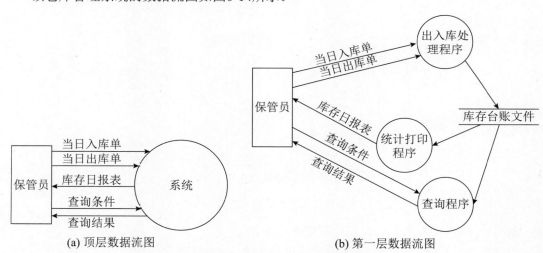

图6-14 某仓库管理系统的数据流图

例6-6 某高校毕业生就业服务系统的主要用户分为3类,即就业管理人员、应届毕业生和招聘公司,该系统的功能如下。

(1) 注册与登录:使用者有就业管理人员、应届毕业生和招聘公司,主要功能包括就业管理人员、公司和学生的注册及登录验证,注册成功后分别将信息保存到就业管理人员信息表、公司信息表和学生信息表中,登录时要根据它们进行验证。

(2) 招聘管理：使用者为招聘公司，主要功能是发布招聘信息、查询学生应聘信息、安排面试通知，将发布的招聘信息保存到招聘信息表，安排的面试通知保存到面试信息表，而查询学生应聘信息时则从应聘信息表中提取数据。

(3) 应聘管理：使用者为应届毕业生，主要功能是查询招聘信息、发送应聘信息、查询面试通知，查询招聘信息时从招聘信息表中提取数据，应聘信息则保存到应聘信息表，查询面试通知从面试信息表中提取数据。

(4) 系统管理：使用者为就业管理人员，主要功能是完成招聘信息的审核和统计，需要依据公司信息表完成。

按照使用者和系统的功能绘制数据流图，如图6-15所示。

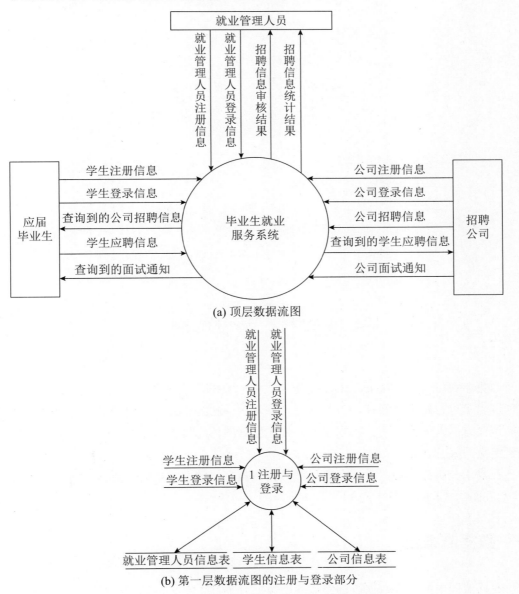

(a) 顶层数据流图

(b) 第一层数据流图的注册与登录部分

图6-15 某高校毕业生就业服务系统的数据流图

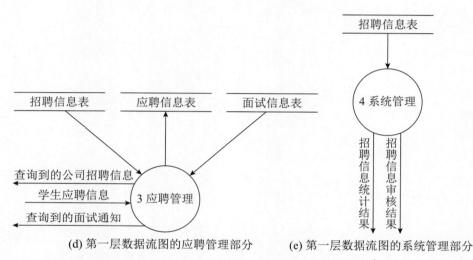

图6-15　某高校毕业生就业服务系统的数据流图(续)

第四节　数据字典

数据字典(data dictionary，DD)是指对数据的数据项、数据结构、数据流、数据存储、处理逻辑等进行定义和描述，目的是对数据流图中的各个元素做出详细的说明，是数据描述的重要方法。简而言之，数据字典是描述数据的信息集合，是对系统中使用的所有数据元素定义的集合。

在需求分析过程中，数据字典包括数据流条目、数据项条目、数据存储条目和加工条目4个方面。

一、数据流条目

数据流图中的所有数据流都应该使用数据流条目来定义，列出该数据流的各个组成数据项，主要包括名称、别名、简述、来源、去向、数据流量、组成等。

为了便于表述，数据流条目的定义中常使用以下符号：

(1) =，表示被定义为，例如x=10；

(2) +，表示与关系，例如x=a+b，表示x由a和b组成；

(3) […|…]，表示或关系，多选一，例如x=[a | b]，表示x由a或b组成；

(4) {…}，表示重复，例如x={a}，表示x由0个或多个a组成。

(5) m{…}n，表示重复，最少出现m次，最多出现n次，例如x=2{a}5，表示x中最少出现2次a，最多出现5次a；

(6) (…)，表示可选，例如x=(a)，表示a可以在x中出现，也可以不出现；

(7) "…"，表示基本数据元素，例如x="a"，表示x是取值为字符a的数据元素；

(8) ‥，表示连接符，例如x=1‥9，表示x可取1～9范围内任意一个值。

例6-7 符号的使用。

机票=姓名+日期+航班号+始发地+目的地+费用

航班号="CZ9938"‥"CZ9948"

目的地=[上海|北京|广州]

例6-8 "旅客订票系统"的数据流"订单"条目。

数据流名称：订单

别名：无

简述：旅客订票时填写的项目

来源：旅客

去向：加工1"检验订单"

数据流量：2000份/每周

组成：编号+订票日期+旅客编号+地址+电话+银行账号+预订日期+目的地+数量

例6-9 毕业生就业服务系统中的数据流"岗位信息"条目。

数据流名称：岗位信息

别名：无

简述：公司发布岗位信息

来源：招聘公司

去向：加工2"招聘管理"

数据流量：100份/每月。

组成：公司代码+公司名称+招聘岗位+招聘人数+招聘条件+工资待遇

二、数据项条目

数据流条目中给出了组成的定义，这些组成项目称为数据项，对它们的定义就是数据项条目。数据项条目的粒度很小，是数据字典中不可再分的数据单位，一般包括名称、别名、简述、类型、长度、取值范围等。

例6-10 仓库管理系统中"货物"中的"货物编号"数据项。

数据项名称：货物编号

别名：无

简述：公司内部所有货物的编号

类型：字符串

长度：10

取值范围：

第1位=进口/国产

第2～4位=类别

第5～7位=规格

第8～10位=产品编号

例6-11 毕业生就业服务系统中"公司信息表"中的"公司性质"数据项。

数据项名称：公司性质

别名：Company_category

简述：无

类型：字符串

长度：10

取值范围：[国有|有限责任|中外合资|外商独资|集体|个体]

三、数据存储条目

数据存储条目是对存储在磁盘上的数据的定义，主要表现为文件，有时也可能是网络上的文件资源，一般包括名称、别名、简述、组成、存储方式、组织方式、查询要求、存取频率等。

例6-12 毕业生就业服务系统中的"公司信息表"数据存储条目。

数据存储名称：公司信息表

别名：Company_information

简述：存储招聘公司基本信息

组成：公司ID＋公司名称+公司性质+注册资金+人员数量+企业效益+公司地址+法人代表+经营范围

存储方式：顺序存储

组织方式：以"公司ID"为关键字

查询要求：实时查询

存取频率：1000次/天

例6-13 "顾客记录"数据存储条目。

数据存储名称：顾客记录

别名：无

简述：存放顾客的信息

组成：姓名+编号+航班+目的地+身份证号码

存储方式：顺序存储

组织方式：索引文件，以姓名编号为关键字

查询要求：实时查询

存取频率：10 000次/小时

四、加工条目

在数据流图中，要对加工单元进行细化和分解。加工条目是对每一个不能再分解的加工单元的描述，上层加工单元不需要描述，因此，加工条目也称为基本加工条目。加工条目包括名称、编号、激发条件、优先级、输入、输出、加工逻辑等。

例6-14 考试系统中的"成绩检查"加工条目。

加工名称：成绩检查

编号：2.1

激发条件：输入考试成绩

优先级：普通

输入：考生成绩

输出：格式正确的考生成绩

加工逻辑：

```
IF 考生成绩 >=0 and 考生成绩 <=100
    保存考生成绩
ELSE
    输入格式错误，重新输入
ENDIF
```

例6-15 旅客订票系统中的"能否提供机票"加工条目。

加工名称：能否提供机票

编号：1.2

激发条件：接收到合格订单时

优先级：普通

输入：合格订单

输出：能提供机票/不能提供机票

加工逻辑：根据库存记录

```
IF 订单项目的数量 < 该项目库存量的临界值
    提供机票处理
ELSE
    此订单缺票，登录，待有票后再处理
ENDIF
```

第五节　状态转换图

状态转换图(state transition diagram，STD)通过描绘系统的状态和引起系统状态转换的事件描述系统的行为。

一、状态转换图的基本符号

(1) 初始状态，又称初态，表示系统启动时的状态，使用实心圆表示，如图6-16所示。

图6-16　状态转换图的初始状态

(2) 最终状态，又称终态，表示系统运行结束时的状态，使用实心圆加上同心圆表示，如图6-17所示。

图6-17　状态转换图的最终状态

(3) 状态，又称中间状态，表示系统运行过程中的某种状态，使用圆角矩形框表示，中间写上状态的名称，如图6-18所示。

图6-18　状态转换图的状态

(4) 状态迁移，表示从一个状态向另一个状态转换，用带箭头的线段或折线表示。
(5) 事件，表示某个特定事件的发生导致了状态迁移，写在状态迁移线段或折线的一侧。

二、状态转换图的应用

例6-16　请使用状态转换图描绘如下复印机工作过程：
(1) 未接到复印命令时处于闲置状态，一旦接到复印命令则进入复印状态，完成一个复印命令规定的工作后又回到闲置状态，等待下一个复印命令；
(2) 如果执行复印命令时发现缺纸，则进入缺纸状态，发出警告，等待装纸，装满纸后进入闲置状态，等待复印命令；
(3) 如果复印时发生卡纸故障，则进入卡纸状态，发出警告，等待维修人员来排除故障，故障排除成功后回到闲置状态，故障排除失败则结束。

该复印机工作过程状态转换图如图6-19所示。

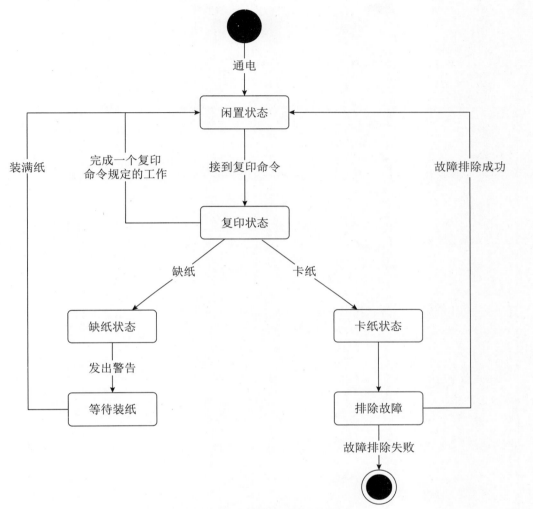

图6-19 某复印机工作的状态转换图

例6-17 请使用状态转换图描绘如下电话系统的状态变化过程。

(1) 没有人打电话时电话处于闲置状态。

(2) 有人拿起听筒则进入拨号音状态，到达这个状态后，电话的行为是响起拨号音并计时。这时如果拿起听筒的人改变主意不想打了，放下听筒，电话重新回到闲置状态。

(3) 如果拿起听筒很长时间不拨号，超时后进入断线状态。

(4) 如果按数字键则进入拨号状态。此时，如果为无效号码，则进入播放信息状态，信息播放完毕后，进入断线状态。如果为有效号码，则进入接通中状态，如果占线则播放忙音，播放完毕后，进入断线状态；如果不占线则接通，进入振铃状态，若超时未接通则断线，若对方接通则进入通话状态。

(5) 通话完毕后，对方挂断电话，进入断线状态。此时，放下听筒，回到闲置状态。

(6) 中间任何环节放下听筒，回到闲置状态。

该电话系统的状态转换图如图6-20所示。

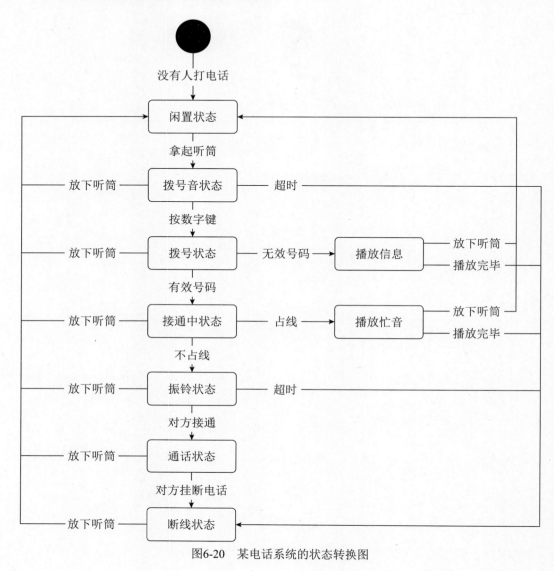

图6-20 某电话系统的状态转换图

第六节 软件需求规格说明书的撰写

"软件需求规格说明书"描述了软件的功能性需求、非功能性需求，以及满足这两种需求的方法。依据《计算机软件文档编制规范》(GB/T 8567—2006)，"软件需求规格说明书"的具体内容和参考格式如下。

1. 引言

1.1 标识

说明本软件的完整标识，包括名称、缩略词、版本号等。

1.2 背景

阐述本软件的提出者、开发者和用户，以及该系统同其他系统或机构的来往关系。

1.3 项目概述

列出所开发软件的特性和用途。

1.4 文档概述

概述本文档的用途和内容，说明保密性要求。

2. 引用文件

列出用得着的参考资料，主要包括经核准的计划任务书或合同、上级批文、相关的已发表文件，以及所引用的文件、资料、标准等。需要写明这些文件资料的标题、编号、发表日期、出版单位及获取方式。如果某文件不能从正常供货渠道获取，应加以说明。

3. 任务概述

3.1 目标

叙述该软件开发项目的意图、应用目标、作用范围等。如果是独立软件，而且全部内容自含，则说明这一点。如果本软件是一个更大系统的组成部分，则应说明本软件与该系统中其他组成部分的关系。

3.2 用户的特点

列出本软件的最终用户的特点，充分说明操作人员、维护人员的教育水平和技术专长，以及本软件的预期使用频度。这些是软件设计工作的重要约束。

3.3 假定和约束

列出本软件开发工作的假定和约束，如经费限制、开发期限等。

4. 需求规定

4.1 对功能的规定

逐项定量或定性地叙述功能要求，包括输入什么、怎么处理、输出什么等。

4.2 对性能的规定

逐项定量或定性地叙述本软件的精度、灵活性和响应时间等要求。

4.3 输入、输出要求

逐项描述各输入、输出数据的类型、格式、范围、精度等，必要时举例说明。

4.4 数据管理能力要求

说明需要管理的文卷和记录的个数、表和文卷的大小，要按可预见的增长要求对数据及其分量的存储需求做出估算。

4.5 故障处理要求

列出可能的软硬件故障，以及对本软件的影响和故障处理要求。

4.6　其他专门要求
说明本软件的观感性、易用性、安全性、可扩展性、可维护性、保密性等要求。

5. 运行环境规定

5.1　设备
列出运行该软件所需要的硬件设备，包括设备型号、设备参数、联机或脱机情况、设备的型号及数量等。

5.2　支持软件
列出本软件所需要的支持软件，包括操作系统、编译或汇编程序等。

5.3　接口
说明该软件同其他软件之间的接口、数据通信协议等。

6. 尚未解决的问题

如有需要，说明软件需求中尚未解决的遗留问题。

第七章 概要设计

第一节 概要设计概述

一、软件设计的概念

软件设计也称系统设计，是指在软件开发过程中，根据"软件需求规格说明书"制定软件系统的设计方案，包括软件架构、模块设计、接口设计、数据结构设计等内容，为后续的编码、测试和维护工作提供指导与支持的过程。

软件设计是软件工程中的重要环节，它的质量和效果直接影响软件的功能、性能、可靠性和可维护性。优质的软件设计方案应具有如下特点：

(1) **可扩展性**，未来有需求变化时能保持灵活性和可维护性；

(2) **可重用性**，一些模块能够被提炼出来，并在不同的软件功能中被重复使用，既能提高软件开发效率，又能提高软件质量；

(3) **易维护性**，即当软件出现错误时，能够快速定位问题并进行修改；

(4) **可测试性**，便于软件测试，保证软件质量。

软件设计分为两个阶段。第一阶段，概要设计，又称总体设计，主要是在需求分析之后，对用户需求向软件研发方向转化，确定新软件系统的总体架构、概要性的设计文档和方案；第二阶段，详细设计，对概要设计进一步细化，更加具体地确定软件的组成模块及其联系，以及处理过程、数据库和网络、界面设计。

概要设计需要撰写"概要设计说明书"文档，详细设计需要撰写"详细设计说明书"文档，还需要根据情况撰写"数据库设计说明书""测试计划""项目开发计划"等文档。

为了保证软件质量，概要设计完成后和详细设计完成后，都需要对该阶段的设计方案进行审查。只有审查通过后，才能继续下一步的工作；否则需要修改设计，直至审查通过，如图7-1所示。

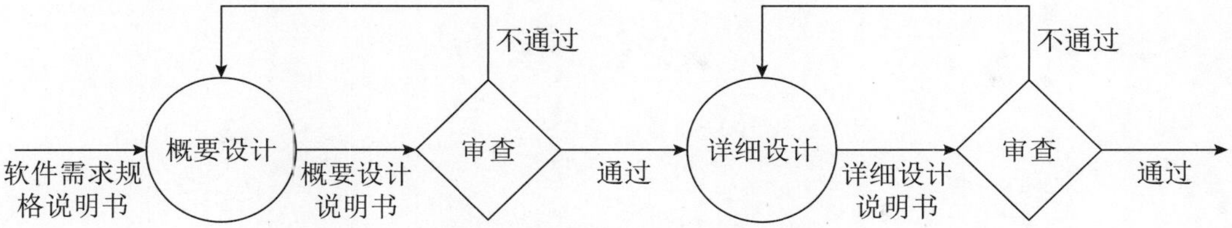

图7-1 软件设计流程

二、概要设计的过程

概要设计过程以需求分析阶段获得的"软件需求规格说明书"为依据，寻找实现目标系统的多种可能的解决方案，进行比较、分析后，从中选取最佳方案。然后，对最佳方案进行设计，包括功能分解、软件结构设计、数据库设计和制订测试计划等。最后，编写初步的用户手册，制订项目实现计划，并进行概要设计的审查，直至通过。

1. 寻找多种解决方案

需求分析阶段得出的"软件需求规格说明书"是概要设计的重要依据，特别是数据流图，通常可以作为分析系统的出发点。实践中，要结合相关项目研发经验，充分发挥想象力，设计多种可能的解决方案。

2. 选取最佳方案

对多种可能的解决方案进行比较、分析，充分调研和研讨后，选取最佳方案。在对比、分析时，为了深入理解，对于重点关注的几种解决方案，可以重点讨论系统运行流程、组成系统的物理元素清单、成本/效益分析、实现这个系统的进度计划等内容。

3. 功能分解和软件结构设计

基于最佳方案，对软件系统进行功能分解，确定可以划分的模块，以及模块之间的关系。这个过程能帮助研发团队降低软件设计的复杂程度，将高层的、综合的软件系统转换为多个相对独立的、简单的功能模块，提高软件设计质量。

软件结构设计伴随功能分解过程产生，在逻辑上是一个自顶向下、逐步细化的过程。整体来看，软件系统是一个顶层的完整模块，通过功能分解构建第二层较小的多个模块，再次分解后形成下一级更小的更多个模块，以此类推。上层模块通过调用它的下层模块实现功能，而下层模块又通过调用更下层模块实现功能。反之，每个模块的下一层多个模块的功能又组成了上层模块的全部功能。

功能分解和软件结构设计的重要图形是系统结构图。通常情况下，系统结构图与"软件需求规格说明书"中的数据流图有很好的对应关系，数据流图细化的过程能作为功能分解的重要基础，甚至很多数据流图能够直接转化为系统结构图。

功能分解和软件结构设计完成后，研发团队需要整理全部资料，撰写"概要设计说明书"文档。

4. 数据库设计

对于需要使用数据库的软件系统，概要设计阶段应该完成数据库设计。数据库设计的重要依据是需求分析阶段的实体-联系图，并据此撰写"数据库设计说明书"文档。

5. 制订测试计划

在概要设计阶段，应该开始考虑测试问题，这样能帮助研发团队提高软件的可测试性，进而提高软件的开发质量，并据此撰写"测试计划"文档。

6. 编写初步的用户手册

在概要设计阶段，可以开始撰写初步的用户手册。这个过程能帮助研发团队不断修正对用户需求的理解，进而改进设计。该用户手册会伴随后期环节不断完善，直至详尽。

7. 制订项目实现计划

制订软件系统的实现计划，主要是对完成任务的时间节点进行描述，并据此撰写"项目开发计划"文档。

8. 概要设计的审查

完成概要设计阶段的所有工作后，应当组织专家和用户代表对概要设计的成果进行严格审查，主要包括技术审查和管理审查两个方面，只有审查通过后，才能进入详细设计阶段，否则就要进行修改，直至审查通过。

综上所述，概要设计的过程如图7-2所示。

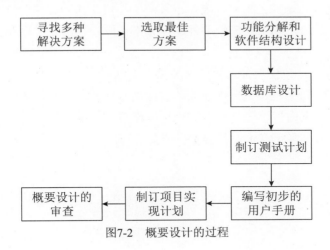

图7-2　概要设计的过程

三、概要设计的原则

概要设计的基本原则包括模块化、抽象与分解、内聚与耦合等。

1. 模块化

模块化是指将软件系统划分成若干个模块，也称为组件或单元，每个模块负责完成特定的功能。模块化可以提高软件的可维护性，如果软件出现问题只需要修改对应的模块，而不需要修改整个软件系统。模块化可以提高软件的可重用性，也就是说，软件系统的各个模块都能够相互独立地进行开发和测试，并且一个模块开发完成后能够被多个同类场景共享使用，提高了软件的开发效率。模块化还能提高软件的可扩展性，每个模块都有自己独立的接口，便于研发团队对模块的扩展和修改，不会影响整个软件系统的运行。

2. 抽象与分解

现实世界中一些事物、状态或过程之间总是存在某些相似的方面，即共性。把共性因素抽离出来，忽略它们差异的过程就是抽象。也就是说，抽象是抽出事物本质而暂不考虑细节的过程。抽象是人类认识复杂问题强有力的思维方式，能帮助人们进行高层次的思考，对软件系统进行高层次的设计。

与抽象相反，分解是由高层设计出发、自顶向下、逐步求精的过程。其实，纵观整个软件生命周期，软件工程的每一个环节都是从抽象到分解的过程。例如，在可行性分析阶段，人们对软件系统只有一个笼统的认识，非常抽象；在需求分析阶段，会确定问题域，并有针对性地解决问题，抽象程度降低了；而在以后的概要设计、详细设计、编码等阶段，抽象的程度会越来越低，分解越来越多，软件系统也变得越来越具体。

3. 内聚与耦合

内聚是指模块各个组成元素之间相互依赖程度的度量，耦合是指模块之间相互依赖程度的度量。模块的组成元素之间相互依赖越紧密，则模块的独立性就越高，称为高内聚，反之称为低内聚。模块之间相互依赖的程度越紧密，则模块的相互联系就越多，称为高耦合，反之称为低耦合。

在软件设计时，一个模块通常拥有相对独立的功能，功能相近的子模块应该整合为一个模块，应力求做到高内聚。模块独立性的提高必然要求相互依赖性的降低，应力求做到低耦合。因此，"高内聚、低耦合"一直是软件研发团队追求的目标，对软件的可理解性、可测试性、可靠性和可维护性都会产生明显的影响。

第二节　系统结构图

一、系统结构图的基本符号

系统结构图，又称结构图(structure chart)或控制结构图，是一种采用图形的形式描绘软件系统概要设计的图形工具。系统结构图主要描述了3方面的内容，即系统的层次分解关系、模块之间的调用关系，以及模块之间数据流或控制流的传递关系。

系统结构图中的模块、调用关系、数据流或控制流信息用3种图形表示。

(1) **模块**，用矩形框表示，并在框内写明模块的名称，如图7-3所示。

```
┌──────────┐
│ 模块名称  │
└──────────┘
```

图7-3　系统结构图中的模块

(2) **调用关系**，用三角形实心箭头加实线表示，由调用模块指向被调用模块，例如A模块调用B模块，如图7-4所示。

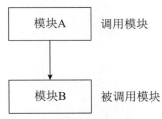

图7-4　系统结构图中的调用关系

(3) **数据流或控制流信息**，用三角形实心箭头加实线表示，写在调用关系的一侧，并标明数据流或控制流信息的名称，如图7-5所示。

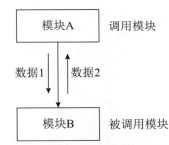

图7-5　系统结构图中的数据流或控制流信息

另外，在有些系统结构图中，还采用了菱形、有向弧线、有向线段尾部标注等方式表示有条件的调用或循环调用关系。

系统结构图的调用次序为上层调用下层，同层按照数据流向执行，一般为从左到右。

在系统结构图中，根据作用的不同，可将常见的模块分为6种类型。

1. **源模块**

源模块即无下级模块，传送数据给上级模块，适用于传入部分的开始端，如图7-6所示。

图7-6　系统结构图的源模块

2. 漏模块

漏模块即无下级模块，接受上级模块数据，适用于传出部分的末端，如图7-7所示。

图7-7　系统结构图的漏模块

3. 传入模块

传入模块从下级模块获取数据，再传给上级模块，如图7-8所示。

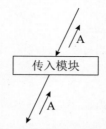

图7-8　系统结构图的传入模块

4. 传出模块

传出模块接收上级模块数据，再传给下级模块，如图7-9所示。

图7-9　系统结构图的传出模块

5. 变换模块

变换模块接收上级模块数据，对数据进行处理，处理完成后数据会发生改变，再把改变后的数据传给上级模块，如图7-10所示。

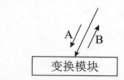

图7-10　系统结构图的变换模块

6. 协调模块

协调模块对所有下级模块进行协调和管理，一般在较高的层次出现，如图7-11所示。

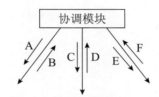

图7-11 系统结构图的协调模块

例7-1 分析并绘制标准分计算系统结构图,其流程是从输入模块接收原始分,通过计算模块转换为标准分,再输出,如图7-12所示。

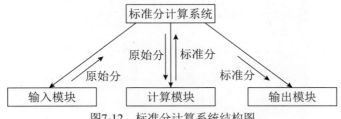

图7-12 标准分计算系统结构图

例7-2 分析并绘制成绩打印系统结构图,其流程是输入学号作为条件,查询该学生的所有成绩,然后进行统计汇总(如总学分、加权平均成绩等),最后通过输出模块排版后打印成绩报告单。该成绩打印系统结构图如图7-13所示。

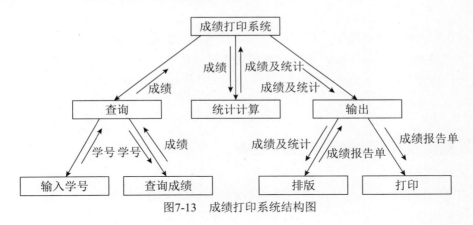

图7-13 成绩打印系统结构图

二、系统结构图的评价指标

系统结构图采用了与数据流图、程序流程图等图形工具类似的图形元素,但图形元素却具有不同的含义。系统结构图中的有向线段表示调用时程序的控制从调用模块转移到被调用模块,并隐含了当调用结束时,还要将控制交回调用模块的含义。在设计系统结构图时,还应当考虑模块大小适度、层次结构适度,以保证高内聚、低耦合。

系统结构图的评价指标如下。

(1) **深度**,表示模块的最大层数,深度越深,软件越复杂,例如图7-14中,深度为5。

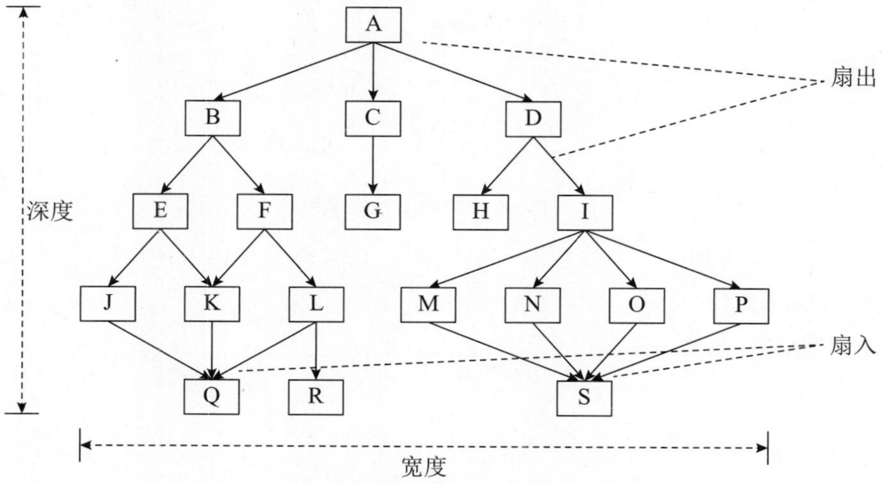

图7-14 系统结构图的评价指标示意

(2) **宽度**，表示同层模块的最大数量，宽度越宽，软件越复杂，例如图7-14中，宽度为7。

(3) **扇出**，表示一个模块直接调用下级模块的数量，例如图7-14中，A模块的扇出为3，D模块的扇出为2。扇出越大，表示该模块调用的下级模块越多，设计系统结构图时，扇出平均3～4为宜，最多5～8，如果超过这个范围，就应该拆分模块进行优化。

(4) **扇入**，表示一个模块直接被调用的上级模块的数量，例如图7-14中，Q模块的扇入为3，S模块的扇入为4。扇入越大，表示共享该模块的上级模块越多，虽然提高了模块的复用性，但也不应该片面追求高扇入，一般平均3～4为宜，最多5～8，如果超过这个范围，就应该拆分模块进行优化。

三、数据流图向系统结构图的转换

在需求分析时，如果数据流图已经细化到比较合理的层次，通常也可以将数据流图转换成系统结构图。

所有的数据流图都能归纳成两种典型的结构：变换型结构和事务型结构。

1. 变换型结构

在变换型结构的数据流图中，数据沿着输入通路进入系统，由外部形式变换成内部形式。接着，数据通过系统变换中心，完成加工。最后，数据沿着输出通路离开系统，再由内部形式变换成外部形式。变换型结构的数据流图可以被明显地分割为输入流、变换中心和输出流3部分，如图7-15所示。

图7-15 变换型结构的数据流图

变换型结构的数据流图转换为系统结构图的步骤如下。

第一步：边界分割，对数据流图划分边界，左边为输入流，中间是变换中心，右边是输出流，如图7-16所示。

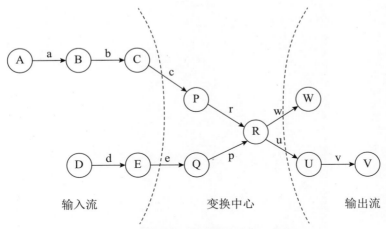

图7-16　变换型结构的数据流图的边界分割

第二步：一级分解，设置系统模块作为上级控制模块，增加它的3个下级模块，从左到右依次为输入模块、变换模块和输出模块，分别对应输入流、变换中心和输出流，并在调用关系旁边标出数据流，如图7-17所示。

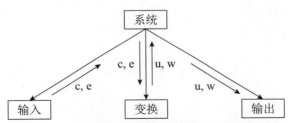

图7-17　变换型结构的数据流图的一级分解

第三步：二级分解，按照数据流图中的逻辑关系，分别对输入模块、变换模块和输出模块进行二次分解，如图7-18所示。

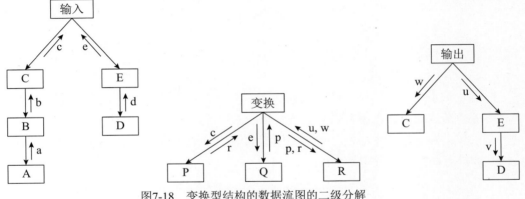

图7-18　变换型结构的数据流图的二级分解

第四步：合并图形，把一级分解和二级分解的结构图合并，得到最终的系统结构图，如图7-19所示。

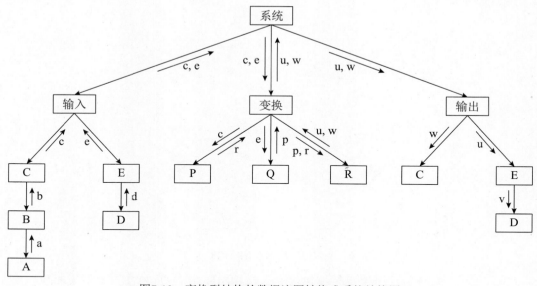

图7-19 变换型结构的数据流图转换成系统结构图

2. 事务型结构

在事务型结构的数据流图中，数据沿着输入通路到事务中心，事务中心根据输入数据的类型从若干后续处理中选一个执行，如图7-20所示。

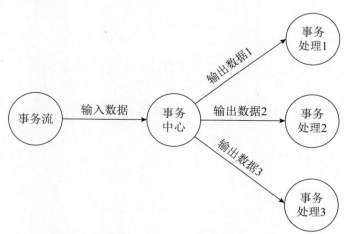

图7-20 事务型结构的数据流图

事务型结构的数据流图转换为系统结构图的步骤如下。

第一步：确定事务中心，分析事务中心的输入数据和输出数据，图7-21所示的事务型结构的数据流图中，事务中心为B。

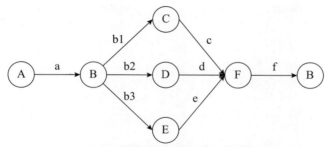

图7-21 事务型结构的数据流图的事务中心

第二步：确定结构图框架，设置系统模块作为上级，把事务中心映射为它的下级模块，实现事务流的变换，并根据变换后的事务流增加再下一级模块，如图7-22所示。

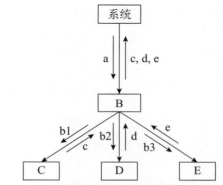

图7-22 事务型结构的数据流图的结构图框架

第三步：分解与细化，依据数据流图进一步细化结构图，如图7-23所示。

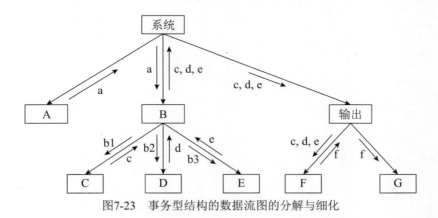

图7-23 事务型结构的数据流图的分解与细化

例7-3 某培训中心要开发一套计算机培训管理系统，用来将学员发来的邮件进行收集与分类，并按以下几种不同的情况分别进行处理。

第一种，如果是报名邮件，则在课程文件、学员文件中登记，并把报名信息发给财务部门做付款处理，财务部门完成付款处理并开发票后，发给学员；

第二种，如果想注销原来选修的课程，则在课程文件、学生文件中做相应的修改，把注销信息发给财务部门，财务部门做相应处理；

第三种，如果是付款邮件，则由财务人员在账目文件上登记进行付款处理，然后开发票给学员。

要求：

(1) 分析以上问题，画出数据流图。

(2) 根据数据流图，画出该培训管理系统的系统结构图。

该培训中心的数据流图如图7-24所示，系统结构图如图7-25所示。

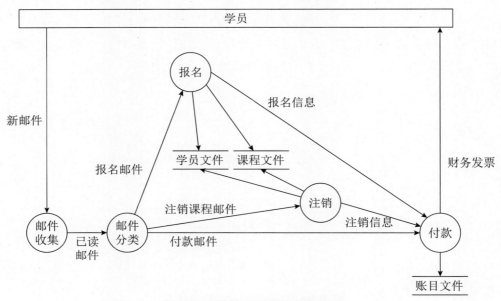

图7-24　培训管理系统的数据流图

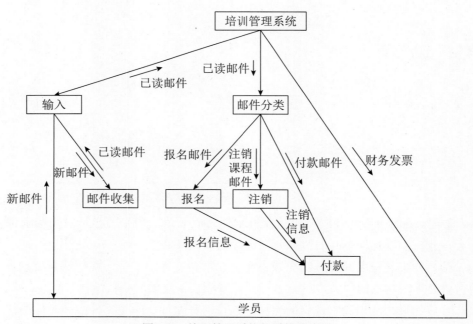

图7-25　培训管理系统的系统结构图

第三节　实体-联系图

一、实体-联系图的概念

在数据模型描述中，实体-联系图(entity relationship diagram，E-R图)是陈品山(Peter Pin-Shan Chen)于1976年提出的设计方法，发展至今，得到了十分广泛的应用。E-R图能够清晰地描述软件系统中数据之间的联系方式和组织方式。

实体-联系图由实体、属性和联系3类元素组成。

(1) **实体**，是指客观世界存在的，且可以相互区分的事物，有具体的、抽象的、概念的、物理的等多种形式，例如学生、课程、产品都是实体。

(2) **属性**，也称性质，是指实体某一方面的特征，例如学生是一个实体，具有学号、姓名、出生年月、入学日期、专业等特征，它们都是学生实体的属性。

(3) **联系**，是指实体之间的相互关系，例如学生实体与课程实体之间有关系、教师实体和课程实体之间也有关系。

联系可以分为以下3类：

第一类，一对一，记为1:1，是指两个实体双向都是一对一的关系，例如一个学院有一名院长，一名院长只任职一个学院，则学院和院长是一对一的联系；

第二类，一对多，记为1:n，是指两个实体在一个方向上是一对多的关系且在另一个方向上是一对一的关系，例如一个学院有多名教师，而一名教师只能属于一个学院；

第三类，多对多，记为$m:n$，是指两个实体双向都是一对多的关系，例如一名学生选修多门课程，而一门课程又被多名学生选修，学生和课程是多对多的关系。

二、实体-联系图的基本符号

E-R图针对3类元素，提供了对应的3种图形元素。

(1) **实体用矩形框表示**，框内写明实体的名称。

例如，学生实体可以表示为图7-26所示形式。

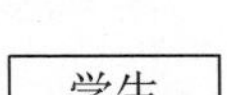

图7-26　学生实体

(2) **属性用椭圆框表示**，框内写明属性的名称，并用无向边与实体的矩形框连接起来，表示这是该实体拥有的属性。由于属性属于一个实体，它不能在不同的实体间共享。

例如，学生实体具有学号、姓名、专业、性别、入学日期属性，可以表示为图7-27所示形式。

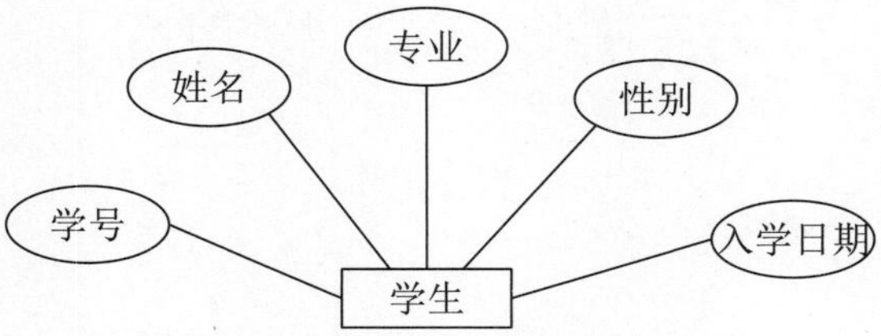

图7-27 学生实体的属性

同样，学院实体的属性包括学院编码、学院名称、电话、地址；教师实体的属性包括工号、姓名、专业、职务、职称；课程实体的属性包括课程号、课程名称、学时、学分；校园卡的属性包括卡号、芯片号、密码、余额。它们都可以采用同样的方法描述出来。

(3) 联系用菱形框表示，菱形框内写明联系的名称，用无向边分别与相关实体的矩形框连接起来，并在无向边与实体相连的一端标注联系的类型。通常情况下，一个联系与多个实体矩形框相连，表示这些实体之间的数据联系。有时，实体还可以与自身产生联系。当软件中关系比较多时，如何准确地命名且名字之间不冲突常常是困扰很多研发团队的问题，此时可以采用相关实体加下画线的形式命名。

例如，学生实体与校园卡实体具有1:1的联系，可以表示为图7-28的形式。

图7-28 学生实体与校园卡实体的联系

例如，学院实体与教师实体具有1:n的联系，可以表示为图7-29的形式。

图7-29 学院实体与教师实体的联系

例如，教师实体与课程实体、学生实体与课程实体都具有$m:n$的联系，可以表示为图7-30的形式。

有时候，联系也具有属性，使用椭圆框通过无向边与表示联系的菱形框相连，表示该联系具有该属性。

例如，学生_课程联系表示选课关系，具有成绩属性，可以表示为图7-31的形式。

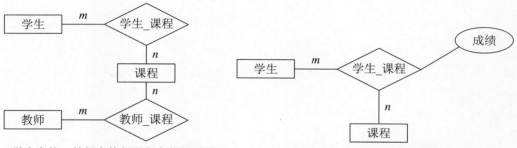

图7-30 学生实体、教师实体与课程实体的联系 图7-31 学生_课程联系具有成绩属性

完成了每个实体属性和实体间联系的分析后，就可以把它们整合到一张E-R图中，从而形成对整个软件数据模型的分析。如上所述的教学管理系统中，实体包括学院、教师、课程、学生和校园卡，每个实体都有自己的属性，实体之间有联系，有的联系也有自己的属性，E-R图如图7-32所示。

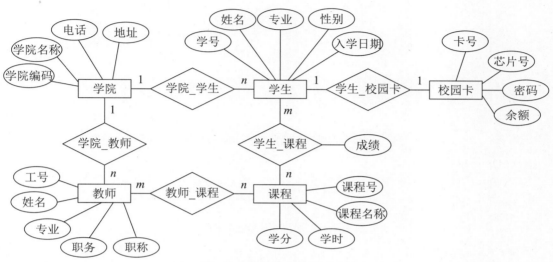

图7-32 教学管理系统E-R图

联系不仅发生在两个实体之间，也可能发生在三个或多个实体之间，这种情况下，应该使用联系与所有相关的实体相连，并写明联系的类型。

三、实体-联系图的应用

例7-4 供应商实体、项目实体、零件实体之间是多方的$m:n$的联系，并且两两之间都是$m:n$的联系，为了避免重复，可以使用其他字母表示，如图7-33所示。

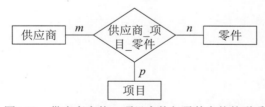

图7-33 供应商实体、项目实体与零件实体的联系

例7-5 医院住院部有若干科室，每个科室有若干医生和病房，病人住在病房中，由某个医生负责治疗。每个医生只能属于一个科室，每个病房也只能属于一个科室。一个病房可以住多个病人，一个病人由固定医生负责治疗，一个医生负责多个病人。

具有的属性如下。

(1) 科室：科室号、科室名称。
(2) 医生：医生编号、姓名、性别、级别。

(3) 病房：病房号、床位数。
(4) 病人：病人编号、姓名、性别。

医院病房管理E-R图如图7-34所示。

图7-34 医院病房管理E-R图

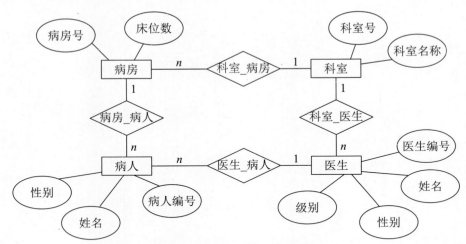

例7-6 某商业公司具有公司编号、公司名、地址等特征。公司管辖着若干仓库，每个仓库只能隶属于一个公司管辖。仓库具有仓库编号、仓库名、地址等特征。仓库与职工之间存在聘用联系，每个仓库可以聘用多名职工，每个职工只能在一个仓库工作，仓库聘用的职工会有聘期和工资等特征。职工具有职工编号、姓名、性别等特征。

该商业公司仓库管理E-R图如图7-35所示。

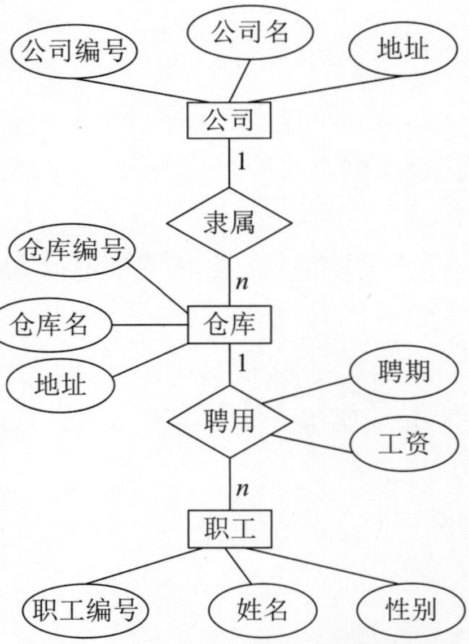

图7-35 某商业公司仓库管理E-R图

例7-7 工厂(包括工厂名和电话)需要建立一个管理数据库并存储以下信息：

(1) 一个工厂内有多个车间，每个车间有车间号、车间名称和电话；

(2) 一个车间有多个工人，每个工人有职工号、姓名、年龄、性别和工种；

(3) 一个车间生产多种产品，产品有产品号和价格；

(4) 一个车间生产多种零件，一个零件也可能为多个车间制造，零件有零件号、重量和价格；

(5) 一个产品由多种零件组成，一种零件也可装配出多种产品；

(6) 产品与零件均存入仓库中，每个仓库能存放多种产品或零件，每种产品或零件能存入多个仓库；

(7) 工厂有多个仓库，每个仓库有仓库号和电话。

该工厂管理数据库E-R图如图7-36所示。

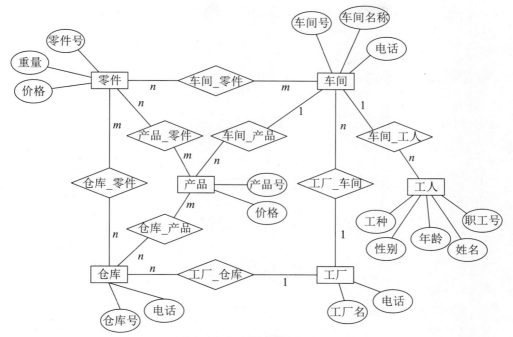

图7-36 工厂管理数据库E-R图

例7-8 一个图书馆借阅管理数据库需要提供下述服务。

(1) 可随时查询现有书籍的品种、数量与存放位置。各类书籍由书号唯一标识。

(2) 可随时查询书籍借还情况，包括借书人单位、姓名、借书证号、借书日期和还书日期。任何人可借多种书，任何一种书均可被多个人借阅，借书证号具有唯一性。

(3) 当需要时，可在数据库中相应出版社的信息中增加有关书籍的信息。一个出版社可出版多种书籍，同一本书仅由一个出版社出版，出版社名具有唯一性。

该图书馆借阅管理数据库E-R图如图7-37所示。

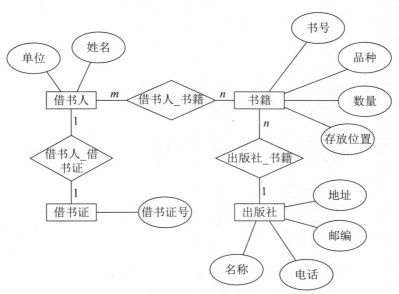

图7-37 图书馆借阅管理数据库E-R图

第四节 概要设计阶段文档的撰写

一、概要设计说明书

依据《计算机软件文档编制规范》(GB/T 8567—2006),"概要设计说明书"的具体内容和参考格式如下。

1. 引言

1.1 标识
说明本软件的完整标识,包括名称、缩略词、版本号等。

1.2 背景
阐述本软件的提出者、开发者和用户,以及该系统同其他系统或机构的来往关系。

1.3 项目概述
列出所开发软件的特性和用途。

1.4 文档概述
概述本文档的用途和内容,说明保密性要求。

2. 引用文件

列出用得着的参考资料,主要包括经核准的计划任务书或合同、上级批文、相关的已发表文件,以及所引用的文件、资料、标准等。需要写明这些文件资料的标题、编号、发表日期、出版单位及获取方式。如果某文件不能从正常供货渠道获取,应加以说明。

3. 概要设计

3.1 需求规定
说明本软件的主要输入和输出项目、处理的功能、性能要求。

3.2 运行环境
简要地说明本软件运行的软硬件环境及要求。

3.3 基本设计概念和处理流程
说明本软件的基本设计概念和处理流程,尽量使用图表的形式。

3.4 结构
使用系统结构图的形式阐述本软件的各个层级和模块,阐述它们的功能和调用关系。

3.5 功能需求与模块的关系
表7-1可以说明各项功能需求的实现与程序模块的关系。

表7-1 软件功能需求与程序模块的关系矩阵

功能需求	模块1	模块2	……	模块n
功能需求1	√			
功能需求2		√		

续表

功能需求	模块1	模块2	……	模块n
……				
功能需求n		√		√

3.6 人工处理过程

本软件需要的相关人工处理过程，应在这里说明，例如，需要人工拍照上传、人工打印文档等。

3.7 尚未解决的问题

说明在概要设计过程中尚未解决，但在软件开发完成之前必须解决的问题。

4. 接口设计

4.1 用户接口

说明将向用户提供的命令和它们的语法结构，以及软件的回答信息。

4.2 外部接口

阐述本软件同外界交互的所有接口，包括软件之间、硬件之间、软件与硬件之间、本软件与第三方支持软件之间的所有接口关系。

4.3 内部接口

阐述本系统内各个模块之间的接口。

5. 运行设计

5.1 运行模块组合

阐述在施加不同的外界运行控制时，本软件运行的模块组合及支持软件调用情况。

5.2 运行控制

说明每一种外界运行控制的方式、方法和操作步骤。

5.3 运行时间

说明每种运行模块组合将占用各种资源的时间。

6. 系统数据结构设计

6.1 逻辑结构设计要点

给出本软件内所使用的每个数据结构的名称、标识符，以及它们之中每个数据项、记录、文卷和系的标识、定义、长度及其之间的层次的或表格的相互关系。

6.2 物理结构设计要点

给出本软件内所使用的每个数据结构中每个数据项的存储要求，包括访问方法、存取单位、存取的物理关系、设计考虑和保密条件等。

6.3 数据结构与程序的关系

说明各个数据结构与访问这些数据结构的形式。

7. 系统出错处理设计

7.1 出错信息

用一览表的方式说明每一种可能的错误或故障的输出形式、含义及处理方法。

7.2 补救措施

说明故障出现后可能采取的变通措施,例如数据丢失时的补救方法、通过手工操作改正数据、软件系统重新正常启动的方法等。

7.3 系统维护设计

为了便于软件后期维护,通常应该对系统自我检查、日志保存、升级脚本等辅助功能进行设计,并对此加以说明。

二、数据库设计说明书

依据《计算机软件文档编制规范》(GB/T 8567—2006),"数据库设计说明书"的具体内容和参考格式如下。

1. 引言

1.1 标识

说明本数据库的完整标识,包括名称、缩略词、版本号等。

1.2 背景

阐述本数据库所从属的软件名称和版本,以及该数据库同其他系统或机构的来往关系。

1.3 项目概述

列出所开发数据库的特性和用途。

1.4 文档概述

概述本文档的用途和内容,说明保密性要求。

2. 引用文件

列出用得着的参考资料,主要包括经核准的计划任务书或合同、上级批文、相关的已发表文件,以及所引用的文件、资料、标准等。需要写明这些文件资料的标题、编号、发表日期、出版单位及获取方式。如果某文件不能从正常供货渠道获取,应加以说明。

3. 外部设计

3.1 标识符和状态

阐述用于唯一标识本数据库的代码、名称或标识符,并进行简要描述。如果该数据库尚在实验阶段或暂时不启用,则要说明这一点,并说明启用的时间范围。

3.2 使用它的程序

列出将要访问本数据库的所有应用程序,包括应用程序的名称和版本号。

3.3 约定

说明程序员或系统分析员使用本数据库的约定,如数据库版本、数据项命名等。

3.4 专门指导

向将要从事本数据库的生成、测试和维护的技术人员提供专门的指导,如数据格式、数据标准,以及查询、更新、删除的方法等。

3.5 支持软件

简要列出本数据库的支持软件，如数据库管理系统、第三方维护软件等。说明这些软件的名称、版本号、主要功能和来源。

4. **结构设计**

4.1 概念结构设计

阐述本数据库所反映现实世界中的实体、属性和联系，并提供原始的数据形式，如各数据项、记录、系、文卷、数据类型、度量单位、值域等，主要采用E-R图的形式。

4.2 逻辑结构设计

对本数据库的概念结构进行分解、合并和重新组织，并从数据库管理员的视角阐述它的逻辑结构，例如，关系型数据库可以采用二维表格的形式进行说明。

4.3 物理结构设计

简要描述本数据库系统的物理结构，如存储路径设计、缓冲区设计、访问方式与方法等。

5. **运用设计**

5.1 数据字典设计

对本数据库中涉及的各种项目，如数据项、记录、系、文卷、模式、子模式等建立数据字典，并加以描述。

5.2 安全保密设计

说明访问本数据库时的权限、角色、用户控制方法，以及相关的安全保密设计。

三、测试计划

依据《计算机软件文档编制规范》(GB/T 8567—2006)，"测试计划"的具体内容和参考格式如下。

1. 引言

1.1 标识

说明本测试的完整标识，包括名称、缩略词、版本号等。

1.2 背景

阐述本测试所从属的软件名称和版本，以及测试计划执行前的准备工作。

1.3 项目概述

列出本测试计划的特性和用途。

1.4 文档概述

概述本文档的用途和内容，说明保密性要求。

2. 引用文件

列出用得着的参考资料，主要包括经核准的计划任务书或合同、上级批文、相关的已发表文件，以及所引用的文件、资料、标准等。需要写明这些文件资料的标题、编号、发表日期、出版单位及获取方式。如果某文件不能从正常供货渠道获取，应加以说明。

3. 计划

3.1 软件说明

逐项说明被测试软件的功能、输入和输出等指标，作为叙述测试计划的提纲。

3.2 测试内容

列出每一项测试的名称、测试目的、测试数据、软硬件环境要求、测试培训、参与人员和测试时间安排。测试内容主要包括模块功能测试、接口正确性测试、数据存取测试、运行时间测试、约束测试、极限测试等。

如果测试内容需要较大篇幅阐述，可以采用小节的形式组织。

4. 测试设计说明

这部分采用小节的形式，每小节叙述一个测试的设计过程，描述如下。

4.1 测试1(标识符)

说明对本测试的整体考虑。

4.1.1 控制

说明本测试的控制方式，例如输入是人工、半自动还是自动引入，控制操作的顺序，以及结果的记录方法。

4.1.2 输入

说明本项测试中所使用的输入数据及选择这些输入数据的策略。

4.1.3 输出

说明预期的输出数据，例如测试结果及可能产生的中间结果或运行信息。

4.1.4 过程

说明完成此项测试的每一个步骤和控制命令，包括测试的准备、初始化、中间步骤和运行结束方式。

4.2 测试2(标识符)

参照测试1。

5. 评价准则

5.1 范围

说明测试的范围和局限性。

5.2 数据整理

测试数据整理是一个费时费力的活动，这一部分将阐述完成这个工作的方式与方法，如手工方式、自动方式或半自动方式，以及需要的软硬件资源支持。

5.3 尺度

说明判断测试是否通过的评价尺度，如输出与预期输出之间的容许偏离范围、允许中断或停机的最大次数等。

四、用户手册

依据《计算机软件文档编制规范》(GB/T 8567—2006),"用户手册"的具体内容和参考格式如下。

1. 引言

1.1 标识
说明本用户手册的完整标识,包括名称、缩略词、版本号等。

1.2 背景
阐述本用户手册所从属的软件名称和版本。

1.3 项目概述
列出本用户手册的特性和用途。

1.4 文档概述
概述本文档的用途和内容,说明保密性要求。

2. 引用文件

列出用得着的参考资料,主要包括经核准的计划任务书或合同、上级批文、相关的已发表文件,以及所引用的文件、资料、标准等。需要写明这些文件资料的标题、编号、发表日期、出版单位及获取方式。如果某文件不能从正常供货渠道获取,应加以说明。

3. 用途

3.1 功能
逐项说明本软件的各项功能及权限。

3.2 性能

3.2.1 精度
逐项说明各项输入数据、传输中的数据、输出数据的精度要求。

3.2.2 时间特性
定量说明本软件的时间特性,如响应时间、处理时间、数据传输时间等。

3.2.3 灵活性
说明本软件的灵活性,即当用户需求变化时,如操作方式、运行环境、数据精度、时间特性等发生变化时,本软件的适应能力。

3.3 安全、保密
说明本软件在安全、保密方面的设计考虑和实际达到的能力。

4. 运行环境

4.1 硬件设备
列出运行本软件所要求的硬件设备的最小配置,如处理器型号、内存容量、硬盘容量、设备的型号和台数、联机/脱机等。

4.2 支持软件

说明为运行本软件所需要的支持软件及其版本，如操作系统、编译环境、数据库管理系统及其他第三方软件系统等。

4.3 数据结构

列出本软件的运行所需要的数据库或数据文卷。

5. 使用过程

首要说明软件功能同系统的输入源机构、输出接收机构之间的关系。

5.1 安装与初始化

一步一步地说明使用本软件需要进行的安装与初始化操作，包括程序的存储形式、安装与初始化过程中的全部操作命令，以及系统对这些命令的反应与答复。

如果需要对安装和初始化过程是否成功进行验证，则要加以说明。

5.2 输入

5.2.1 输入数据的现实背景

说明输入数据的现实背景，如人员变动、库存缺货等，阐述这些情况发生的来源、频度、数据输入方法，如键盘输入、磁带输入、卡片输入、磁盘导入等。还需要说明输入数据的限制、错误数据的处理，以及数据更新时旧数据的保留或丢弃要求等。

5.2.2 输入格式

说明每种输入数据的格式要求，包括语法规则和有关约定，如长度、标号、顺序、词汇表、省略和重复、控制信息等。

5.2.3 输入举例

为每种类型的输入提供参考例子。

5.3 输出

5.3.1 输出数据的现实背景

说明输出数据的现实背景，如输出数据给谁、用来干什么等，阐述这些情况的频度、输出方法(如打印、CRI显示、磁带、卡片、磁盘)等。还需要说明输出数据的限制、错误数据的处理，以及输出数据的保留或废弃要求等。

5.3.2 输出格式

说明每种数据输出格式的解释，一般包括首部、主体、尾部的格式和含义。

5.3.3 输出举例

为每种类型的输出提供参考例子。

5.4 文卷查询

针对具有文卷查询能力的软件，应当对文卷查询工作准备、查询处理所需要的详细规定、查询命令及相关限制等加以说明。

5.5 出错处理和恢复

列出由软件产生的错误码及应由用户承担的修改、纠正工作。说明为了软件恢复和重新启动，用户必须遵循的处理过程。

5.6 终端操作

当软件支持多端登录时，应该说明适用的终端和相关限制。

五、项目开发计划

依据《计算机软件文档编制规范》(GB/T 8567—2006)，"项目开发计划"的具体内容和参考格式如下。

1. 引言

1.1 标识
说明本软件的完整标识，包括名称、缩略词、版本号等。

1.2 背景
阐述本软件的提出者、开发者和用户，以及该系统同其他系统或机构的来往关系。

1.3 项目概述
列出所开发软件的特性和用途。

1.4 文档概述
概述本文档的用途和内容，说明保密性要求。

2. 引用文件

列出用得着的参考资料，主要包括经核准的计划任务书或合同、上级批文、相关的已发表文件，以及所引用的文件、资料、标准等。需要写明这些文件资料的标题、编号、发表日期、出版单位及获取方式。如果某文件不能从正常供货渠道获取，应加以说明。

3. 项目概述

3.1 工作内容
简要说明本软件研发中的各项主要工作。

3.2 主要参加人员
简要说明参加本软件开发人员情况。

3.3 产品形式
列出最终要交付给用户的程序、文件和交付形式，以及提供的培训、安装、运行支持等服务及期限，并对非移交产品做出说明。

3.4 验收标准
逐项说明验收标准。

3.5 最迟期限
说明完成软件的最迟期限。

3.6 本计划的批准者和批准日期
说明本计划的批准者和批准日期。

4. 实施计划

4.1 任务分解与人员分工
对本软件研发工作进行分解，指明每项任务的负责人和参加人员。

4.2 接口人员
说明负责接口工作的人员及其职责。

4.3 进度
对于本软件生命周期的各个阶段，如需求分析、概要设计、详细设计、编码、测试、移交、培训、安装和维护等，给出预期开始和完成日期，列出每个阶段需要的资源，说明各阶段的顺序和完成的标志事件。

4.4 预算
逐项列出本软件研发所需经费的预算和来源。

4.5 关键问题
逐项列出本软件研发中有可能影响成败的关键问题、技术难点和风险点。

5. 支持条件

5.1 软硬件系统支持
逐项列出本软件研发和运行时需要的软硬件，包括计算机、外围设备、通信设备、模拟器、编译(或汇编)程序、操作系统、数据管理程序包、数据存储能力和测试支持能力等，并说明到货日期、投入使用时间等。

5.2 需要由用户承担的工作
说明需要用户承担的工作和完成期限。

5.3 由外单位提供的条件
如果本软件需要向外单位分包，需要逐项列出分合同承包者的单位名称、承担的工作和完成时间。

6. 专题计划要点
说明本软件研发过程中需要制订的相关专题计划，如分合同计划、开发人员培训计划、测试计划、安全保密计划、质量保证计划、配置管理计划、用户培训计划、系统安装计划等。

第八章 详细设计

第一节 详细设计概述

一、详细设计的概念

详细设计是在概要设计完成后,进一步细化并详细描述各模块实现过程和细节的过程。概要设计较为抽象,详细设计更加具体,但达不到编写代码、完成系统的程度。

详细设计的目标是确定怎样实现系统,解决"具体怎么做"的问题。完成详细设计后,应该能够实现对目标软件的精确描述,有的情况下甚至可以直接转化为某种程序编码,完成系统设计。例如,概要设计中对一个模块的功能描述是实现一个数组的排序,并不会叙述实现的细节,而详细设计则要确定使用哪种排序算法完成。

二、详细设计的过程

详细设计主要包括6个步骤。

(1) **功能设计**。从系统结构图出发,设计详细设计应该包含的模块和算法,确定每个模块的功能。

(2) **模块设计**。逐一设计每个模块的数据结构和算法,要规范软件架构,确定模块的层次,确定模块实现的组件和集成方式,对关键算法进行描述。

(3) **接口设计**。逐一确定每个模块的接口细节,包括模块之间的接口、模块对用户的接口和模块对第三方系统的接口,详细描述接口的输入数据、输出数据和必要的处理细节等,对接口参数进行详细说明。

(4) **界面设计**。根据需求分析的要求,设计人机交互界面,保证良好的用户体验和便捷的操作方式。

(5) **模块测试用例**。为每一个模块设计至少一组测试用例,以便在编码阶段进行单元测试。

(6) **撰写详细设计说明书文档**。对上述过程中的各项内容进行规范化描述，形成"详细设计说明书"文档。

三、详细设计的原则

详细设计是编码阶段工作的重要依据，也是后期软件维护、升级的重要基础，详细设计的优良程度直接决定了编码工作的质量。详细设计要遵循以下原则：

(1) 模块的逻辑描述正确、可靠、清晰、易读；
(2) 选择适当的描述方法对各个模块的算法进行描述，文档要做到规范、具体；
(3) 合理设计处理过程，尽量降低复杂度，提高可读性、可测试性和可维护性。

第二节　详细设计的工具

详细设计规模大、细节多，选择合适的工具十分重要，一般认为要从4个方面考虑设计方法的合理性：

(1) **无歧义**，即能明确地描述数据组织、控制流程和处理过程；
(2) **模块化**，即能支持模块化设计和开发，支持模块的复用；
(3) **接口描述简单**，即有较好的接口描述机制；
(4) **学习成本低**，即易学易用，很容易被研发团队所接受。

常见的详细设计工具有3种：图形、表格和语言。图形工具是用图形的方式把模块的细节描绘出来，如程序流程图、盒图、问题分析图；表格工具是用表格的方式列出各种可能的操作和条件，如决策表与决策树；语言工具是采用类似高级语言的伪码描述过程细节，如过程设计语言。

一、程序流程图

程序流程图，又称程序框图，是一种常用的算法表达工具。其优点是直观、清晰，易掌握；缺点是从发展趋势看，使用的人逐渐减少。程序流程图主要包括5种图形元素，如图8-1所示。

(1) **开始/结束**：使用圆角矩形框表示，其中写上"开始"或"结束"字样，表示一段程序处理的起点或终点。
(2) **处理**：使用矩形框表示，其中写上处理的名称，在同一段程序中，命名尽量唯一，表示一段程序的一个处理环节。
(3) **判断**：使用菱形框表示，其中写上判断的规则，一般是逻辑表达式或自然语言表述，表示一段程序的一个判断。

(4) **输入/输出**：使用平行四边形框表示，其中写上输入或输出的变量，也可以是自然语言表述，表示程序要接收的输入或要进行的输出。

(5) **流程线**：使用有向线段加三角形实心箭头表示，必要时在线段一侧做标注，如果线段较长可以使用折线。

(a) 开始/结束　　(b) 处理　　(c) 判断　　(d) 输入/输出　　(e) 流程线

图8-1　程序流程图的图形元素

通常情况下，根据程序处理过程，程序流程图包括顺序型、单分支型、双分支型、多分支型、WHILE循环型(先判定循环型)和UNTIL循环型(后判定循环型)6种基本结构，也常简化为顺序型、选择型和循环型3种，如图8-2所示。

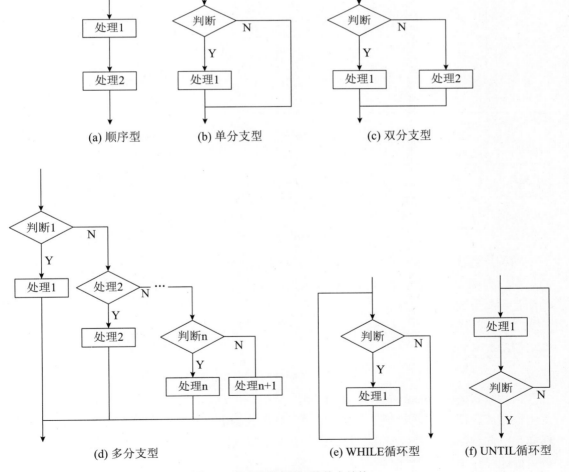

(a) 顺序型　　(b) 单分支型　　(c) 双分支型

(d) 多分支型　　(e) WHILE循环型　　(f) UNTIL循环型

图8-2　程序流程图的6种基本结构

程序流程图是一种非常具体的详细设计工具，甚至细化到了一个简单数据输入、判断或输出。这也导致程序流程图具有一定的缺点，它一步到位，不支持逐步求精，过早地考虑了程序控制细节，而忽略了程序的整体结构。流程线的转移不受限制，容易破坏程序的整体结构，不适用于表达数据结构和模块间的调用关系，描述过于琐碎，难以描述较大型程序。

二、盒图

盒图，又称N-S图，是由美国学者I saac Nassi和Ben Shneiderman于1973年提出的一种新的流程图形式。它由程序流程图改进而来，去掉了流程线，全部的逻辑关系由一系列上下相连或内外嵌套的矩形框组成，最终表现为一个大框。N-S图几乎和程序流程图同构，但避免了流程线随意转移的情况，符合结构化程序编码中"去goto化"的理念，也能限制编码过程中任意跳转的陋习。

N-S图的6种基本结构如图8-3所示。

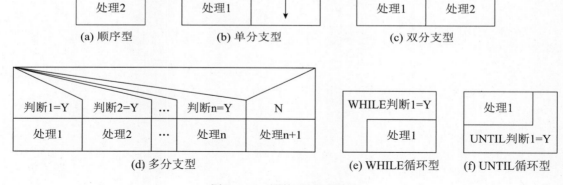

图8-3　N-S图的6种基本结构

结构流程图的优点是图中不能随意转移(无流程线)，程序结构更符合结构化程序设计的思想，有利于培养软件设计人员良好的设计风格；缺点是程序嵌套层次较多时影响可读性而且不易修改。

三、问题分析图

问题分析图(problem analysis diagram，PAD)是由日本日立公司在1973年提出的，同样是由程序流程图演化而来。它采用二维树形结构的图形符号来表示程序的控制结构，通过横向和纵向相结合的表达形式，融合软件系统的层次结构和过程特征，使得程序细节能够被更好地描述出来。

PAD的执行顺序是从图中最左边上端的节点开始,采用自上而下、从左到右的顺序执行。每遇到判断或循环,就自左而右进入下一层,从表示下一层的竖线上端开始执行,到该竖线下端,再返回上一层的竖线的转入处。以此类推,直到执行到主干线的下端为止。

PAD的6种基本结构如图8-4所示。

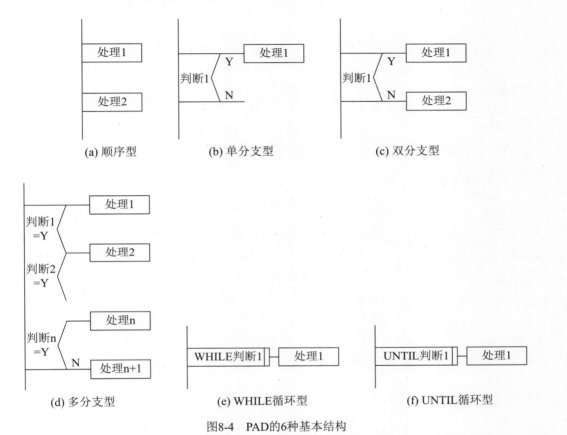

图8-4　PAD的6种基本结构

PAD的结构层次清晰,自上而下、逐步求精,既可以描述程序的逻辑结构,又能够描述系统的数据结构,优点主要表现在:

(1) 使用PAD设计出的程序必然是结构化程序;

(2) PAD的层次结构清晰,最左边的竖线是主线,即程序的第一个层次,每增加一个子层次,向右扩展一条竖线,竖线的总数就是程序的层次数;

(3) PAD的逻辑结构清晰,易读、易懂、易记,从程序最左边的竖线上端节点开始,自上而下、从左向右执行,遍历所有节点,如图8-5(a)所示;

(4) PAD的设计符合自顶向下、逐步求精的结构化设计思想,便于研发团队先完成抽象设计,再逐步增加细节,如图8-5(b)所示;

(5) PAD较容易转化成源程序,有一些软件工具支持基于PAD的自动编码,提高了软件生产效率。

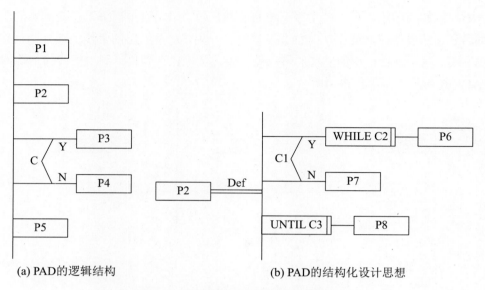

(a) PAD的逻辑结构　　　　　　　　　(b) PAD的结构化设计思想

图8-5　PAD的逻辑结构及结构化设计思想

例8-1　完成学生信息查询流程的详细设计。首先对输入的学生姓名和手机号进行检查，如果输入合法，则查询学生信息并输出；如果没有找到符合查询条件的学生信息，则提示未找到；如果输入无效，则提示输入不合法。

按要求绘制程序流程图、N-S图和PAD，如图8-6所示。

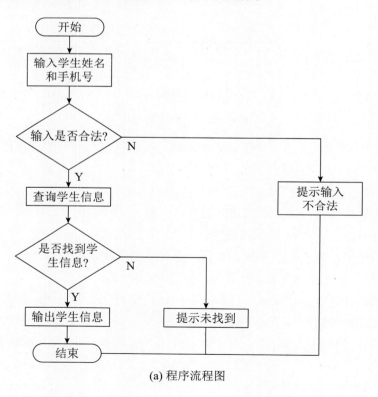

(a) 程序流程图

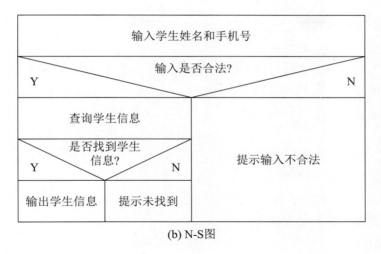

(b) N-S图

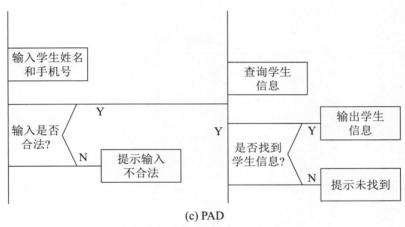

(c) PAD

图8-6　学生信息查询流程详细设计

例8-2　将图8-7所示的N-S图转换成PAD，结果如图8-8所示。

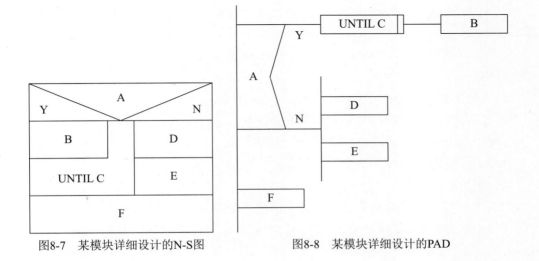

图8-7　某模块详细设计的N-S图　　　图8-8　某模块详细设计的PAD

四、决策表与决策树

决策表，又称判定表，是一种表格工具，适用于判断条件较多、各条件相互组合且有多种决策方案的情况，与程序流程图、N-S图和PAD相比，更能精确而简捷地描述复杂的逻辑关系。决策表是一个二维表格，列出了不同的决策规则、对应的条件和操作，通常由4部分组成。

(1) **左上部**：列出所有可能的条件。

(2) **左下部**：列出所有可能要完成的动作。

(3) **右上部**：每一列表示各种条件的一种组合规则，全部列表示所有可能的规则，一般使用T或F表示是否满足某个条件。

(4) **右下部**：每一列对应右上部规则要对应的动作，一般用√标注。

决策表的一般形式如表8-1所示。

表8-1 决策表的一般形式

条件和动作		规则							
		1	2	3	4	5	6	7	8
条件	C1	T	T	T	T	F	F	F	F
	C2	T	T	F	F	T	T	F	F
	C3	T	F	T	F	T	F	T	F
动作	A1							√	
	A2				√				
	A3			√		√			
	A4	√							√
	A5		√						
	A6						√		

例8-3 某旅行社根据旅游淡季、旺季及是不是团体票确定旅游票价的折扣率，具体规定如下：

(1) 人数在20人以上的是团体，20人以下的是散客；

(2) 每年的4—5月、7—8月和10月为旅游旺季；

(3) 旅游旺季团体票优惠5%，散客票不优惠；

(4) 旅游淡季团体票优惠30%，散客票优惠20%。

请使用决策表来表示旅游订票的优惠规定。

通过分析可知，是否享受优惠价格取决于两个因素，一个是旅游淡季或旺季，另一个是团体或散客；价格有4种情况，即不优惠、优惠5%、优惠20%和优惠30%，如表8-2所示。

表8-2 旅游票价优惠规定决策表

条件和动作		规则			
		1	2	3	4
条件	淡季	T	T	F	F
	旺季	T	F	T	F
动作	不优惠				√
	优惠5%			√	
	优惠20%		√		
	优惠30%	√			

决策树，又称判定树，与决策表描述的逻辑关系类似，只是采用了树形结构来表示决策的规则。它包含一个根节点、若干个中间节点和若干个叶节点。中间节点表示条件，叶节点表示决策结果，每个节点都有一个或多个分支。从根节点到每一个叶节点的路径就描述了一种条件组合及决策结果。

决策树的一般形式如图8-9所示。

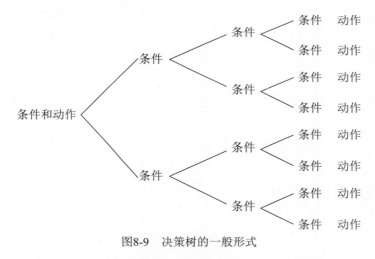

图8-9 决策树的一般形式

例8-4 使用决策树来表示例8-3的旅游票价优惠规定，如图8-10所示。

图8-10 旅游票价优惠规定决策树

决策表和决策树能将复杂、综合问题的所有可能情况罗列出来，简明扼要并清晰地指出对应的处理方式，比程序流程图、N-S图和PAD中的层层嵌套更加直观、简单，更容易理解和解释，在详细设计中是十分重要的建模工具。但是，决策表和决策树的缺点也十分明显，主要适用于逻辑控制方面的软件系统设计。

例8-5 某校制定了教师的课时费标准。对于各种性质的讲座，无论教师是什么职称，每课时津贴费一律是100元；而对于一般授课，则根据教师的职称决定每课时津贴费，即教授80元，副教授50元，讲师30元，助教20元。分别使用决策表和决策树来描述教师课时费标准，如表8-3和图8-11所示。

表8-3 某校教师课时费标准决策表

条件和动作		规则				
		1	2	3	4	5
条件	讲座	T	F	F	F	F
	教授		T			
	副教授			T		
	讲师				T	
	助教					T
动作	100	√				
	80		√			
	50			√		
	30				√	
	20					√

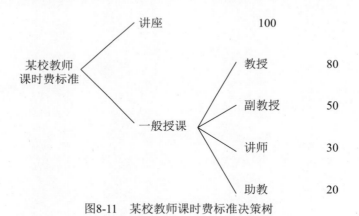

图8-11 某校教师课时费标准决策树

五、过程设计语言

过程设计语言(program design language，PDL)，又称伪码，是一种非正式的、类似任何一种编程语言语法的混杂语言。它是一种介于自然语言与计算机语言之间的设计语言，既有语法格式，又有叙述性说明，适用于描述软件模块的算法过程。

过程设计语言常用的表示形式如下。

(1) 算法开始和结束：

```
begin
    处理
end
```

(2) 输入、输出：

```
get  输入变量表
put  输出变量表
```

(3) 变量赋值：

```
变量 = 表达式
```

(4) 顺序结构：

```
处理 1
处理 2
处理 3
...
```

(5) 单分支结构：

```
if 条件 then
    处理 1
end if
```

(6) 双分支结构：

```
if 条件 then
    处理 1
else
    处理 2
end if
```

(7) 多分支结构的if形式：

```
if 条件 1 then
    处理 1
else if 条件 2 then
    处理 2
...
else if 条件 n then
    处理 n
else
    处理 n+1
end if
```

(8) 多分支结构的case形式：

```
case 条件表达式 of
case 值 1
    处理 1
case 值 2
    处理 2
...
case 值 n
    处理 n
end case
```

(9) 计数循环结构：

```
for i=1 to n
    循环体
end for
```

(10) while循环结构：

```
while 条件
    循环体
end while
```

(11) until循环结构：

```
repeat
    循环体
until 条件
```

(12) 模块定义及调用：

```
procedure 模块名（参数）
    模块语句
end procedure
call 模块名（参数）
```

(13) 函数定义及调用：

```
function 函数名（参数）
    函数语句
    return 函数值
end function
变量 = 函数名（参数）
```

在实际应用中，PDL的工作量比画图小，使用普通的文本编辑工具就能完成，效率高且表达能力强，特别适合描述复杂的处理算法。它非常接近编程语言，已经有一些自动化工具软件能够自动实现从PDL到程序代码的转化。但是，PDL不如图形工具形象、直观，语法形式较多，有Pascal语言、Visual Basic语言、C语言等多种版本，对编程能力有一定的要求，在与非专业人士讨论时有一定的难度。

例8-6 输入两个数，计算两个数的和并输出。可用如下伪代码表示：

```
begin
  get num1, num2
  sum=num1+num2
  put sum
end
```

例8-7 输入3个数，输出其中最大的数。可用如下伪代码表示：

```
begin
  get a, b, c
  if a>b then
    max=a
  else
    max=b
  end if
  if c>max then
    max=c
```

```
    end if
    put max
end
```

例8-8 假设有一张足够大的纸，厚度为0.5毫米，将纸对折，再对折……求对折多少次后，总厚度能达到珠穆朗玛峰的高度8848.86米？

```
begin
    h=0.5
    c=0
    while h<=8848860
        h=h*2
        c=c+1
    end while
    put c
end
```

第三节 详细设计说明书的撰写

《计算机软件文档编制规范》(GB/T 8567—2006)对"软件详细设计说明书"有明确的要求和规范，具体内容和格式如下：

1. 引言

1.1 标识

说明本软件的完整标识，包括名称、缩略词、版本号等。

1.2 背景

阐述本软件的提出者、开发者和用户，以及该系统同其他系统或机构的来往关系。

1.3 项目概述

列出所开发软件的特性和用途。

1.4 文档概述

概述本文档的用途和内容，说明保密性要求。

2. 引用文件

列出用得着的参考资料，主要包括经核准的计划任务书或合同、上级批文、相关的已发表文件，以及所引用的文件、资料、标准等。需要写明这些文件资料的标题、编号、发表日期、出版单位及获取方式。如果某文件不能从正常供货渠道获取，应加以说明。

3. 软件系统的结构

列出本系统内的每个模块或子程序的名称、标识符及其之间的层次结构关系，可以采用一个或多个图表的形式描述。

逐项叙述详细的设计说明，原则上每一个模块占用一章篇幅，但对于粒度较小或较为简单的模块，可以合并说明。

4. (模块1名称)设计说明

4.1 模块描述
给出对该模块的简要描述,主要说明设计本模块的目的、意义和特点,说明是否常驻内存、是否可重用、是否并发处理等。

4.2 功能
说明该模块具有的功能。

4.3 性能
说明该模块的性能要求,包括对精度、灵活性和响应时间的要求。

4.4 输入项
给出每一个输入项的特性,包括名称、标识、数据类型、数据格式、数值范围、输入方式、数量、频度、输入媒体、来源、安全与保密条件等。

4.5 输出项
给出每一个输出项的特性,包括名称、标识、数据类型、数据格式、数值范围、输出方式、数量、频度、输出媒体、输出图形及符号说明、安全与保密条件等。

4.6 算法
详细说明本模块所选用的算法,以及具体的计算公式和计算步骤。

4.7 流程逻辑
采用图表工具,如程序流程图、N-S图、决策表、决策树、PDL等详细描述流程逻辑。

4.8 接口
说明本模块隶属于哪一个上层模块和可以调用的下一层模块,逐项说明被上层调用或调用下层模块的接口,包括接口名称、参数列表、返回数据及调用方式,以及相关的数据结构,可以适当采用图表的形式阐述。

4.9 存储分配
说明本模块的存储分配。

4.10 注释设计
说明本模块需要添加的注释,包括模块首部注释、关键点注释、参数注释等。

4.11 限制条件
说明本模块运行的限制条件。

4.12 测试计划
说明对本模块进行单元测试的计划,包括对测试的技术要求、输入数据、预期结果、进度安排、人员职责、设备条件驱动程序及桩模块等。

4.13 尚未解决的问题
说明在本模块设计中尚未解决,但在软件开发完成之前必须解决的问题。

5. (模块2名称)设计说明
同(模块1名称)设计说明。

第九章 面向对象方法

第一节　面向对象概述

一、面向对象方法的产生

随着软件技术的快速发展，传统的结构化方法在大型软件研发中暴露了许多弊端，正在被逐渐淘汰，与此同时，面向对象方法正在取而代之，成为主流的软件设计和开发方法。

面向对象方法起源于面向对象编程语言。20世纪50年代后期，研发人员发现使用Fortran语言编写大型软件时，常出现变量名在程序的不同区域、范围发生冲突，管理起来十分烦琐。为了解决这一问题，ALGOL语言在60版本中采用了Begin和End界定程序块，规定程序块内的变量是局部的，程序块之间的变量互不影响。这是在编程语言中首次进行的封装尝试，此后，Pascal、C等高级语言纷纷效仿。

60年代中后期，Simula语言在ALGOL语言程序块的基础上，提出了对象和类的概念，并且支持类的继承。70年代，Smalltalk语言诞生，在Smalltalk-72、Smalltalk-76版本迭代和商业化之后，逐渐确立了对象、对象类、方法、实例的核心地位。

80年代开始，人们基于Smalltalk语言所奠定的基础和相关数据结构概念，进行了大量面向对象的理论研究和实践探索，短时间内迅速涌现出了Object-C、Eiffel、C++、Java、Object-Pascal等一系列面向对象语言。

伴随着面向对象语言的发展，人们开始越来越关注模块化、信息封装与隐蔽、抽象性、继承性、多样性等特性，逐渐认识到这些特性能够为研发大型软件、提高软件可靠性、可重用性、可扩充性和可维护性提供有效的途径。1986年，美国计算机协会(Association of Computing Machinery，ACM)在美国俄勒冈州波特兰市举行了首届面向对象编程、系统、语言和应用国际会议(Conference on Object-Oriented Programming Systems，Languages，and Applications，OOPSLA)。其后，该会议每年举行一次，至今没有间断，面向对象成为解决大型软件系统设计和研发的核心理论与技术，在程序设计语言、形式定义、设计方法学、操作系统、分布式系统、人工智能、实时系统、数据库、人机接口、计算机体系结构、开发工程、综合集成工程等领域得到了十分广泛的发展。

二、面向对象的概念

面向对象认为现实世界是由各种具有各自运动规律和内部状态的对象组成的，它们相互通信和作用，构成了完整的运行体系。人们应当按照现实世界本来的面貌理解世界，在软件研发时，直接通过对象及其相互关系反映世界，才能构建出更加符合现实世界的软件系统。面向对象强调系统结构与现实世界的结构相对应，应当围绕现实世界的事物构造对象，进而构造系统，而不应仅围绕功能构造系统。

面向对象的知识体系比较庞大，包括类、属性、方法、对象、封装、抽象、继承、多态、消息等一系列概念，如图9-1所示。

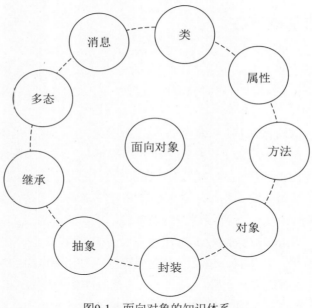

图9-1 面向对象的知识体系

三、面向对象的消息机制

消息(message)是向对象发出的服务请求信息，由一个对象向另一个对象或自身发送，当另一个对象或自身接收到消息后，会调用相关的方法，执行对应操作。在面向对象中，通过消息传递完成对象间的相互请求和协作。

消息具有3个性质：

第一，同一个对象可以接收不同形式的多个消息，做出不同响应；

第二，相同形式的消息可以传递给不同的对象，做出的响应可以不同；

第三，对象对消息的响应不是必需的，也可以不响应。

消息分为以下两类。

(1) **公有消息**：由一个对象向另一个对象发出。

(2) **私有消息**：由对象向自身发出。

消息是对象的外界激发因素，可以激发对象的相关操作。通过消息机制，对象之间实现了较好的独立性，为软件复用提供了重要的支持作用。

第二节　面向对象的实现

常见的面向对象编程语言有Java、C++、C#、Python、Go等，它们都对面向对象中的封装、继承、多态等提供了很好的支持。下面以Java为例阐述面向对象编程语言中的核心概念：类、对象、封装、继承、抽象和多态。

一、类

类(class)表示具有相同属性、行为(也称为方法)的一类事物，是一个抽象的定义，是这类事物的一个通用模板。

例9-1　人具有一些属性如姓名、性别、年龄，具有一些行为如吃饭、学习和睡觉。请根据人的属性和行为建立"人"类。

```java
// 类 Person
public class Person {
    // 姓名属性 name
    private String name;
    // 性别属性 sex
    private String sex;
    // 年龄属性 age
    private Integer age;

    // 构造函数
    public Person(String name, String sex, Integer age) {
        this.name = name;
        this.sex = sex;
        this.age = age;
    }

    // 吃饭方法
    public void eat() {
        System.out.println(name + " 吃饭中 ");
    }

    // 学习方法
    public void learn() {
```

```java
        System.out.println(name + " 学习中 ");
    }

    // 睡觉方法
    public void sleep() {
        System.out.println(name + " 睡觉中 ");
    }
}
```

这里的Person只是"人"类的模板,是一个抽象的定义,并不具体表示张三或李四,也没有具体的姓名、性别、年龄等数据。当类的属性给定了具体的值后,就实例化成了一个对象,一个类可以实例化为多个对象,它们的属性和方法相同,但属性值不相同。

二、对象

对象(object)代表现实世界中的一个实体或者一个抽象的事物。它不同于类,不是模板,而是具体的、特定的,是类实例化后的结果。

类是抽象的,对象是具体的,类是对象的模板,对象是以类为模板的实现,类具有一般性,对象具有特殊性。在类具体化为对象的过程中,其属性就有了对应的值,方法也能实例化为基于自身执行的动作。对象的属性表示对象的性质,是类属性实例化以后的值,描述了对象的静态特征,也称为成员变量或者变量;对象的方法表示对象的动作,对应类中的方法,描述了对象的行为特征,也称为操作、函数或成员函数。

对象同基本变量一样,在同一个软件模块中不能重名,是自身的唯一标识。

例9-2 将Person类实例化为3个对象,分别表示3个具体的人:小红、小明和小花,具体属性特征如表9-1所示。

表9-1　Person类实例化对象后的属性

序号	标识	姓名	性别	年龄
1	xiaohong	小红	女	18
2	xiaoming	小明	男	20
3	xiaohua	小花	女	22

在Java代码中,3个对象的构造过程如下:

```java
// 实例化小红对象,标识为xiaohong
Person xiaohong = new Person(" 小红 ", " 女 ", 18);
// 实例化小明对象,标识为xiaoming
Person xiaoming = new Person(" 小明 ", " 男 ", 20);
// 实例化小花对象,标识为xiaohua
Person xiaohua = new Person(" 小花 ", " 女 ", 22);
```

当需要获得小红的姓名时,可以编写如下代码:

```
xiaohong.name
```

当需要获得小红的年龄时,可以编写如下代码:

```
xiaohong.age
```

当小红执行吃饭动作时，可以编写如下代码：

```
// 输出内容：小红 吃饭中
xiaohong.eat();
```

当小红要执行学习动作时，可以编码如下代码：

```
// 输出内容：小红 学习中
xiaohong.learn();
```

因此，xiaohong对象封装了现实世界中小红的特征和行为，是依据"人"类模板创建出来的，但具体化了属性的值，也能基于自身执行动作。

三、封装

封装也称作信息隐藏或数据访问保护。对象将属性、方法封装在了一起，从外部来看，隐藏了内部细节，只保留了一些对外接口。对象对外就像一个黑盒子，许多属性、方法是不能被外界访问的。对于封装的属性和方法，面向对象技术提供了3个级别的访问权限，分别是公有、保护和私有。公有权限，即所有外部对象均可调用；保护权限，即当前包内的类可以调用；私有权限，即只有当前类才能调用。

封装是通过类的定义实现的，一旦定义，其实例化的对象就具有了类中定义的访问权限。封装使得对象实现了自治，保证了良好的独立性，使软件维护变得更加容易。

在Java语言的类定义中，通过在属性、方法前面书写修饰关键字来实现：公有，使用public修饰关键字；保护，使用protected修饰关键字；私有，使用private修饰关键字。

例9-3 在Person类中，要定义姓名属性为公有，性别属性为保护，年龄属性为私有，吃饭方法为公有，学习方法为保护，睡觉方法为私有，则需要编写如下代码。

```java
// 类 Person
public class Person {
    // 姓名属性 name 公有
    public String name;
    // 性别属性 sex 保护
    protected String sex;
    // 年龄属性 age 私有
    private Integer age;

    // 构造函数 公有
    public Person(String name,String sex, Integer age) {
        this.name = name;
        this.sex = sex;
        this.age = age;
    }

    // 吃饭方法 公有
    public void eat() {
        System.out.println(name + "吃饭中");
    }

    // 学习方法 保护
```

```
protected void learn() {
    System.out.println(name + "学习中");
}

// 睡觉方法 私有
private void sleep() {
    System.out.println(name + "睡觉中");
}
}
```

在调用时会出现如下效果：

```
// 实例化小红对象，标识为 xiaohong
xiaohong=Person("小红", "女", 18);
// 输出内容：小红（公共属性对外有效）
System.out.println(xiaohong.name);
// 输出内容：女（保护属性对当前包有效）
System.out.println(xiaohong.sex);
// 出错（私有属性仅对象内部有效，类外部不能访问）
System.out.println(xiaohong.age);
// 输出内容：小红 吃饭中（公共方法对外有效）
xiaohong.eat();
// 输出内容：小红 学习中（保护方法对当前包有效）
xiaohong.learn();
// 出错（私有方法仅对象内部有效，类外部不能访问）
xiaohong.sleep();
```

四、继承

继承是父类和子类之间共享属性、方法的一种机制，是类之间的一种关系，能够极大地提高代码的复用性。继承后的子类称为派生类，被继承的父类称为基类。实现继承关系后，派生类会拥有基类的部分属性和方法(私有属性、方法不能继承，构造函数不能继承)，派生类在此基础上还可以扩展属于自己的属性和方法。

例9-4 学生类Student是Person类的派生类，使用了继承技术，也可以根据个性化需要扩展自己的方法。

```
// 派生类 Student 继承了父类 Person
public class Student extends Person {
    // 属性 专业
    public String major;
    // 属性 年级
    public Integer grade;

    // 构造函数
    public Student(String name, String sex, Integer age, String major, Integer grade) {
        // 调用父类构造函数
        super(name, sex, age);
        // 给派生类属性 major 赋值
        this.major = major;
        // 给派生类属性 grade 赋值
        this.grade = grade;
```

```java
    }
    public void exercise() {
        // 输出内容：小红 体育锻炼中
        System.out.println(name + "体育锻炼中");
        // 输出内容：小红 女 体育锻炼中
        System.out.println(name + sex + "体育锻炼中");
        // 出错 (age 为私有属性，子类不能继承)
        System.out.println(name + sex + age + "体育锻炼中");
        // 输出内容：小红 女 管理学 体育锻炼中
        System.out.println(name + sex + major + "体育锻炼中");
    }
}
// 实例化小红对象 student
Student student = new Student("小红","女",18,"管理学",3);
// 调用对象 student 的 exercise 方法
student.exercise();
```

以上为单一继承，也就是一个子类继承了一个父类。对于复杂的系统，这种简单的继承关系常常不能满足实际需求，面向对象还能很好地支持多层继承和多重继承。

多层继承也称为多级继承，是指在派生类的基础上，再次继承，形成再下一级的派生类，甚至多个层次的派生类，这些层次的数量没有限制。在多级继承中，基类的属性和方法会按照授权规则，依次继承下去。

例9-5 创建两级继承，Derived1类继承了Base类，Derived2类又继承了Derived1类。

```java
// 基类
class Base {
}
// 第一层派生类
class Derived1 extends Base {
}
// 第二层派生类
class Derived2 extends Derived1 {
}
```

多重继承是指一个派生类继承了多个基类，这时派生类会按照授权规则继承全部基类的属性和方法。这类继承在有的语言中是可行的，而在Java中进行了限制。但是，Java中允许实现多个接口。

继承极大地方便了类的设计工作，使得代码更短、结构更清晰，当派生类的共同部分发生改变时，只需要修改基类即可，而增加新类也常常只需要增加基类之外的属性和方法。

利用类继承的思想，许多编程语言的企业开发框架中，通常会提供一个全局范围的基类Object，让所有的类均继承自它，从而实现全局性的对象操作。

五、抽象

抽象是隐藏方法的具体实现，调用者只需要关心隐藏方法提供了哪些功能，并不需要知道这些功能是如何实现的。在面向对象编程中，常常使用抽象类或接口类来实现。

1. 抽象类

在Java中，抽象类是一种不能被直接实例化的特殊类，通常作为其他类的基类出现。在抽象类中，可以包含抽象方法，即只有方法的声明，没有实现的方法。它们的实现由抽象类的派生类完成。抽象类可以定义公有、保护、私有属性，给定或不给定初始值，也可以包含非抽象方法，并书写方法的实现代码。抽象类还可以定义构造函数，在子类中通过super函数调用。

抽象类使用abstract修饰关键字定义，以下代码就定义了一个名为Animal的抽象类，其中包括一个抽象方法sound和一个非抽象方法eat。

```java
// 定义抽象类
public abstract class Animal {
    // 属性type，给定初始值猫
    private String type = "猫";
    // 属性age，未给定初始值
    protected Integer age;

    // 抽象方法 sound，没有实现
    public abstract void sound();

    // 非抽象方法 eat，有实现
    public void eat() {
        System.out.println("动物正在吃食物");
    }
}
```

2. 接口类

在Java中，接口类跟抽象类类似，但不能定义属性和构造函数，也不能定义非抽象方法，更不能写方法的实现。接口不能被实例化，可以理解为接口只是一个形式，表明了一种契约，包括抽象的名称和抽象的方法名称，而实现接口的各个类必须实现接口中声明的方法。实现接口使用implement关键字，一个继承类可以同时实现多个接口。

接口使用interface关键字定义，以下代码就定义了一个名为IAnimal的接口，其中包括一个方法声明sound。

```java
// 接口 IAnimal
public interface IAnimal {
    // 只能定义方法声明 sound，不能实现
    public void sound();
}
```

实际上，抽象是一个非常通用的设计思想，并不仅限于面向对象编程。如果基于一个更高的层面思考的话，抽象及其前面所述的封装都是人类日常面对复杂事务的习惯性思维。面对复杂的综合性系统，人们能承受的信息复杂度是有限的，要想把握全局，必须忽略一些不关键的细节问题。抽象的思维方式正是只关注功能项目，而不关注这些功能实现过程的思路和细节，非常契合人类解决复杂系统的过程。

六、多态

在封装和继承的基础上，引出了多态(polymorphism)的概念。人们通常希望基类实现的方法能够适用于所有的派生类，实际情况却不同，在派生类中，容易受到自身个性化特征的影响，需要修改基类方法才能实现。特别是在多重继承中，不同的派生类的实现过程常常大相径庭，那么如何解决这类问题呢？答案就是多态。多态是在派生类中重载基类的方法并重新实现自己的个性化的过程，当代码运行时，重载的方法就会替换掉基类方法，从而实现个性化的操作。

例9-6 宠物类Pet有play方法，Pet的派生类Dog类重载了play方法，实现了个性化操作；Pet的另一个派生类Cat类也重载了play方法，同时实现了自己的个性化操作。

```java
// 类 Pet
public class Pet {
    // 属性 name
    protected String name;
    // 属性 age
    protected Integer age;

    // 构造方法
    public Pet(String name, Integer age){
        this.name=name;
        this.age=age;
    }

    // 方法 Play 及实现
    public void play(){
        System.out.println(this.name+" 正在玩球 ");
    }
}

// 类 Dog 继承了 Pet
public class Dog extends Pet {
    // 构造函数
    public Dog(String name, Integer age){
        // 调用父类的构造函数
        super(name, age);
    }

    // 重载基类方法
    @Override
    public void play(){
        System.out.println(this.name+" 狗狗正在玩球 ");
    }
}

// 类 Cat 继承了 Pet
public class Cat extends Pet {
    // 构造函数
    public Cat(String name, Integer age){
        // 调用父类的构造函数
        super(name, age);
```

```java
        }
        // 重载基类方法
        @Override
        public void play(){
            System.out.println(this.name+" 猫正在玩球 ");
        }
    }

// 创建 Dog 类的对象 d
Dog d=new Dog(" 皮特 ", 5);
// 输出内容：皮特  狗狗正在玩球
d.play();
// 创建 Cat 类的对象 d
Cat c=new Cat(" 汤姆 ", 5);
// 输出内容：汤姆  猫正在玩球
c.play();
```

运行以上代码，对比就能发现Dog类和Cat类都继承了同一个基类Pet，但各自重载了基类的play方法，执行将以重载后的个性化实现为准，这就是面向对象的多态。

除了重载，有些编程语言还支持在同一个类中，方法名相同，但参数不同的多种个性化形式，称为重写，也属于多态。例如，在Dog类中，实现了两个play方法，前者是基类的重载，没有参数；后者则是play的重写，有一个location参数，分别调用后，将各自实现自身的个性化，代码如下：

```java
// 类 Dog 继承了 Pet
public class Dog extends Pet {
    // 构造函数
    public Dog(String name, Integer age) {
        // 调用父类的构造函数
        super(name, age);
    }

    // 重载基类方法
    @Override
    public void play() {
        System.out.println(this.name + " 狗狗正在玩球 ");
    }

    public void play(String location) {
        System.out.println(this.name + " 狗狗正在 " + location + " 玩球 ");
    }
}

// 创建 Dog 类的对象 d
Dog d=new Dog(" 皮特 ", 5);
// 输出内容：皮特  狗狗正在玩球
d.play();
// 输出内容：皮特  狗狗正在 操场 玩球
d.play(" 操场 ");
```

第三节　面向对象方法

如同结构化开发方法一样，面向对象方法是面向对象在软件工程领域的全面运用，包括4个方面：面向对象分析(object oriented analysis，OOA)、面向对象设计(object oriented design，OOD)、面向对象编程(object oriented programming，OOP)和面向对象测试(object oriented test，OOT)。

面向对象方法的基本原则是让软件开发方法和过程尽可能地接近人类认识现实世界、解决现实世界问题的思维，具有4个主要特点：

(1) 符合人类分析问题、解决问题的习惯思维方式；
(2) 将需求中的概念直观地映射到软件解决方案中；
(3) 各阶段所使用的技术方法具有高度连续性；
(4) 以类为中心，可以构建复用性好的软件结构，易于维护和扩展。

一、面向对象分析

面向对象分析是在一个软件系统的开发过程中，基于面向对象的思想分析和解决问题。根据前文对面向对象理论的阐述，面向对象分析与结构化分析有明显的区别。

(1) 结构化分析基于"自顶向下、逐步求精"的思想对复杂系统进行分解与化简，能够有效地控制每一步的难度，采用了数据流图、数据字典等图形工具。

(2) 面向对象分析对数据结构和逻辑业务进行了抽象与封装，构建了类和对象，基于封装性、抽象性、继承性、多态性及消息机制的特性处理业务逻辑。

(3) 当软件系统规模较小、功能简单、研发团队能力较强时，结构化分析能快速找到最简洁、最有效的逻辑模型，有助于分析过程的快速推进。当面对规模较大、综合性较好、需求变化频繁的软件系统时，结构化分析的能力有限，但面向对象分析却能提供更加方便的、可持续的、可扩展的机制，可以很好地完成系统设计、实现和维护。

面向对象分析的关键是定义所有待解决问题的类，需要完成6项任务：①全面、深入地调研与分析，掌握用户业务需求细节及流程；②确定要定义的类，包括其属性和方法；③认真分析类的层次关系；④明确表达对象与对象之间的关系；⑤具体确定模型化对象的行为；⑥建立系统模型。

二、面向对象设计

面向对象设计是面向对象分析向面向对象编程过渡的中间环节，主要工作是进一步规范面向对象分析结果，以便面向对象编程能直接接收和使用。

面向对象设计的主要任务如下。

(1) **系统设计**，将面向对象分析所创建的分析模型中关系紧密的类划分为子系统(也称为主题），从而创建系统的设计模型，为面向对象编程做好准备。

(2) **对象设计**，系统、完整地实现对象和对象层次关系的设计，详细描绘涉及的模块、数据结构和接口，是面向对象设计的关键。

(3) **设计优化**，不断调查研究、交流探讨，迭代系统设计和对象设计，直至最优。

面向对象设计的基本原则如下。

1. 单一职责原则

单一职责原则是指一个类的职责要单一。如果一个类承担的职责太多，就等于把这些职责耦合在一起了，一个职责的变化就可能影响这个类的其他职责。非单一职责的设计是脆弱的，因为当发生变化时，设计就会受到意想不到的破坏。单一职责原则能够保证面向对象设计的低耦合、高内聚。

2. 开放-封闭原则

开放-封闭原则是指类、方法等可以扩展，但不能修改，即对扩展是开放的，对修改是封闭的。首次编写类代码时，假设其中的方法不发生变化，而后续开发中，如果该方法需要发生变化，就应该创建接口或抽象类，为以后的同类变化做好扩展基础。换句话说，就是研发团队应该对频繁的变化做出抽象，而不能直接修改。当然，刻意为每个部分都做出抽象并不可取，拒绝引入过多不成熟的抽象和引入抽象一样，都很重要。开放-封闭原则是面向对象设计的核心所在，遵循这一原则能更好地体现复用性、可扩展性、可维护性和灵活性。

3. 依赖倒转原则

依赖倒转原则是指抽象不应该依赖细节，而细节应该依赖抽象。依赖倒转原则还指高层模块不应该依赖低层模块，无论是高层模块还是低层模块都应该依赖抽象。因为高层模块太依赖低层模块时，耦合就会太紧密，低层模块的变化较多，会反复影响高层模块，依赖倒转原则使得高层模块和低层模块都依赖于抽象类或接口，能很好地解决这一问题。研发团队要针对接口编程，而不能针对实现编程。

4. 接口隔离原则

接口隔离原则是指使用多个专门接口比使用单一的总接口要好。一个接口代表了一种角色，不应该将不同角色都交给一个接口实现，它们没有太多关系，合并在一起会使得接口臃肿，对角色和接口造成污染。

5. 里氏替换原则

里氏替换原则指的是子类型必须能够替换掉它们的父类型，子类型继承了父类型，就应该可以以父类型的身份出现。也就是说，任何基类可以出现的地方，子类就一定可以出现。只有基于这一原则，才真正实现了基类的复用和扩展。

6. 最少知道原则

最少知道原则又称迪米特法则，最早是1987年美国东北大学的 Lan Holland 提出的，指的是一个类对自己依赖的其他类知道的越少越好。对于被依赖的类，无论逻辑多么复杂，都应该尽量将细节封装在内部，对外除了public方法，不泄露任何信息。

三、面向对象编程

面向对象编程是依据面向对象的设计结果，使用面向对象编程语言编写软件的过程。如今，面向对象编程得到了极其广泛的应用。常见的面向对象编程语言如下。

1. C++语言

C++语言最早于1979年由AT&T贝尔工作室的Bjarne Stroustrup研发，1985年、1990年和1994年进行了3次修订，是一种功能强大的面向对象编程语言。它由C语言扩展升级而来，保持了C语言格式紧凑、移植性强等优点，还吸取了Simula语言的类，ALGOL语言的运算符一名多用、引用机制，Ada语言和Clu语言的抽象类、异常处理机制，以及BCPL语言的注释语法等特征。C++语言无论是在系统底层开发领域，还是在高级应用开发领域都很受欢迎，适用于系统服务、硬件驱动、其他编程语言、操作系统、编译器、游戏、云、桌面等各种类型的编程。

2. C#语言

C#语言是微软公司在2000年6月发布的一种面向对象编程语言。它由C语言和C++语言衍生而来，继承了C语言和C++语言的强大功能，又去掉了一些复杂特性，更加简单，可视化效果也很好。C#语言还借鉴了Delphi的特点，能够与COM组件集成，提高了开发效率。C#语言运行于.NET Framework、.NET Core和.NET之上，是一种安全、稳定、简单、优雅的面向对象编程语言，有很好的跨平台移植性。C#看起来与Java有惊人的相似之处，包括单一继承、接口、语法格式和编译成中间代码再运行等。

3. Java语言

Java语言于1996年1月由Sun公司首次发布，也是一种面向对象编程语言，功能强大，广泛应用于企业级应用开发、移动应用开发等领域。C++语言设计优良、功能强大，但十分复杂，学习门槛高，开发难度和效率问题难以解决。而Java语言在吸收C++语言优点的同时，摒弃了太复杂的内容，如多继承、指针等，兼具功能强大和简单易用两大特征，受到广大开发者的欢迎。1997年2月，JDK1.1面世，仅仅3周时间，下载量就高达22万次，半年后就积累了超过10万的社区成员。

Java语言是面向对象编程语言的典型代表，极好地实现了面向对象理论，具有简单性、面向对象、分布式、健壮性、安全性、平台独立性与可移植性、多线程、动态性等特点，常用于编写桌面应用程序、Web应用程序、分布式系统和嵌入式系统等，应用领域十分广泛。

4. Python语言

Python语言由荷兰国家数学与计算机科学研究中心的Guido van Rossum于20世纪90年

代初设计。Python语言是简单主义思想的典型代表，具有易学、易读、易维护、免费、开源、可移植、易扩展、面向对象等优点。

Python属于面向对象编程语言，函数、模块、数字、字符串都是对象，支持继承、重载、派生等。Python语言标准库功能十分强大，能够帮助人们完成各种工作，包括正则表达式、文档生成、单元测试、线程、数据库、网页浏览器、CGI、FTP、电子邮件、XML、XML-RPC、HTML、WAV文件、密码系统、GUI(图形用户界面)等。Python语言还拥有更加庞大的第三方生态库，适用于网络爬虫、数据分析、文本处理、数据可视化、机器学习、图形用户界面、Web开发、网络应用开发、图形艺术、图像处理等众多领域。

Python语言借助它庞大的标准库和生态库，能够简单、快速地完成许多复杂的计算或操作，这一点是其他任何面向对象语言无法比拟的。Python语言已经成为数据科学、人工智能、机器学习等领域研究的重要基础。

另外，还有许多面向对象编程语言，如Go、Ruby、JavaScript、Swift等，也得到了广泛的使用。它们各有自己的优势和适用领域，都可以很好地解决面向对象编程问题。

四、面向对象测试

无论是采用传统的结构化软件设计，还是采用面向对象的软件设计，都需要进行软件测试。软件测试是用来保证软件正确性、完整性、安全性的过程。

软件测试可依次分为单元测试、集成测试、有效性测试、系统测试和验收测试5个阶段。在结构化测试中，最小测试单元是模块，而在面向对象测试中，最小测试单元是类，还要考虑面向对象的封装性、抽象性、继承性和多态性等特征。封装性意味着类的内部状态和行为对外不可见，抽象性意味着抽象类或抽象方法中缺少实现细节，继承性意味着类与类之间存在继承性传播，而多态性则允许同一个方法有多种实现方式，这些都使得面向对象测试难度增加。因此，面向对象技术的使用在为提高较大型软件的开发效率和质量提供了有力保障的同时，也给软件测试提出了新的挑战。

第十章 UML 面向对象设计

第一节 UML概述

一、UML的基本概念

UML(unified modeling language)是Grady Booch、James Rumbaugh和Ivar Jacobson智慧的结晶,他们在20世纪80年代和90年代各自设计了自己的面向对象分析与设计方法,并且都得到了广泛的认可,形成了最初的UML草案。伴随草案的流行,UML联盟成立,许多知名的公司,如DEC、Hewlett-Packard、Intellicorp、Microsoft、Oracle、Texas Instrucments、Rational等纷纷加入。1997年,面向对象管理组织(Object Management Group,OMG)采纳UML1.1作为标准,并于1998年全面接管了UML标准的维护工作。

UML是一种标准的图形化建模语言,是面向对象分析与设计的重要工具,具有以下特点:

(1) 统一标准,易于使用,易于不同知识背景的人员之间进行交流;
(2) 适用于任何软件的建模;
(3) 实现了模型的可视化,表达力强;
(4) UML内部包含扩展机制,可以对一些概念进一步扩展。

二、常用UML建模工具

UML的图形建模工具包括结构图和行为图两大类,前者用于描述系统结构或者流程结构,后者用于描述系统的行为及其参与者,截至UML2.0版,共有14种图形,如图10-1所示。结构图包括类图、对象图、构件图、组合结构图、部署图、包图和轮廓图;行为图包括用例图、状态图、活动图、序列图、时序图、通信图和交互概览图。

```
                    ┌─────────────────────┐
                    │   UML的图形建模工具   │
                    └──────────┬──────────┘
                    ┌──────────┴──────────┐
              ┌─────┴─────┐         ┌─────┴─────┐
              │   结构图   │         │   行为图   │
              └─────┬─────┘         └─────┬─────┘
                    │                     │
                 类图                   用例图
                 对象图                 状态图
                 构件图                 活动图
                组合结构图              序列图
                 部署图                 时序图
                  包图                  通信图
                 轮廓图               交互概览图
```

图10-1　UML的图形建模工具

1. 类图(class diagram)

类图是一种静态视图，描述了软件系统中的类及其之间的关系，能够帮助开发者在编写代码前对系统有一个全面的认识。

2. 对象图(object diagram)

对象图与类图极为相似，是类图的实例，是系统中多个对象在某一时刻的状态。对象图描述的不是类之间的关系，而是对象之间的关系。

3. 构件图(component diagram)

构件图，又称组件图，描述了代码构件的物理结构，以及各构件之间的依赖关系。在构件图中，构件是软件的单个组成部分，可以是一个文件、产品、可执行文件和脚本等。

4. 组合结构图(composite structure diagram)

组合结构图是一种静态视图，用来描述系统中某一模块的内部结构，以及该模块与其他模块的交互点。

5. 部署图(deployment diagram)

部署图，又称配置图，用来对软件系统的物理部署进行建模。例如，部署图可以描述系统中的计算机、网络设备和其他终端的逻辑分布，以及它们之间是如何连接的。部署图的使用者是开发人员、系统集成人员和测试人员。

6. **包图**(package diagram)

包图可以由任何一种UML图形组成，通常是UML用例图或UML类图。包把用例或类组织到一起，类似于文件夹，方便管理。

7. **轮廓图**(profile diagram)

轮廓图提供了一种通用的扩展机制，既可以包含类图、构件、接口，也可以包含包等多种UML图形元素，用于特定的软件设计场景。

8. **用例图**(use case diagram)

用例图是从用户的角度描述系统的功能，描述了角色之间及角色与用例之间的连接关系，以及使用该系统可以做些什么。一个用例图包含多个模型元素，如系统、参与者和用例，并且显示了这些元素之间的各种关系，如泛化、关联和依赖。

9. **状态图**(state diagram)

状态图是一种动态视图，描述了对象所有可能的状态，以及事件发生时状态的转移条件。

10. **活动图**(activity diagram)

活动图描述了用例图中所要进行的各种活动，以及活动之间的约束关系，还描述了系统的各种功能，以及与用例图的关系。

11. **序列图**(sequence diagram)

序列图，又称顺序图，描述系统参与者如何基于一定顺序进行对象交互，以及交互时消息的传递情况。

12. **时序图**(timing diagram)

时序图描述了随时间变化，一个或多个元素的值或状态的改变，也描述了时空、事件之间的交互。

13. **通信图**(communication diagram)

不同于序列图，通信图描述了收发消息对象的组织关系，主要描述了对象之间的合作关系，而不是时间顺序。

14. **交互概览图**(interaction overview diagram)

交互概览图类似于活动图，用来描述软件系统的一系列活动。与活动图不同的是，交互概览图中的每个活动都被描绘成了可以包含嵌套交互图的框架，能够更好地描述结构复杂的应用场景。

下面重点介绍用例图、类图、时序图、状态图和活动图。

第二节　用例图

一、用例图概述

用例图是从用户的角度对系统行为进行的图形描述，能很好地刻画现实世界中参与者与业务之间的关系。用例图表达准确，无歧义，能够让参与者直观地了解系统要解决哪些问题，深受软件研发团队和用户喜欢，成为面向对象方法中需求分析的重要工具之一。

对研发团队而言，通过用例图的设计，能够有效地收集系统需求，识别内部、外部影响因素，以及功能与参与者之间的联系，有助于逐步加深对待建设系统的理解，也是与客户深入交流的重要工具。

1. 用例图的图形元素

用例图的图形元素有参与者、用例和关系。

(1) **参与者**，使用直立的人形图形表示，在图形下面写明参与者的名称，参与者可以是人，也可以是一些内部应用程序或外部应用程序，如图10-2所示。

图10-2　用例图中的参与者

(2) **用例**，使用一个椭圆框表示，在内部注明用例名称，表示一项功能，如图10-3所示。

图10-3　用例图中的用例

(3) **关系**，使用线段表示，连接参与者和用例，表示参与者和用例的依赖关系，如图10-4所示。

图10-4　用例图中的关系

2. 用例图中的关系

在实际使用中，参与者与用例、用例与用例之间的关系包括4种类型，即关联关系、包含关系、扩展关系和泛化关系。为了在用例图中准确表达这些关系，采用不同的箭头类型和线段类型来区分，如下所述。

(1) **关联关系**，用实线表示，描述了参与者与用例之间的关联关系。如图10-5所示，参与者为系统管理员，与录入班级信息、删除班级信息、修改班级信息和查看班级信息4个用例之间存在关联关系。

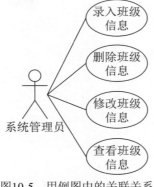

图10-5　用例图中的关联关系

(2) **包含关系**，用斜角箭头加虚线并且标注<<include>>表示，描述了用例与用例之间的包含关系，箭头的发起方为基础用例，指向方为包含用例。包含关系指基础用例包含了包含用例的行为，并把这些行为作为自身行为的一部分。

一般在两种情况下使用包含关系：一种情况是多个用例都具有相同的部分行为，可以把部分行为单独提炼成为一个用例，多个用例都包含这一用例；另一种情况是当某个用例功能过多，逻辑过于复杂时，常常把它分解成若干个规模较小的用例，并建立包含关系，以简化需求分析过程，如图10-6所示。

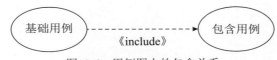

图10-6　用例图中的包含关系

(3) **扩展关系**，用斜角箭头加虚线并且标注<<extend>>表示，描述了用例与用例之间的扩展关系，箭头的发起方为扩展用例，指向方为基础用例。如果一个基础用例在不同的情况下可能发生某些分支行为，就可以构建扩展用例来表示。扩展用例与包含用例不同，要根据基础用例的某些条件决定是执行还是不执行。一个基础用例可以拥有一个或者多个扩展用例，这些扩展用例可以一起使用，如图10-7所示。

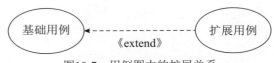

图10-7　用例图中的扩展关系

(4) **泛化关系**，用空心三角箭头加线段表示，描述了用例与用例之间的泛化关系。箭头发起方为子用例，箭头指向为父用例。在泛化关系中，子用例继承了父用例的所有属性、行为和关系，还可以添加、覆盖或改变继承的行为。在泛化关系中，父用例可以被多个子用例继承，是所有子用例的泛化，反过来子用例又是父用例的特殊形式，如图10-8所示。

图10-8　用例图中的泛化关系

二、用例图的应用

例10-1 银行存款有两种方式,一种是银行柜台存款,另一种是ATM机存款。在这里,银行柜台存款和ATM机存款都是存款的一种特殊方式,因此"存款"为父用例,"银行柜台存款"和"ATM机存款"为子用例。

银行存款用例图中的泛化关系如图10-9所示。

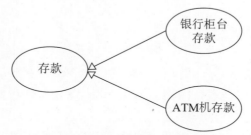

图10-9 银行存款用例图中的泛化关系

例10-2 在学生选课管理系统中,学生登录系统后,可以查询课程信息、选课、查询个人选课记录;管理员登录系统后,可以添加课程信息、删除课程信息、修改课程信息、查询课程信息,还可以对学生信息进行维护。

学生选课管理系统用例图如图10-10所示。

例10-3 这是一个简易版的图书管理系统,能够为读者、管理员提供服务,用户的需求简要描述如下:

(1) 图书馆将图书借给借阅人,借阅人需要预先在图书馆注册,图书也需要预先注册。

(2) 图书馆负责新书的购买,每一种图书都购进多本,当图书超期或破旧不堪时,图书可以报废,报废后不能再借阅。

(3) 图书管理员依靠图书管理系统完成图书馆方面的工作。

(4) 借阅人可以查询图书信息、借书和还书,借书超期时需要缴纳罚款。

(5) 对于暂时没有的图书,借阅人可以预定。当预定的图书归还或购进时,图书馆就通知预定人,借阅人借阅该书后,预定就取消了,也可以在等待过程中强制取消预定,借阅人和图书管理员都能强制取消预定。

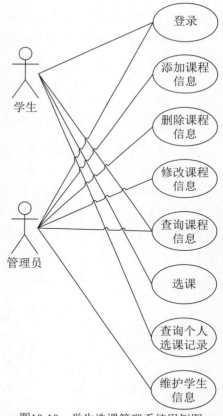

图10-10 学生选课管理系统用例图

(6) 图书馆维护图书标题、出版社、作者等信息,便于借阅人和图书管理员查询图书。

(7) 系统应能够在所有流行的技术环境中运行,包括Unix、Windows 和OS/2,并应有一个现代的图形用户界面。

(8) 系统易于扩展新功能。

图书管理系统用例图如图10-11所示。

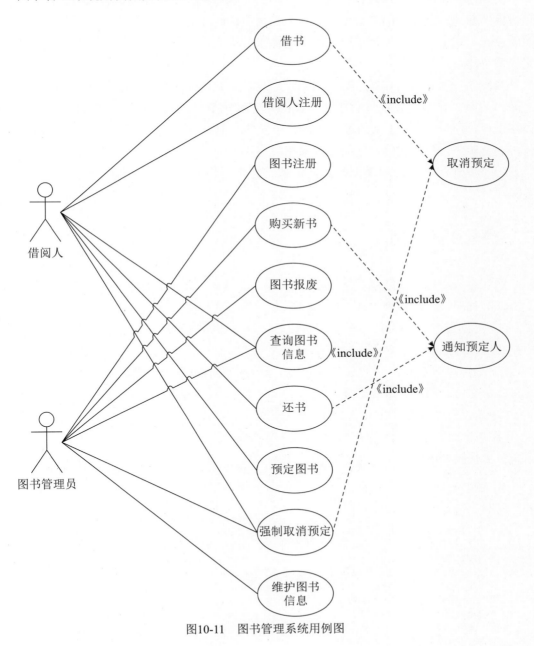

图10-11 图书管理系统用例图

第三节　类图

一、类图的概念

类和对象是面向对象理论的核心，一切的需求分析、设计开发、调试维护都是围绕类和对象展开的。完成类的需求分析之后，在编写代码之前，应对软件系统中的类图进行全面的设计，这个过程既能体现研发团队的需求分析成果，又能具体展现要通过怎样的思路完成系统建设。

类图是一种UML静态结构，既包含全部要建设完成的类，又包含类的内部结构和类之间的关系。在系统设计过程中，类图既用于较为笼统的概要设计，也用于逐步细化的详细设计，还可以根据E-R图进行转化。在面向对象编程时，研发团队需要依据类图的设计，逐个转化为程序代码，从而完成系统的构建。

为了更加深入地理解类图在面向对象设计中的作用，下面介绍两个面向对象的程序案例。

二、类图引入案例

例10-4　猫狗大战游戏。

编写程序，模拟猫狗大战，要求如下。

（1）可创建多个猫和狗的对象，并初始化每只猫和狗，属性包括昵称、攻击力、吃食物补血量、总血量。

（2）猫可以攻击狗，狗的总血量会由于猫的攻击而下降；同理，狗也可以攻击猫，猫的总血量会由于狗的攻击而下降。

（3）猫和狗可以通过吃来增加自身的总血量。

（4）当生命值小于或等于0时，表示已被对方杀死。

参考代码如下：

```
// 类 Cat
public class Cat {
    // 属性 name 名字
    private String name;
    // 属性 hitLife 攻击力（攻击对方造成的失血）
    private Integer hitLife;
    // 属性 eatLife 补血量（吃一次食物的补血量）
    private Integer eatLife;
    // 属性 life 自身总血量
    private Integer life;

    // 构造函数
    public Cat(String name,Integer hitLife,Integer eatLife,Integer life) {
        this.name = name;
```

```java
            this.hitLife = hitLife;
            this.eatLife = eatLife;
            this.life = life;
            System.out.println(this.name + " 创建成功（血量" + this.life + ")");
        }

        // 方法 获得血量
        public int getLife(){
            return this.life;
        }

        // 方法 攻击
        public void attack(Dog dog) {
            dog.hitted(this.hitLife);
            System.out.println(this.name + " 发出一次攻击（对方失血" + this.hitLife + " 剩余血量" + dog.getLife() + ")");
        }

        // 方法 被攻击时失血
        public void hitted(Integer lostLife) {
            this.life -= lostLife;
        }

        // 方法 吃饭补血 每次补充20
        public void eat() {
            this.life += this.eatLife;
            System.out.println(this.name + " 吃一次食物（补血" + this.eatLife + " 现在血量" + this.life + ")");
        }

        // 方法 判断是否死亡
        public boolean isDie() {
            System.out.println(this.name + " 检查是否死亡 返回" + String.valueOf(this.life <= 0));
            return this.life <= 0;
        }
    }

    // 类 Dog
    public class Dog {
        // 属性 name 名字
        private String name;
        // 属性 hitLife 攻击力（攻击对方造成的失血）
        private Integer hitLife;
        // 属性 eatLife 补血量（吃一次食物的补血量）
        private Integer eatLife;
        // 属性 life 自身总血量
        private Integer life;

        // 构造函数
        public Dog(String name,Integer hitLife,Integer eatLife,Integer life) {
            this.name = name;
            this.hitLife = hitLife;
            this.eatLife = eatLife;
            this.life = life;
            System.out.println(this.name + " 创建成功（血量" + this.life + ")");
        }
```

```java
        // 方法 获得血量
        public Integer getLife(){
            return this.life;
        }

        // 方法 攻击
        public void attack(Cat cat) {
            cat.hitted(this.hitLife);
            System.out.println(this.name + " 发出一次攻击 ( 对方失血 " + this.hitLife + " 剩余血量 " + cat.getLife() + ")");
        }

        // 方法 被攻击时失血
        public void hitted(Integer lostLife){
            this.life-=lostLife;
        }

        // 方法 吃饭补血 每次补充 20
        public void eat() {
            this.life += this.eatLife;
            System.out.println(this.name + " 吃一次食物 ( 补血 " + this.eatLife + " 现在血量 " + this.life + ")");
        }

        // 方法 判断是否死亡
        public boolean isDie() {
            System.out.println(this.name + " 检查是否死亡  返回 " + String.valueOf(this.life <= 0));
            return this.life <= 0;
        }

    }

    // 创建猫对象
    Cat cat = new Cat("Tom", 30, 20, 150);
    cat.eat();
    cat.isDie();

    // 创建狗对象
    Dog dog = new Dog("Peter", 60, 40, 300);
    dog.eat();
    dog.isDie();

    // 回合制攻击
    for (int i = 0; i < 100; i++) {
        System.out.println("==========================第" + (i + 1) + "回合");
        cat.attack(dog);
        if (dog.isDie()) {
            System.out.println(" 猫胜利 ");
            break;
        }
        cat.eat();

        dog.attack(cat);
        if (cat.isDie()) {
            System.out.println(" 狗胜利 ");
```

```
            break;
    }
    dog.eat();
}
```

运行结果：

```
Tom 创建成功（血量 150）
Tom 吃一次食物（补血 20 现在血量 170）
Tom 检查是否死亡 返回 false
Peter 创建成功（血量 300）
Peter 吃一次食物（补血 40 现在血量 340）
Peter 检查是否死亡 返回 false
========================= 第 1 回合
Tom 发出一次攻击（对方失血 30 剩余血量 310）
Peter 检查是否死亡 返回 false
Tom 吃一次食物（补血 20 现在血量 190）
Peter 发出一次攻击（对方失血 60 剩余血量 130）
Tom 检查是否死亡 返回 false
Peter 吃一次食物（补血 40 现在血量 350）
========================= 第 2 回合
Tom 发出一次攻击（对方失血 30 剩余血量 320）
Peter 检查是否死亡 返回 false
Tom 吃一次食物（补血 20 现在血量 150）
Peter 发出一次攻击（对方失血 60 剩余血量 90）
Tom 检查是否死亡 返回 false
Peter 吃一次食物（补血 40 现在血量 360）
========================= 第 3 回合
Tom 发出一次攻击（对方失血 30 剩余血量 330）
Peter 检查是否死亡 返回 false
Tom 吃一次食物（补血 20 现在血量 110）
Peter 发出一次攻击（对方失血 60 剩余血量 50）
Tom 检查是否死亡 返回 false
Peter 吃一次食物（补血 40 现在血量 370）
========================= 第 4 回合
Tom 发出一次攻击（对方失血 30 剩余血量 340）
Peter 检查是否死亡 返回 false
Tom 吃一次食物（补血 20 现在血量 70）
Peter 发出一次攻击（对方失血 60 剩余血量 10）
Tom 检查是否死亡 返回 false
Peter 吃一次食物（补血 40 现在血量 380）
========================= 第 5 回合
Tom 发出一次攻击（对方失血 30 剩余血量 350）
Peter 检查是否死亡 返回 false
Tom 吃一次食物（补血 20 现在血量 30）
Peter 发出一次攻击（对方失血 60 剩余血量 -30）
Tom 检查是否死亡 返回 true
狗胜利
```

在以上代码中，构造函数在创建对象时自动调用，将猫或狗的名字、攻击力、吃食物补血量和总血量属性初始化。无论是Cat类还是Dog类，都拥有getLife()方法、attack()方法、hitted()方法、eat()方法和isDie()方法，用来完成获取总血量、攻击对方、被对方攻击、吃食物和死亡检查等操作。

通过以上代码的编写、调试和运行不难发现，Cat类和Dog类具有相同的属性和方法。因此，可以进一步抽象为一个类，命名为Sprite，代码优化如下：

```java
    // 类 Sprite
    public class Sprite {
        // 属性 name 名字
        private String name;
        // 属性 hitLife 攻击力 (攻击对方造成的失血)
        private Integer hitLife;
        // 属性 eatLife 补血量 (吃一次食物的补血量)
        private Integer eatLife;
        // 属性 life 自身总血量
        private Integer life;

        // 构造函数
        public Sprite(String name, Integer hitLife, Integer eatLife, Integer life) {
            this.name = name;
            this.hitLife = hitLife;
            this.eatLife = eatLife;
            this.life = life;
            System.out.println(this.name + " 创建成功 ( 血量 " + this.life + ")");
        }

        // 方法 获得血量
        public int getLife(){
            return this.life;
        }

        // 方法 攻击
        public void attack(Sprite anotherSprite) {
            anotherSprite.hitted(this.hitLife);
            System.out.println(this.name + " 发出一次攻击 ( 对方失血 " + this.hitLife + " 剩余血量 " + anotherSprite.getLife() + ")");
        }

        // 方法 被攻击时失血
        public void hitted(Integer lostLife) {
            this.life -= lostLife;
        }

        // 方法 吃食物补血 每次补充 20
        public void eat() {
            this.life += this.eatLife;
            System.out.println(this.name + " 吃一次食物 ( 补血 " + this.eatLife + " 现在血量 " + this.life + ")");
        }

        // 方法 判断是否死亡
        public boolean isDie() {
            System.out.println(this.name + " 检查是否死亡 返回 " + String.valueOf(this.life <= 0));
            return this.life <= 0;
        }
    }
```

在方法的调用部分，将代码修改如下，就能实现一样的效果。

```
// 创建猫对象
Cat cat = new Cat("Tom", 30, 20, 150);
// 创建狗对象
Dog dog = new Dog("Peter", 60, 40, 300);
```

改为：

```
// 创建猫对象
Sprite cat = new Sprite("Tom", 30, 20, 150);
// 创建狗对象
Sprite dog = new Sprite("Peter", 60, 40, 300);
```

例10-5 乌龟吃鱼游戏。

编写程序，模拟乌龟吃鱼，要求如下。

(1) 假设游戏场景为范围(x，y)，0<=x<=10，0<=y<=10。

(2) 开始时，游戏自动生成1只乌龟和10条鱼。

(3) 乌龟和鱼随机移动，乌龟和鱼每次移动距离为1，当它们移动到场景边缘时，会自动向反方向移动。

(4) 乌龟初始化体力为100(上限)，每移动1次，体力消耗1，当乌龟和鱼的坐标重叠时，认为乌龟吃掉了鱼，每吃掉1条鱼，体力增加20。鱼不计算体力，初始值为10，移动也不消耗体力。

(5) 如果乌龟的体力值先达到0，游戏结束，鱼胜利。

(6) 如果鱼的数量先达到0，游戏结束，乌龟胜利。

参考代码如下：

```
// 类 WaterAnimal
public abstract class WaterAnimal {
    // 名称
    protected String name;
    // 生命值
    protected Integer life;
    // 生命状态 false 表示活着 true 表示死亡
    protected Boolean isDie;
    // 坐标位置 x
    protected Integer x;
    // 坐标位置 y
    protected Integer y;

    // 构造函数
    public WaterAnimal(String name, Integer life, Integer x, Integer y) {
        this.name = name;
        this.life = life;
        this.isDie = false;
        this.x = x;
        this.y = y;
    }

    // 变换移动方向
    public Map<String, Integer> changeDirection() {
        // 生成一个随机数 0 ~ 7，0 表示右，1 表示右下，2 表示下，以此类推，分别表示 8 个方向
```

```java
        Random random = new Random();
        int direction = random.nextInt(7);
        // 初始化方向系数
        int xk = 1, yk = 0;
        switch (direction) {
            case 0: // 右
                xk = 1;
                yk = 0;
                break;
            case 1: // 右下
                xk = 1;
                yk = -1;
                break;
            case 2: // 下
                xk = 0;
                yk = -1;
                break;
            case 3: // 左下
                xk = -1;
                yk = -1;
                break;
            case 4: // 左
                xk = -1;
                yk = 0;
                break;
            case 5: // 左上
                xk = -1;
                yk = 1;
                break;
            case 6: // 上
                xk = 0;
                yk = 1;
                break;
            case 7: // 右上
                xk = 1;
                yk = 1;
                break;
        }

        // 考虑折返 修正 xk 和 yk
        if((this.x==0 && xk==-1) || (this.x==9 && xk==1)) {
            xk = -xk;
        }
        if((this.y==0 && yk==-1) || (this.y==9 && yk==1)) {
            yk = -yk;
        }

        // 返回
        Map<String, Integer> map = new HashMap<>();
        map.put("xk", xk);
        map.put("yk", yk);
        return map;
    }
}

// 类 Turle 继承了 WaterAnimal
public class Turtle extends WaterAnimal {
```

```java
    // 构造函数
    public Turtle(String name, Integer life, Integer x, Integer y) {
        super(name, life, x, y);
    }

    // 乌龟移动
    public void move() {
        if (this.isDie) {
            return;
        } else {
            Map<String, Integer> map = this.changeDirection();
            int xk = map.get("xk");
            int yk = map.get("yk");
            this.x += xk;
            this.y += yk;
            this.life -= 1;
        }
    }
}

// 类 Fish 继承了 WaterAnimal
public class Fish extends WaterAnimal {
    // 构造函数
    public Fish(String name, Integer life, Integer x, Integer y) {
        super(name, life, x, y);
    }

    // 鱼移动
    public void move() {
        if (this.isDie) {
            return;
        } else {
            Map<String, Integer> map = this.changeDirection();
            int xk = map.get("xk");
            int yk = map.get("yk");
            this.x += xk;
            this.y += yk;
        }
    }
}

// 类 FishList 鱼群
public class FishList {
    // 属性 鱼群列表
    protected List<Fish> fishList;

    // 构造函数
    public FishList() {
        this.fishList = new ArrayList<>();
        for (int i = 0; i < 10; i++) {
            // 初始化一条鱼 名字为i 位置在对角线(i, i)
            Fish fish = new Fish("F" + String.valueOf(i), 10, i, i);
            this.fishList.add(fish);
        }
    }

    // 方法 鱼群移动一次 (每条鱼移动一次)
```

```java
        public void move(){
            for (Fish fish : this.fishList) {
                fish.move();
            }
        }

        // 方法 判断鱼群中的所有鱼是否都死亡
        public boolean isAllDie() {
            for (Fish fish : this.fishList) {
                if(!fish.isDie){
                    return false;
                }
            }
            return true;
        }
    }

    // 类 Game 游戏
    public class Game {
        // 属性 乌龟
        private Turtle turtle;
        // 属性 鱼群
        private FishList fishList;

        // 构造函数
        public Game() {
            // 初始化乌龟 生命值100 位置在 (0, 9)
            this.turtle = new Turtle("T0", 100, 0, 9);
            this.fishList = new FishList();
        }

        // 方法 移动一次 并因为移动而更新乌龟和鱼群的生命状态
        private void move() {
            // 乌龟移动
            this.turtle.move();
            // 检查乌龟的生命状态
            if(this.turtle.isDie) {
                return;
            }

            // 鱼群移动
            this.fishList.move();
            // 按游戏规则更新生命值和生命状态
            for (Fish fish : this.fishList.fishList) {
                // 位置重叠
                if (fish.x.equals(this.turtle.x) && fish.y.equals(this.turtle.y)) {
                    fish.isDie = true;
                    this.turtle.life += 20;
                }
            }
        }

        // 方法 显示游戏数据
        private void showGame() {
            String gameString = "";
            for (int i = 0; i < 9; i++) {
```

```java
            for (int j = 0; j < 9; j++) {
                // 当前单元格
                String cell = "";
                // 乌龟出现
                if (!this.turtle.isDie && this.turtle.x.equals(i) && this.turtle.y.equals(j)) {
                    cell += this.turtle.name;
                }
                // 鱼出现
                for (Fish fish : this.fishList.fishList) {
                    if (!fish.isDie && fish.x.equals(i) && fish.y.equals(j)) {
                        cell += String.valueOf(fish.name);
                    }
                }
                cell = String.format("|%10s|", cell);
                gameString += cell;
            }
            gameString += "\n";
        }
        System.out.println(gameString);
    }

    // 方法 检查游戏是否结束
    private boolean checkGameOver() {
        if (this.turtle.isDie && this.fishList.isAllDie()) {
            System.out.println(" 乌龟死亡，鱼全部死亡，平局，游戏结束！ ");
            return true;
        } else if (this.turtle.isDie) {
            System.out.println(" 乌龟死亡，鱼胜利，游戏结束！ ");
            return true;
        } else if (this.fishList.isAllDie()) {
            System.out.println(" 鱼全部死亡，乌龟胜利，游戏结束！ ");
            return true;
        }
        return false;
    }

    // 游戏
    public void play(){
        while (true) {
            System.out.println("========================= 一个回合 ");
            // 移动一次 并更新生命值和生命状态
            this.move();
            // 显示游戏状态
            this.showGame();
            // 检查结束状态
            if(this.checkGameOver()){
                break;
            }
        }
    }
}

Game game=new Game();
game.play();
```

运行结果如图10-12所示。

```
==============一个回合
||       ||       ||F1||       ||       ||       ||       ||       ||       ||T0||
||  F0|| ||       ||  ||       ||       ||       ||       ||       ||       ||  ||
||    || ||  F2|| ||  ||       ||F3||    ||       ||       ||       ||       ||  ||
||    || ||    || ||  ||       ||  ||    ||       ||       ||       ||F6||    ||  ||
||    || ||    || ||  ||  F4|| ||  ||F5||||       ||       ||       ||  ||    ||F7||
||    || ||    || ||  ||    || ||  ||  ||||       ||       ||       ||  ||    ||  ||
||    || ||    || ||  ||    || ||  ||  ||||       ||       ||       ||  ||    ||F9||

==============一个回合
||       ||       ||F0||       ||       ||       ||       ||       ||       ||T0||
||       ||  F2|| ||  ||  F3|| ||F1||    ||       ||       ||       ||       ||  ||
||       ||    || ||  ||    || ||  ||    ||       ||       ||       ||       ||  ||
||       ||    || ||  ||  F4|| ||  ||    ||       ||       ||       ||       ||  ||
||       ||    || ||  ||    || ||  ||    ||       ||       ||       ||       ||  ||
||       ||    || ||  ||    || ||F5||    ||       ||       ||F6||    ||       ||F7||
||       ||    || ||  ||    || ||  ||    ||       ||       ||  ||    ||F9||    ||  ||

……

==============一个回合
||       ||       ||  ||       ||       ||       ||       ||       ||       ||  ||
||       ||  T0|| ||F1||       ||       ||       ||       ||       ||       ||  ||
||       ||    || ||  ||       ||       ||       ||       ||       ||       ||  ||

==============一个回合
||       ||       ||  ||       ||       ||       ||       ||       ||       ||  ||
||       ||  T0|| ||  ||       ||       ||       ||       ||       ||       ||  ||
||       ||    || ||  ||       ||       ||       ||       ||       ||       ||  ||
```

鱼全部死亡，乌龟胜利，游戏结束！

图10-12　乌龟吃鱼游戏运行结果

三、类图的表示方法

类图的表示方法包括具体类、抽象类、接口和包等。

1. 具体类

具体类用矩形框表示，矩形框自上而下分为三层，第一层写入类名，第二层写入类的属性(又称成员变量)，第三层写入类的方法(又称成员函数)。在类的属性和方法名前，使用不同的修饰符表示它们的可见性(也可以省略，表示默认)；在类的属性和方法名后，使用冒号修饰符加上数据类型表示属性的数据类型和方法的返回值类型(也可以省略，表示默认)。

类的属性和方法名前的可见性修饰符包括：①+，表示公有；②#，表示保护；③-，表示私有；④无，表示默认(一般默认为私有)。

常见的数据类型跟具体的语言有关，一般包括：①整型，Integer；②浮点类型，Double；③布尔类型，Boolean；④字符串类型，String；⑤无数据，Void；⑥映射类型，Map；⑦无，表示默认(一般为无数据)。

例10-6 绘制例10-4猫狗大战游戏的类图，如图10-13所示。

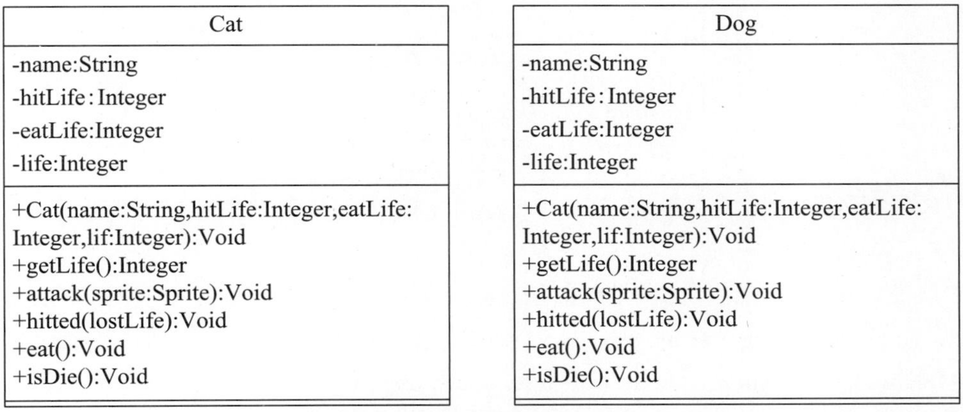

```
┌─────────────────────────────────────┐    ┌─────────────────────────────────────┐
│               Cat                   │    │               Dog                   │
├─────────────────────────────────────┤    ├─────────────────────────────────────┤
│ -name:String                        │    │ -name:String                        │
│ -hitLife:Integer                    │    │ -hitLife:Integer                    │
│ -eatLife:Integer                    │    │ -eatLife:Integer                    │
│ -life:Integer                       │    │ -life:Integer                       │
├─────────────────────────────────────┤    ├─────────────────────────────────────┤
│ +Cat(name:String,hitLife:Integer,   │    │ +Cat(name:String,hitLife:Integer,   │
│  eatLife:Integer,lif:Integer):Void  │    │  eatLife:Integer,lif:Integer):Void  │
│ +getLife():Integer                  │    │ +getLife():Integer                  │
│ +attack(sprite:Sprite):Void         │    │ +attack(sprite:Sprite):Void         │
│ +hitted(lostLife):Void              │    │ +hitted(lostLife):Void              │
│ +eat():Void                         │    │ +eat():Void                         │
│ +isDie():Void                       │    │ +isDie():Void                       │
└─────────────────────────────────────┘    └─────────────────────────────────────┘
```

图10-13 猫狗大战游戏的类图

例10-7 绘制例10-4猫狗大战游戏(优化版)的类图，如图10-14所示。

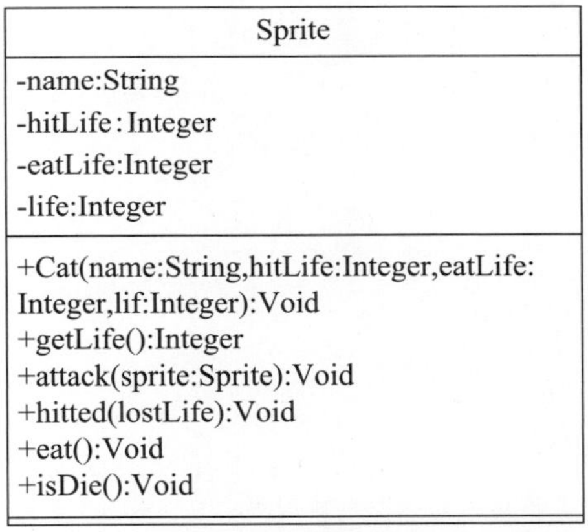

```
┌─────────────────────────────────────┐
│              Sprite                 │
├─────────────────────────────────────┤
│ -name:String                        │
│ -hitLife:Integer                    │
│ -eatLife:Integer                    │
│ -life:Integer                       │
├─────────────────────────────────────┤
│ +Cat(name:String,hitLife:Integer,   │
│  eatLife:Integer,lif:Integer):Void  │
│ +getLife():Integer                  │
│ +attack(sprite:Sprite):Void         │
│ +hitted(lostLife):Void              │
│ +eat():Void                         │
│ +isDie():Void                       │
└─────────────────────────────────────┘
```

图10-14 猫狗大战游戏(优化版)的类图

图10-14中，猫狗大战游戏(优化版)对Cat类和Dog类进行了进一步抽象，以Sprite类统一表示，而Cat和Dog只是Sprite的一个实例，即对象。也就是说，给类属性赋予特定的数据后，类就具有了特殊的含义，成为具体的对象，既能表示对象cat，也可以表示对象dog。由于类外部不访问name、hitLife、eatLife、life属性，所以应该使用私有修饰符。

2. 抽象类

与具体类一样，抽象类也用矩形框表示，自上而下分为三层，并写入对应的名称或内容。不同的是，抽象类的类名及抽象方法名都用斜体字表示。抽象类不能实例化为对象，具体类继承后，可以实例化为对象。

例10-8 某职工类Employee是一个抽象类，有私有属性name、age和address，分别为

String、Integer和String类型，有两个抽象方法sign():Void和computeSalary():Double，分别表示签到和计算工资，前者无返回数据，后者返回浮点类型。该抽象类如图10-15所示。

```
┌─────────────────────────────┐
│         Employee            │
├─────────────────────────────┤
│ -name:String                │
│ -age:Integer                │
│ -address:String             │
├─────────────────────────────┤
│ +sign():Void                │
│ +computeSalray():Double     │
└─────────────────────────────┘
```

图10-15 抽象类Employee

在乌龟吃鱼游戏中，最顶层的基类WaterAnimal就不需要实例化成对象，它是被两个具体类Turle类和Fish类继承的。

抽象类WaterAnimal中包含5个属性name、life、isDie、x和y，类型分别为String、Integer、Boolean、Integer和Integer，表示名称、生命值、生命状态、坐标x和坐标y，访问权限为保护，前面使用#表示，属性不抽象，不需要斜体表示。

抽象类WaterAnimal中包含两个方法，分别是公有构造方法WaterAnimal (name :String, life:Integer, x:Integer, y:Integer):Void，保护方法+ changeDirection ():Map<String, Integer>，分别用来构造对象、产生随机游走系数。

WaterAnimal作为基类，子类通过继承就拥有了它的全部属性和方法，保护方法因为在一个包内，可以被子类调用，WaterAnimal作为抽象类不能被实例化。

因此，WaterAnimal类就可以描述成图10-16。

```
┌─────────────────────────────────────────────┐
│              WaterAnimal                    │
├─────────────────────────────────────────────┤
│ #name:String                                │
│ #life:Integer                               │
│ #isDie:Boolean                              │
│ #x:integer                                  │
│ #y:Integer                                  │
├─────────────────────────────────────────────┤
│ +WaterAnimal(name:String,life:Integer,x:    │
│ Integer,y:Integer):Void                     │
│ +changeDirection():Map<Sring,Integer>       │
└─────────────────────────────────────────────┘
```

图10-16 抽象类WaterAnimal

3. 接口

接口也是用矩形框表示，自上而下分为三层，第一层为接口的名称，使用<<interface>>加上接口名称(用斜体表示)；第二层为空白，因为接口不包含属性；第三层为接口的方法名，结构同具体类，但属于抽象的方法，不包含实现，也用斜体表示。

例10-9 表示鸟类的飞翔接口FlyInterface包含了一个飞翔方法fly():Void，如图10-17所示。

接口还有另一种表示法，俗称棒棒糖表示法，就是在接口的类图矩形上面增加一个圆圈加线段，去掉第一层的<<interface>>，仍然保留接口名称，如图10-18所示。

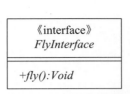 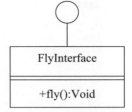

图10-17　鸟类的飞翔接口　　图10-18　鸟类飞翔接口的棒棒糖表示法

接口中只提供方法名称，可见性为公有，但没有具体的实现过程。只有被实体类实现后，接口才能被调用，执行相应的操作。通常一个接口可以被多个实体类实现，不同实体类中有不同的实现过程。

在Java、C#等面向对象语言中，接口能被很好地支持，但在Python语言中，不支持接口的定义，只能使用抽象类代替。

4. 包

为了便于管理，各种接口和类图都放在包内，就如同文件夹一样，能够简化代码的维护工作。在UML中，包的图形类似公文包，由一大一小两个矩形组成，并在小矩形内写入包的名称，在大矩形内绘制该包包含的接口和类。

例10-10　bird包中包含FlyInterface接口类，如图10-19所示。

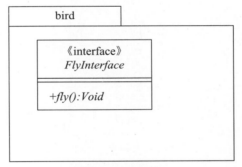

图10-19　bird包

在Java语言中，包通过package关键字定义，其中的类定义在其中；在C#语言中，包通过namespace定义，相关类写在它的下面；在Python语言中，主要通过模块来对应包，一个模块可以包含若干个类。

四、类图中的关系

类图中，类与接口、类与类、接口与接口之间可以存在一定的关系，使用带箭头的线段表示。这些关系可以分为实现关系、泛化关系和关联关系，其中关联关系又可以细分为组合关联、聚合关联和依赖关联，如图10-20所示。

```
         ┌─ 接口与类之间 ──── 实现关系      ------▷
         │
关系 ────┤
         │                  ┌─ 泛化关系        ─────▷
         │                  │
         └─ 接口与类之间 ───┤              ┌─ 组合关联   ◆────▶
                            │              │
                            └─ 关联关系 ───┼─ 聚合关联   ◇────▶
                                           │
                                           └─ 依赖关联   ------▶
```

图10-20 类图中的关系

1. 实现关系

实现关系是指一个具体类实现接口,用空心三角形箭头和虚线表示,从实现类指向接口。

例10-11 大雁、燕子、麻雀都可以飞翔,它们都可以作为实体类来实现FlyInterface接口,如图10-21所示。

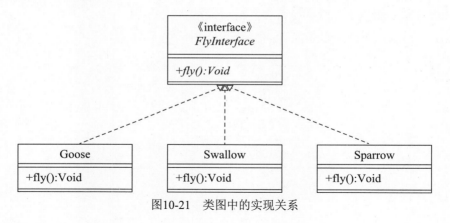

图10-21 类图中的实现关系

2. 泛化关系

泛化关系,又称继承关系,是指一个类继承了另一个类,或者一个接口继承了另一个接口,使用空心三角形箭头和实线表示,从子类或子接口指向父类或父接口。

例10-12 动物和鸟属于继承关系,鸟类Bird是动物类Animal的子类。Animal类中定义了所有动物都具有的属性和方法,属性包括生命值life(Double类型),方法包括呼吸breath():Void、吃eat():Void和繁殖reproduction():Void,属性和方法的可见性都为公有。子类Bird因为继承Animal类,将拥有Animal类全部的公有属性和方法,另外根据自身特殊性,还定义了自己的属性和方法,属性包括羽毛颜色featherColor(String类型),方法包括下蛋layEgg():Integer,返回下蛋数量,如图10-22所示。

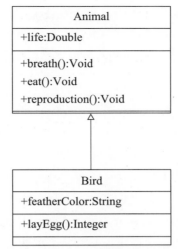

图10-22　Animal类与Bird类的继承关系

3. 关联关系

关联关系是指类与类之间的关系，表示一个类知道另一个类的属性和方法。关联关系可以是单向的，也可以是双向的。具有关联关系的类之间不存在实现、泛化等层次关系，它们是同一层次的。

根据产生关联的类之间的关联强度，关联关系由强到弱又细化为组合关联、聚合关联和依赖关联。产生关联关系双方的类实例化成对象后，在数量上可能是一对一的，也可能是一对多的。

关联关系采用箭头加线段的方式表示，通过不同的箭头类型和线段类型表示不同的关联强度，通过在线段两端标注符号表示数量关系：*或者0..*，表示0到多个；0..1，表示0或者1个；1..*，表示1到多个。在实际中，为了简化设计，也常常省略数量关系的标注。

（1）组合关联表示强拥有关系，体现了严格的整体与部分的关系。其中，整体与部分不可分开，生命周期相同，部分为整体所独占，不能与整体的其他部分共享。由于组合关联比聚合关联的关联性更强，也称为强聚合。

组合关联用实心菱形箭头加实线表示，可以在线段两端标注数字，表示双方类实例的数量关系。

例10-13　鸟类Bird和翅膀类Wing是组合关联，它们是整体与部分的关系，并且翅膀和鸟的生命周期是相同的。同时，鸟和翅膀的数量关系为1:2，如图10-23所示。

图10-23　类图中的组合关联

（2）聚合关联是整体与部分的弱拥有关系。聚合关联中，整体与部分之间是可分离的，它们可以具有各自的生命周期，部分也不为整体独享，而是可以属于多个整体。聚合关联也称为共享关联。

聚合关联用空心菱形箭头加实线表示，可以在线段两端标双方的数量关系。

例10-14 公司部门与员工的关系，一个员工可以属于多个部门，一个部门撤销了，员工可以转到其他部门。部门类Department和员工类Employee属于聚合关联，如图10-24所示。

图10-24 类图中的聚合关联

(3) 依赖关联是一种最弱的关联关系，不存在整体、部分关系，生命周期互不相关，也达不到聚合关联的共享程度。依赖关联中，一般为不同种类的事物，只是一方使用到了另一方。依赖关联用斜线箭头加虚线表示，可以在线段两端标注双方的数量关系。

例10-15 动物和氧气、水、食物属于不同种类的事物，但动物需要氧气、水、食物才能生存，它们之间就是依赖关联。因此，动物类Animal和氧气类Oxygen、水类Water、食物类Food属于依赖关联，如图10-25所示。

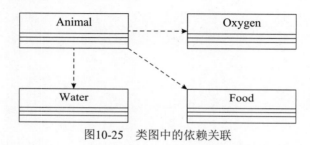

图10-25 类图中的依赖关联

第四节 时序图

时序图，又称序列图、循序图和顺序图，通过绘制对象之间发送消息的情况及时间顺序描述系统中多个对象之间的动态协作，帮助研发团队和用户理解业务内部运作和系统间的互动情况，展示业务规则和系统逻辑。

时序图简单、清晰，使用场景非常广泛，几乎各行各业都可以使用。时序图中用到的元素有角色、对象、生命线、会话、消息和组合框。

1. 角色

角色代表待研发系统的参与者、完成相关业务的人员、相关的机器设备或者参与系统运行的其他系统、子系统等，使用人形图形表示，画在时序图的顶部，并在图形下面标注角色名称，如图10-26所示。

图10-26　时序图中的角色

在实际应用中，为了简化，时序图也常常使用对象图形元素表示角色。

2. 对象

对象是指与业务、产品或系统相关的人、事、物，也可以是人、部门、系统等。在日常应用中，对象使用矩形表示，画在时序图的顶部，对象名写在矩形内部。由于对象是某类的实例化，对象名通常书写为"对象：类"的格式，如图10-27所示。

图10-27　时序图中的对象

有多个对象时，它们的左右顺序并不重要，但是为了使图形整洁、规范，一般要把交互频繁的对象尽可能靠拢，并且尽量把初始化整个交互活动的对象放置在左侧。

3. 生命线

在每个角色和对象的正下方垂直绘制一条虚线，表示角色和对象的生命线。从上往下代表时间的先后顺序，角色和对象的交互体现在生命线上，如图10-28所示。

4. 会话

会话，又称激活框，绘制在对象的生命线上，用一个细长的矩形表示，描述了某个时间段内要执行的操作。每一个会话表示一次相对完整的交互过程，如图10-29所示。

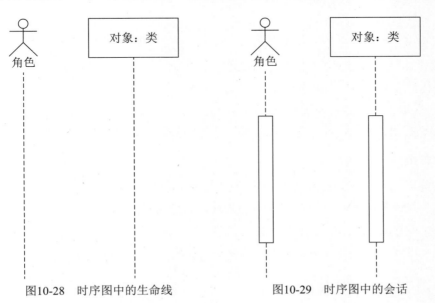

图10-28　时序图中的生命线　　　图10-29　时序图中的会话

5. 消息

消息表示对象之间发送的信息，包括4种类型。

(1) 同步消息，又称调用消息，是指发送者把消息传递给接收者后，停止活动，等待接收者的反馈，反馈可能是取消操作或操作完成。同步消息用实心箭头加实线来表示，并在实线上或一侧标注消息名称，如图10-30所示。

(2) 异步消息，与同步消息相对，是指发送者把消息传递给接收者以后，并不会等待接收者的反馈，而是继续自己的活动，反馈可能是取消操作或操作完成。对于异步消息，发送者和接收者是并行工作的，使用斜线箭头加实线表示，并在实线上或一侧标注消息名称，如图10-31所示。

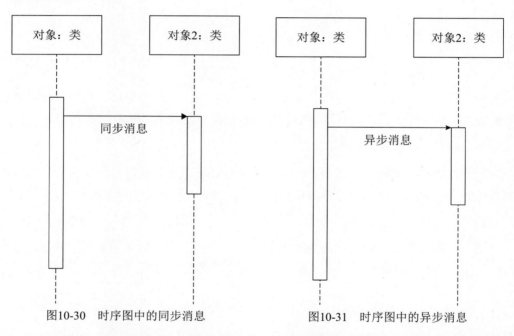

图10-30　时序图中的同步消息　　　　图10-31　时序图中的异步消息

(3) 返回消息，是指从接收者返回发送者的消息，用斜线箭头加虚线表示，并在虚线上或一侧标注消息名称，如图10-32所示。

(4) 自关联消息，是指发送者发送给自身的消息，代表了自身调用。自关联消息一般是同步消息，使用实心箭头加实线表示，并在实线上或一侧标注消息名称，如图10-33所示。

6. 组合框

在实际应用场景中，业务逻辑通常不会按照时间的顺序依次进行，会发生选项、抉择、循环、并行等情况，对于这些情况的描述，时序图采用组合框实现。

(1) 选项(option)表示一个序列片段可能发生，也可能不发生。选项使用矩形框表示，把这个片段包含进来，并在矩形框的左上角标注opt，如图10-34所示。

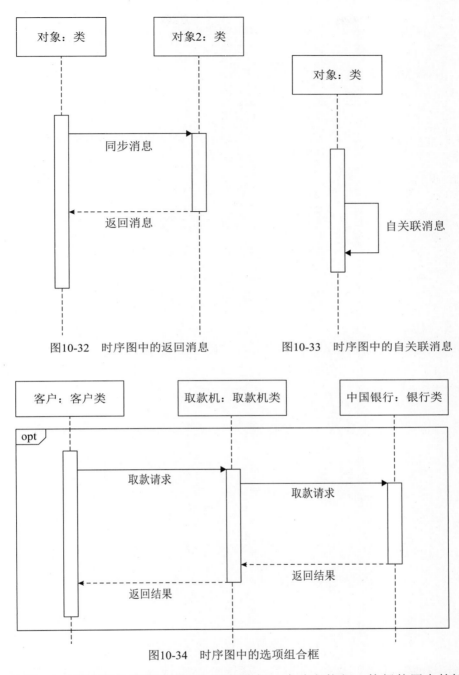

图10-32 时序图中的返回消息　　图10-33 时序图中的自关联消息

图10-34 时序图中的选项组合框

(2) 抉择(alter)包含多个序列片段,但只能选择一个片段执行。抉择使用大的矩形框表示,把所有可能的片段包含进来,并用虚线分割,在大矩形框的左上角标注alt,在每一个片段的左上角标注执行该片段的条件。最后一个片段的左上角可以标注else作为执行条件,表示不满足以上所有片段的执行条件时执行这个片段。如果没有else片段,当所有的片段条件都不满足时,则不执行任何片段,如图10-35所示。

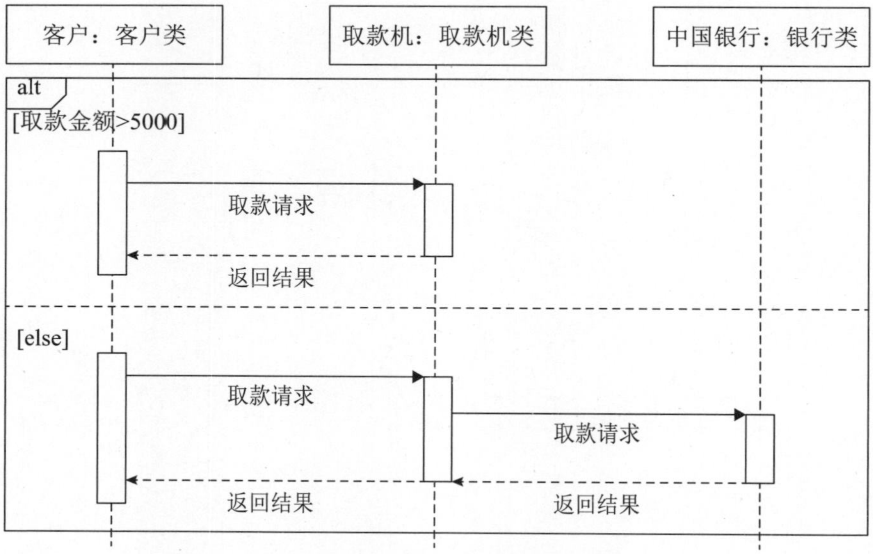

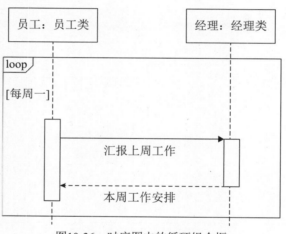

图10-35 时序图中的抉择组合框

(3) 循环(loop)包含一个序列片段,这个片段要重复执行若干次。循环使用矩形框表示,并在矩形框的左上角标注loop和重复执行的条件。

例10-16 每周一员工要向经理汇报上周工作,汇报完毕后,经理布置本周工作安排,时序图描述如图10-36所示。

图10-36 时序图中的循环组合框

(4) 并行(parallel)包含多个序列片段,这些片段并行执行,会在流程上产生交错。并行使用大矩形框表示,把所有并行的片段包含进来,用虚线分割,在大矩形框的左上角标注par。

例10-17 客人点餐后,厨师会同时炒菜和做汤,并行处理,时序图描述如图10-37所示。

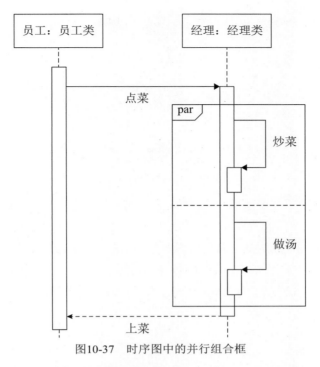

图10-37 时序图中的并行组合框

以上为常见的组合框,另外还有终端(break)、关键(critical)、弱顺序(seq)、强顺序(strict)等,都是时序图中特殊流程的表示方法,但在实际中较为少见,这里不再赘述。

时序图一般采用五步法绘制:①确定交互过程的上下文;②识别参与过程交互的角色和对象;③为每个角色和对象设置生命线;④从初始消息和会话开始,依次画出随后的消息和会话;⑤分析交互过程中的选项、抉择、循环、并行等特殊情况,使用组合框表示。

第五节 状态图

状态图用来描述状态机、使对象达到这个状态的事件和条件,以及达到这个状态时所发生的操作。状态机是指一个对象所在的状态序列,用于对模型元素的动态行为进行建模。

状态图包括以下图形元素。

1. 状态

状态是指对象在生命周期内满足某些条件、执行某些活动或等待某些事件的条件或状况。所有对象都有状态,是执行一系列活动的结果,当某个事件发生后,对象的状态将发生改变。状态包括4种类型。

(1) 初始状态,是一个伪状态,表示状态转移的起点,用一个实心圆表示,如图10-38所示。

图10-38　状态图中的初始状态

(2) 最终状态，是一个伪状态，表示状态转移的终点，用一个圆圈内嵌实心圆表示，如图10-39所示。

图10-39　状态图中的最终状态

(3) 一般状态，使用一个圆角矩形框表示，分成上下两个区域，上部区域内标注状态的名称，也可以匿名；下部区域内标注该状态将发生的行为，一般包括入口行为、执行行为和出口行为。入口行为使用entry事件标识，表示进入该状态时发生的行为；执行行为使用do事件标识，表示处于该状态要发生的行为，可以有多个；出口行为使用exit事件标识，表示离开该状态时发生的行为。行为的书写采用"事件/动作"形式，如图10-40所示。

图10-40　状态图中的一般状态

在实际应用中，为了简化图形，一般状态也可以省略下部区域的行为，如图10-41所示。

图10-41　状态图中的一般状态简化

(4) 复合状态，又称组合状态，是指嵌套了子状态的状态，如图10-42所示，"复合状态1"就是复合状态，内部的"状态1-1""状态1-2"就是它所嵌套的两个子状态。

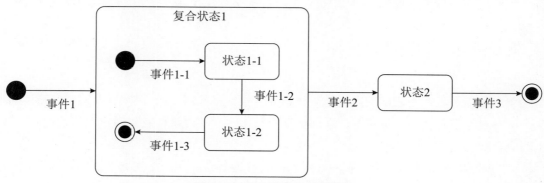

图10-42　状态图中的复合状态

当子状态较多时，为了描述清晰，也可以将复合状态的内容单独画出，如图10-43所示。

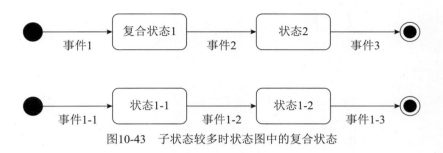

图10-43　子状态较多时状态图中的复合状态

2. 转移

转移是指两个状态之间的关系，表示当发生特定事件并且满足特定条件时，对象会从一个状态进入另一个状态。在转移时，第一个状态称为源状态，第二个状态称为目标状态，触发转移的特定事件称为事件触发器。有些情况下，还需要描述转移的警戒条件和效果等，如图10-44所示。

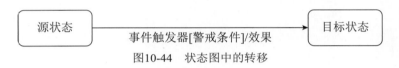

图10-44　状态图中的转移

为了简化描述，在实际应用中通常会省略警戒条件和效果。

转移包括3种类型。

(1) 一般转移，是指两个不同状态之间的转换，从源状态出发，指向目标状态，并在实线的一侧标注事件触发器，如图10-45所示。

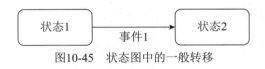

图10-45　状态图中的一般转移

(2) 自身转移，是指源状态和目标状态为同一个状态的转移，并在实线的一侧标注事件触发器，如图10-46所示。

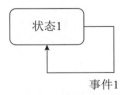

图10-46　状态图中的自身转移

(3) 本地转移与外部转移，是指在复合状态与它的子状态之间转移的两种情况。

当源状态为复合状态，目标状态为它的子状态时，本地转移不会从执行源状态的出口动作，也不会执行源状态的入口动作，而是直接进入子状态；而外部转移会从源状态执行出口动作，加上执行源状态的入口动作后，再进入子状态，如图10-47所示。

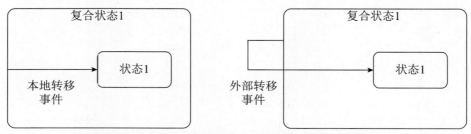

图10-47　状态图中从复合状态到子状态的本地转移与外部转移

当源状态为子状态，目标状态为复合状态时，本地转移不会执行复合状态的出口动作，也不会执行复合状态的入口动作，而是直接进入目标状态；而外部转移会执行复合状态的出口动作，加上复合状态的入口动作后，再进入复合状态，如图10-48所示。

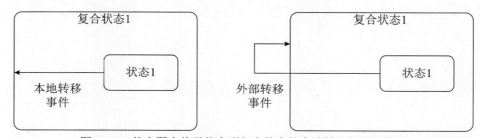

图10-48　状态图中从子状态到复合状态的本地转移与外部转移

例10-18　在某火车票销售系统中，火车票有待售、已预约、售出三种状态。预约时从待售状态变为已预约状态；已预约后需要在48小时内完成付款，付款后改为售出状态；超时未付款会还原为待售状态。

该火车票销售系统火车票状态图如图10-49所示。

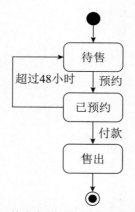

图10-49　某火车票销售系统火车票状态图

例10-19　在某网上银行的登录系统中，用户首先输入SSN和PIN，输入时，能够通过光标切换到SSN或PIN的输入,当输入不合法字符时提示输入不合法,重新输入。输入完成后提交,验证SSN和PIN,验证成功后转换为登录成功状态,否则拒绝登录。

该网上银行登录系统的状态图如图10-50所示。

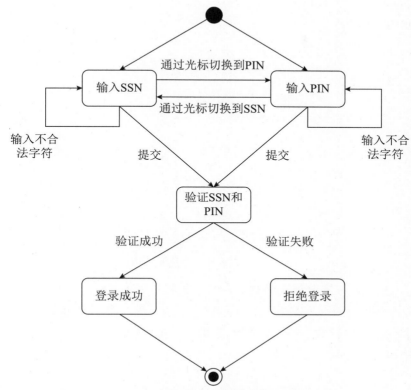

图10-50　某网上银行登录系统的状态图

第六节　活动图

活动图和程序流程图非常相似,用于描述一个软件系统的工作流程,展示了一系列活动的顺序关系。不同于程序流程图的是,活动图支持并发行为。活动图通常用来描述软件系统中较为复杂的过程或关键算法,能帮助研发团队和用户理解业务的逻辑过程。

活动图的主要图形元素包括以下几种。

(1) 起点,表示一系列活动的起点,用一个实心圆表示,如图10-51所示。

图10-51　活动图的起点

(2) 终点,表示一系列活动的终点,用一个圆圈内嵌实心圆表示,如图10-52所示。

图10-52　活动图的终点

(3) 活动，表示一个特定的动作，一旦完成，会自动按照动作流的指示进入下一个活动，使用圆角矩形框表示，并在框内写明活动的名称，如图10-53所示。

图10-53　活动图的活动

(4) 转移，用于连接活动，使用斜角箭头加实线表示，如图10-54所示。

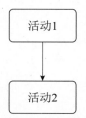

图10-54　活动图中的活动和转移

(5) 判定，描述了在有些活动转移中，需要根据不同的条件进入不同的分支，使用菱形框表示。这一点与程序流程图相似，不同的是，不需要在菱形框内写明条件内容，只需要在分支上写明这条路径的条件，而判断条件也将作为一种活动，放在菱形框前面紧邻的活动中。以密码检查为例，如图10-55所示。

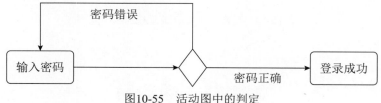

图10-55　活动图中的判定

(6) 分叉与汇合。相比程序流程图，活动图能够表示多个并发活动序列，通过分叉与汇合来描述，意思是多个活动同时分叉进行，完成后又汇合到一起。

分叉与汇合均使月一条粗实线表示，一个分叉有一个转入和多个转出，汇合有多个转入和一个转出。以需求分析为例，技术可行性分析、经济可行性分析和社会可行性分析可以并发展开，全部完成后汇合到一起，如图10-56所示。

(7) 泳道。在一些复杂的业务流程或算法中，可能涉及多个对象，为了描述哪些活动由哪个对象负责，可以引入泳道元素，这种活动图又称为泳道活动图。泳道使用一个大矩形框表示，在顶部写明负责该泳道的对象名称，下面绘制所有包含的活动及其转移。有些转移可能会跨越泳道，但一个活动只能属于一个泳道。

第十章 UML面向对象设计

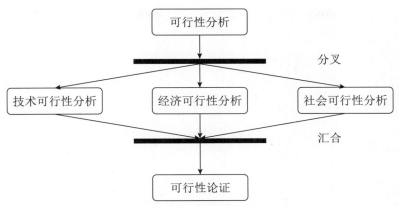

图10-56 活动图中的分叉与汇合

例10-20 考试过程涉及学生和监考老师两个对象，完成进入考场、对号入座、检查证件、发放试卷、答题、监考、收卷等活动。

考试过程的泳道活动图如图10-57所示。

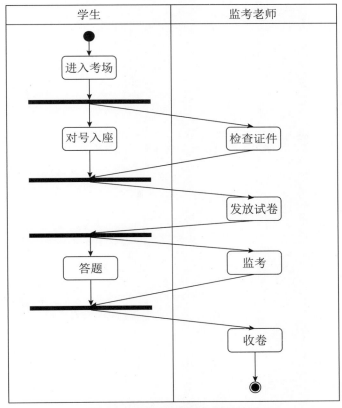

图10-57 考试过程的泳道活动图

例10-21　在某商品销售业务中,顾客查找商品后下单,销售人员收到订单后,仓库管理员会查询库存。当有库存时,销售人员计算账单并发给顾客,顾客查看账单后付款;当库存不足时,销售人员拒绝订单。

该商品销售业务的泳道活动图如图10-58所示。

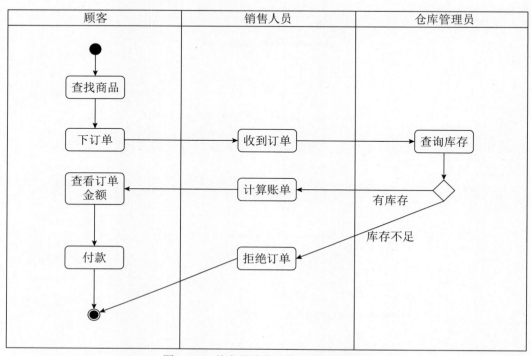

图10-58　某商品销售业务的泳道活动图

第三篇
实现与维护篇

第十一章
软件实现与维护

第一节 软件实现

一、软件实现的相关概念

软件实现是依据概要设计、详细设计的文档，使用合适的编程语言编码，完成软件系统的过程。在软件实现中，编程语言是人机交互的重要工具，良好的编码风格和编码质量是保证高质量完成软件实现过程的关键。

软件测试是使用人工或自动手段运行或测试软件系统的过程，主要目的是检验软件是否满足了规定的需求，当不满足时存在哪些差距。软件测试的重点是测试软件的功能、性能、可靠性等是否符合用户需求指标。

软件部署是指将软件实现和测试完成后的程序、数据库、配置、相关文件与资料等必要组件，采用一定的策略，通过一定的过程，分发或安装到用户使用的目标环境中，保证能够正常投入使用的过程。软件部署是完成软件交付的关键环节，也是软件成果的重要体现。

软件维护是在软件系统交付使用之后，为了适应软硬件环境变化或用户的需求变化而不断进行部分或全部修改的过程。软件维护是软件生命周期的最后一个阶段，是支持软件系统在一个较长时期内正常运行的重要保证。

二、编程语言的选择

计算机编程语言是一种特殊的语言，是人与计算机之间交流信息的方式，是计算机能够接收和处理的，具有一定语法规则的语言。通过编程语言，研发团队才能将软件的详细设计转变为软件系统。

从计算机诞生开始，编程语言就不断发展，经历了机器语言、汇编语言和高级语言3个阶段。

机器语言直接使用二进制代码表示，是计算机设计者通过硬件结构赋予的所有操作指令的集合，属于最早期的第一代编程语言。它的优点是运行速度快，只需要占用极少的计算机资源；缺点是可读性差，代码编写十分复杂，开发效率极低，移植性差。

汇编语言是为了克服机器语言难懂、难记的问题，使用英文单词缩写等符号作为助记符翻译计算机指令的计算机语言。汇编语言广泛应用于电子计算机、微处理器、微控制器或其他编程设备，也是一种低级语言。它与机器语言原理相同，只是使用助记符代替了二进制指令，优点是运行速度快，占用计算机资源少；缺点是编程语法复杂，可读性差，开发效率低，移植性差。

高级语言具有很强的可读性和可移植性，有点类似人类语言。机器语言和汇编语言对计算机型号过分依赖，不但移植性很差，还要求使用者必须对硬件结构及其工作原理十分熟悉，学习成本极高。高级语言克服了这些问题，面向用户、规则明确、语义清晰、自然直观，不管是在代码简洁程度上，还是在开发效率上，都要比机器语言和汇编语言高很多。高级语言并不能直接在计算机设备上执行，需要通过编译或解释程序转化成机器语言后才能执行。只要不同型号的计算机都配备了相应的编译或解释程序，就能实现一处编码，到处执行，完美地解决了可移植性问题。

目前，绝大多数的软件系统都使用支持面向对象的高级语言编写，主要包括C++、C#、Java和Python等，它们各有特点，适用于不同的领域。

选择编程语言需要综合考虑要开发的软件系统的情况，具体介绍如下。

1. 软件的应用领域

各种高级语言适用的实际应用场景不太相同，如科学计算、大数据处理、人工智能等算法比较复杂的领域，Python语言常常是首选；数据库应用、Web服务、移动设备App等领域常常使用Java语言，还需要配合Web方面的HTML语言、JavaScript语言等；嵌入式应用、设备驱动、编译系统、大型游戏、实时处理等较为复杂、功能强大且要求响应实时的底层应用常常使用C++语言开发。

2. 软件的开发环境

不同的编程语言需要相应的开发环境支持，需要综合考虑研发团队已有的技术条件和软件开发环境。例如，Web页面的开发多数使用WebStorm、Visual Studio Code、HBuilder等；基于Java语言服务器端程序的开发多数使用Eclipse、IntelliJ IDEA等；基于C++语言和C#的综合应用软件的开发通常使用Visual Studio等；而Android应用的开发则经常使用Android Studio或Eclipse等。

3. 用户的要求

在软件系统的可行性分析和需求分析阶段，用户常常提出明确的编程语言要求，也需要作为技术可行性分析、编程语言选择的重要依据。但是，无论选择哪一种编程语言，都需要经过用户的明确认可才能继续使用。

三、良好的编码风格

在软件实现过程中，编码风格是指研发人员在编写代码时所采用的一系列约定和规则。良好的编码风格能够提高代码的可读性、规范性和可维护性。特别是多人协作时，采用统一的编码风格，限制个性化发挥，能够极大地提高软件开发效率，减少编码错误，减少人员流动造成的编码损失，提高协同能力，保证软件质量。

对于良好的编码风格，不同的研发团队有不同的理解，以下以Java语言为例，列举一些有参考性的建议。

1. 命名风格

命名应力求简练，易于理解。

(1) 多采用单词简写、小写，不使用下画线，多级使用英文句号隔开，如com.org；

(2) 文件采用首字母大写的Camel-Case格式，如MemberController.java；

(3) 接口采用首字母为I(单词Interface的缩写)，后续单词首字母大写的Camel-Case格式，如IMemberService；

(4) 类采用首字母大写的Camel-Case格式，如MemberCard；

(5) 接口和类中的属性和方法使用首字母小写的Camel-Case格式，如cardNumber属性、getCardNumber()方法；

(6) 变量、参数均采用首字母小写的Camel-Case格式，如memberId；

(7) 常量采用全部大写，多个单词使用下画线隔开，如DEFAULT_HTTP_PORT；

以上所述的Camel-Case格式是指不使用空格、破折号、下画线、分隔符、特殊字符等的驼峰格式，不使用单词复数，除非单词本身为复数形式。

2. 注释风格

(1) 在接口、类、方法等模块前使用/**...*/的方式进行注释，说明该模块的功能、版本号和修订日期；

(2) 在变量、常量、属性后使用//的方式进行注释，说明它的含义；

(3) 书写一个算法比较复杂的程序段时，使用空行与前后程序段间隔开，并在开始位置使用//的方式对该段程序做出描述。

3. 代码行风格

(1) 父级程序向子级程序过渡时，每下降一级，做一次缩进；

(2) 操作符与操作数之间使用空格间隔，如a + b == 5；

(3) for语句中的表达式之间使用空格间隔，如for(int a：aList)；

(4) 程序段较长时，适当加入空行；

(5) 每行代码尽量不超过100个字符。

4. 数据库命名规范

(1) 数据库、表、字段、索引、约束、存储过程、函数、触发器等的命名不采用

Camel-Case格式，不使用大写字母，不使用空格、破折号、分隔符等特殊字符，不使用单词复数，除非单词本身为复数形式；

(2) 数据库命名采用单词简写、小写并连写的格式，不使用下画线，如memberdb；

(3) 表、字段、索引、约束、存储过程、函数、触发器的命名全部采用小写字母，单词之间使用下画线间隔，如member_card、card_number等；

(4) 当索引、约束等涉及多表或多字段时，命名要能体现涉及的表或字段；

(5) 常量、变量、参数命名全部采用小写字母，单词之间使用下画线间隔，如input_data、out_data；

(6) 在存储过程、函数、触发器代码块之前注释它的功能，在常量、变量、参数后的同一行中注释它的含义；

(7) SQL语句中的关键字应全部大写，如SELECT * FROM member_card。

四、编码质量评价

在软件实现过程中，提高编码质量是每一位研发人员应当追求的目标。优秀的编码质量不仅能减少人为错误，提高可读性和可维护性，也是提升团队协同工作效率的重要途径。虽然不同类型的软件常常对编码质量要求有不同的侧重点，各个团队的要求也不尽相同，但应当遵守以下基本原则。

(1) **保证代码的正确性**。无论遇到什么条件，都要保证代码的正确运行，符合详细设计要求，这是完成编码的最低要求。

(2) **保持良好的编码风格**。团队约定统一的编码风格，如命名、注释等，能够使代码具有清晰的结构，提高可读性，减少错误的发生。

(3) **注重代码的简洁性**。应当尽量避免冗余代码、复杂的逻辑和篇幅过长的函数，尽量使用简洁的代码来实现功能，并遵守单一职责原则，即每个函数或类只负责一个业务。

(4) **兼顾代码的可维护性**。随着软件的不断演进和需求更新，代码常常需要反复修改，在完成编码的同时，充分考虑其可维护性也是至关重要的。

(5) **提高代码的可移植性**。软件产品常常要部署在多种环境中，需要考虑代码从一种环境移植到另一种环境的能力。

五、提高编码质量的方法

为了提高软件的编码质量，常常采用如下方法。

(1) **模块化和封装**。充分发挥面向对象的优点，采用适当的类和接口封装与隐藏内部实现细节，提高代码的复用性和可测试性。

(2) **减少代码耦合**。过高的代码耦合会导致修改一部分代码时影响其他部分，增加维护难度，可以使用接口、依赖注入等技术实现代码的松散耦合。

(3) **异常处理**。代码应当能捕获和处理可能发生的所有错误与异常，而不是简单地抛出或暴露给用户。

(4) **文档化**。对于复杂的业务逻辑或算法，应当适当进行文档化，如增加代码注释、撰写项目文档等，为以后的维护和完善提供指导。

第二节　软件实现技术

一、软件体系架构

C/S和B/S是当今世界上最典型的两种软件体系架构，全世界各个行业、各个领域的软件系统不外乎其中一种。

C/S架构是Server/Client架构的简称，即客户机/服务器架构，最早由美国Borland公司研发，是计算机网络技术兴起早期的一种主流的网络架构模式。C/S架构将要开发的软件设计为彼此独立的两部分，分别称为客户端和服务器。客户端一般部署在用户使用的计算机(又称为本地机)上，主要负责人机交互，如用户认证、数据输入和验证、结果呈现等。客户端会通过网络向服务器发出请求，收到服务器反馈后，进行数据验证、显示等界面上的处理。服务器一般部署在网络中某台服务器或某个服务器集群上，为客户端提供业务逻辑和数据存储、维护等服务，响应客户端请求，执行数据处理、存储、计算等任务，完成后将结果反馈给客户端。

在C/S架构中，客户端和服务器在物理上与逻辑上是分离的，这使得它们可以独立开发、部署和扩展。服务器很容易扩展，能够通过提高配置来提高整个系统的性能和可靠性。服务器集中管理数据资源，使得客户端不必担心数据损毁、丢失等问题，并且服务器通过安全策略配置大大提高了整个软件系统的安全性。

B/S架构是Browser/Server架构的简称，即浏览器/服务器架构，最早由美国Microsoft公司研发，是随着局域网发展到互联网阶段，人们越来越关注浏览器的应用而出现的。基于B/S架构的软件系统称为Web应用。在B/S架构中，浏览器扮演了很重要的角色，用户通过它访问服务器上的资源和服务，还通过它接收用户的输入、点击等操作，计算机通过它接收服务器的响应数据，并呈现给用户查看。

在B/S架构中，软件系统不再需要开发特定的客户端程序，而是使用浏览器代替，对本地计算机系统和环境的依赖很小。几乎所有的业务逻辑和数据存储都通过Web服务器完成，对于部署和维护人员来说，只要关注服务器端状况即可，便于管理和维护，也容易扩展和提高可靠性。

B/S架构利用浏览器作为客户端，极大地简化了客户端部署与维护成本，具有跨平台、易扩展、易维护的优势，逐渐成为现代软件设计的主流架构。

C/S架构和B/S架构相比，各有优势。

1. **系统性能方面**

C/S架构充分利用了客户端计算机资源，数据处理速度快，能够更好地满足个性化定制和复杂应用的需求，特别是在处理大量数据时，不占用服务器资源，效率更高，例如大型游戏、Auto CAD、生产线控制系统等多采用C/S架构。在B/S架构中，只要操作系统有浏览器且能接入网络就能使用，在跨平台、大规模部署及异地信息的浏览、采集等方面优势明显，但不能发挥客户端计算机资源的作用，性能相对较弱。

2. **系统升级、维护方面**

B/S架构集中部署在服务器端，只需要进行服务器端升级即可，无论用户端有多少，只要浏览器没问题就能完成升级，即使需要插件，一般浏览器也能自动完成。而C/S架构的软件系统不仅需要升级服务器端，还需要对客户端进行同样的升级与维护，特别是用户数量大时，再加上用户与用户的计算机环境各不相同，客户端维护工作量和难度明显增加。

3. **系统安全方面**

在数据及网络安全方面，两者所面对的不安全因素和网络环境相同，在病毒防治、数据安全上的优势是一样的。但在哪些终端能够登录方面，C/S架构因为必须通过客户端登录，能够很好地限制终端群体。有些C/S架构的终端还采用了身份验证、设备绑定等方式，加强了终端验证，能明显提高系统的安全性。而在B/S架构中，用户只要有浏览器就能打开，比C/S架构有更多潜在的安全风险。这也是许多银行软件、金融软件等对安全性要求较高的软件系统都采用C/S架构的原因。

4. **技术实现方面**

C/S架构技术发展历史较长，已经十分成熟，相比浏览器，客户端能获取更多本地资源，权限也更高，更加适合传统的软件系统。在B/S架构方面，随着互联网场景和云服务的快速发展，人们更容易接受浏览器随处打开就能使用的特点，加上相关框架不断出现和迭代，技术更新较快，易用性和安全性得到了明显提高，被越来越多的大众所接受。

二、N层架构

N层架构又称为多层架构(multilayer architecture)，它虽然也是软件架构，但与C/S架构和B/S架构不同，是从设计模式的角度对软件系统进行的逻辑上的划分，主要应用在软件设计和实现中。

在N层架构中，软件被分解为多个逻辑层次，每个层次负责不同的功能，能够使软件设计更加模块化。层与层之间为松耦合，一个层的变更通常对另一个层影响不大。通常是上层调用下层模块，下层中一些具有类似功能的模块可以共享，能很好地支持模块重用。N层架构并没有限制具体层数，在软件设计中，可以根据实际情况设计若干个层次，能明显提高软件设计工作的灵活性和扩展性。

目前，四层架构的设计应用较多，四层架构主要包括以下层次。

1. 表示层(presentation layer)

表示层又称为用户界面层，负责与用户交互，接收用户输入，实现数据呈现，可以是图形用户界面、Web界面或命令行界面。

2. 业务逻辑层(business logic layer)

业务逻辑层又称为应用层，负责软件系统的核心业务规则和逻辑，如对输入数据的处理、实现业务逻辑的计算、完成必要的数据转换、完成核心工作流和事务等。

3. 数据访问层(data access layer)

数据访问层负责与数据库或其他数据存储进行交互，执行数据的增、删、改、查操作。数据访问层将数据存储问题抽象化，使得业务逻辑层不必考虑特定的存储细节。

4. 数据层(data layer)

数据层又称为持久层，一般位于N层架构的最底层，主要负责数据的检索、存储和管理，是数据的持久化部分。数据层需要确保数据的完整性、一致性和安全性，为整个系统的数据验证提供保证。数据层还需要考虑：存储形式是数据库、文件还是内存，如何设计索引提高检索效率，如何定期备份数据避免丢失，如何保证数据访问安全等。

三、Java EE技术

Java EE(Java platform enterprise edition)是1999年，伴随着Java 2的出现而推出的Java企业版平台(当时命名为J2EE，后改名为Java EE)，为企业级应用软件提供了一系列完整的、可伸缩的、安全的服务、API和协议，极大地简化了软件开发、多层部署、分布式、Web应用开发等工作。

Java EE的核心是一套规范，定义了组件模型、安全性、事务处理、连接管理等一系列技术方法，主要包括以下内容。

(1) EJB(enterprise JavaBean)：是指企业级应用组件模型，主要包括会话Bean(session Bean)、实体Bean(entity Bean)和消息驱动Bean(message-Driven Bean)。

(2) Servlets：是指运行在服务器端的Java程序，负责接收来自客户端的请求并做出响应和反馈，一般是生成动态的Web内容。

(3) JSP(Java server pages)：是指在HTML中嵌入Java代码的一种技术，能够实现动态创建Web页面。

(4) JDBC(Java database connectivity)：是基于Java的一种数据库访问方法，能够连接多种类型的数据库并进行增、删、改、查等操作。

(5) JNDI(Java naming and directory interface)：是一种访问和操作企业级资源的统一接口。

(6) JMS(Java message service)：是一套发送和接收消息的API，能够很好地解决分布式应用之间的异步通信问题。

(7) JTA(Java transaction API)：是一种管理事务的API，支持分布式事务处理。

(8) JTS(Java transaction service)：是实现事务管理器的技术框架，能很好地支持JTA。

(9) JavaMail：是一种发送和接收电子邮件的API。

(10) JAF(JavaBeans activation framework)：是一种处理MIME数据的技术框架。

(11) XML：是一套解析和处理XML数据的API，能实现基于XML的数据交换。

(12) RMI(remote method invocation)：是调用远程对象方法的技术。

基于Java EE技术的企业级应用软件通常采用N层架构，将不同的关注点分离到多个层次，实现各个层次的独立开发、测试和部署。

四、.NET技术

2002年，微软公司发布了第一个版本的.NET Framework，标志着.NET技术的诞生。从2002年到2016年，.NET Framework从1.0版发展到4.8版，但仅限于Windows操作系统的软件开发。2016年，微软停止了.NET Framework的更新，推出了全新的替代框架.NET Core，实现了跨平台支持。从2016年到2020年，.NET Core从1.0版发展到3.1版。2020年，微软停止了.NET Core更新，将.NET Framework、.NET Core和 Xamarin三大技术整合，推出了全新的.NET 5，实现了平台的单一化和连贯性，为不同平台的用户提供了完整、统一的开发体验。

.NET是免费、跨平台、开源的开发平台，能够构建C/S架构、B/S架构、微服务、移动应用、游戏、云服务等多种类型的应用程序，支持多种语言混合编程，是许多大规模应用程序的常用框架。.NET的核心技术如下。

(1) .NET Framework：一个为Windows操作系统设计的软件开发框架，包含丰富的类库和工具，支持多种编程语言，如C#、Visual Basic .NET和F#等。

(2) .NET Core：一个跨平台的开源框架，支持Windows、Linux、macOS等多种操作系统。

(3) .NET Standard：一个规范，定义了.NET平台之间的共享API，实现了不同.NET之间的兼容性。

(4) C#：.NET平台上最主要的面向对象语言，被.NET研发团队广泛使用，支持事件驱动编程和泛型。

(5) Visual Basic .NET(VB.NET)：是Visual Basic语言的.NET版本，帮助传统的VB程序员快速构建.NET应用。

(6) F#：.NET平台上的一种函数式编程语言。

(7) ASP.NET：用于构建Web应用的框架，包括ASP.NET Web Forms、ASP.NET MVC、ASP.NET Web API和ASP.NET Core技术。

(8) Windows Presentation Foundation(WPF)：一个用于构建Windows桌面客户端应用程

序的UI框架，支持复杂的用户界面和动画。

(9) Windows Forms：一个用于快速开发Windows桌面应用程序的UI框架。

(10) Entity Framework：一个对象关系映射(ORM)工具，能够简化数据库操作。

(11) LINQ(language integrated query)：一种查询语言，能与C#、VB.NET、F#等语言无缝衔接，实现语言级的数据查询。

(12) .NET CLI(command line interface)：一个跨平台的命令行工具，支持.NET软件系统的开发、构建、运行和打包。

(13) Xamarin：跨平台移动应用开发框架，支持iOS、Android和Windows Phone操作系统。

(14) ML.NET：一套开源、免费的机器学习框架，支持在软件中集成机器学习模型。

(15) Blazor：一个允许在浏览器中直接运行C#代码的Web应用框架，能够快速、简便地构建交互式的Web UI。

.NET技术有很好的一贯性和统一性，多年来不断演进，新特性和功能不断加入，一些开发理念十分新颖，便于构建和部署多种类型的、跨平台的企业级应用软件。

五、前后端分离技术

伴随人类科技生活的进步和软件开发技术的迅速发展，软件应用系统越来越丰富，技术革新日新月异，技术架构、开发框架不断涌现，为研发团队分工和软件架构开发带来了新的挑战。

浏览器的技术升级使得基于B/S架构的Web应用功能越来越强大，许多早期只能基于C/S架构完成的工作逐渐得到了浏览器的支持，B/S架构成为当下软件系统开发的主流。

前后端分离技术是一种较新的架构设计方法，把软件系统划分为前端和后端，分别开发、部署和维护。前后端相互独立，职责划分十分明确，前端负责界面呈现和交互，后端负责业务逻辑、数据处理和存储。

前后端分离技术兴起的主要原因如下。

(1) **分离了关注点**。前后端分离允许研发团队分工更加明确。前端开发者只专注于用户界面和体验，后端开发者则专注于业务逻辑、数据管理和API实现。尤其是对于复杂系统，这样的分工能明显降低项目规模和程序员的学习成本。

(2) **提高了可维护性**。应用程序的前端和后端相互独立，在维护与升级时，通常可以只关注某一端的改动，相互之间耦合度很低，软件维护的灵活性和可靠性得到了提高。

(3) **提高了性能**。软件系统的用户数量增加后，前后端各自有相关技术来提高性能，例如后端可以通过提高数据库服务器配置、应用服务器配置或采用高速缓存、算法优化等，达到提升处理能力的目的；而前端则可以通过分发网络(CDN)、懒加载等提高响应速度和用户体验。

(4) **促进协作**。大型软件项目研发团队人数较多，管理常常是不小的挑战，软件设计成本和沟通成本高昂。通过前后端分离技术，允许多个开发者或小组在不同端同时工作，再加上多层架构的设计，分工更加明确，可以明显提高开发效率和协作能力，缓解管理压力。

(5) **跨平台兼容性**。前端技术通常与平台无关，一个前端应用可以在多种设备和操作系统上运行，而后端则可以在不同的服务器和数据库系统上部署，使得软件项目有很好的跨平台兼容性。

(6) **安全性**。通过前后端分离，人机交互与数据处理在逻辑上实现了隔离，可以有效地实施安全措施，如用户认证、输入检查、数据加密等，从而提高整个软件系统的安全性。

(7) **重用性和模块化**。前后端均支持模块化设计，无论是前端组件还是后端服务，都能体现为相对独立的模块，提高可重用性，减少代码冗余并提高开发效率。

(8) **适应新技术**。在市场广泛使用前后端分离技术的背景下，前端和后端都涌现了一大批新方法、新框架，这使得软件系统的开发更容易使用新技术。

(9) **用户体验**。由于前端专注于人机交互体验，与传统的开发相比，能有机会积累更好的呈现形式和交互方法，这对于竞争激烈的现代软件来说尤为重要。

六、常用开发技术

以Java平台为基础，阐述一些常用开发技术。

1. 开发框架Spring和Spring Boot

Spring是一个开源的企业级应用软件开发框架，核心特征是依赖注入、面向切面编程、数据访问和集成多种Java EE服务。它通过一系列模板和工具，简化了Java企业应用的开发难度，支持XML、Java配置、注解等多种配置方式，通过Srping MVC、Spring WebFlux等技术支持Web应用程序开发，通过JDBC、ORM、OXM、JMS和事务管理技术支持多种数据访问，还能轻松地与其他技术(如Hibernate、JPA、JMS等)集成。

Spring Boot是Spring框架的一个子项目，提供了一种快速启动和运行Spring应用程序的方式。它本身并没有采用新的技术和理念，只是通过一系列预配置简化Spring开发过程。例如Spring Boot提供了许多默认配置，并基于约定大于配置的原则大幅度减少了开发者的手动配置工作量；Spring Boot允许开发者将应用程序打包成一个Jar或War文件，而不再需要依赖外部的Servlet容器；Spring Boot内嵌了Web容器，如Tomcat、Jetty或Underlow，不需要单独安装和配置Web服务器。

2. 构建工具Maven

Maven是一个开源的项目管理和构建自动化工具，采用POM(project object model)文件来集中管理软件依赖，使开发人员不需要花费过多的精力进行配置，从而更专注于业务逻辑和编码工作。Maven不但支持跨平台(如Windows、Linux和macOS等)、继承和多模块设置，还提供了一系列命令，如mvn clean、mvn compile、mvn test、mvn package、mvn install、mvn deploy等，能够方便地完成项目清理、编译、测试、打包、安装、部署等工作，实现了标准化管理，明显地提高了开发效率和软件质量。

3. 持久层框架MyBatis和MyBatis Plus

MyBatis是一个流行的持久层框架，灵活性好、简单易学、性能优秀且易于调试，与传统的JDBC相比，能够省去在SQL代码中设置参数、获取结果集等工作。MyBatis采用XML或注解的方式，实现对数据库的增、删、改、查功能。MyBatis还提供了一级、二级缓存机制，能明显提高查询效率，一级缓存是SqlSession级的，二级缓存是SqlSessionFactory级的，相互配合，十分灵活。MyBatis支持分页、预编译、动态生成SQL命令等功能，极大地简化了数据库访问的复杂性，开发者采用面向对象的方式就能完成数据操作。

MyBatis Plus是MyBatis的增强工具，在MyBatis的基础上增加了许多实用功能，如代码自动化生成、条件构造器、分页插件、性能分析等。在MyBatis Plus中，定义好Mapper接口后，只需要继承BaseMapper<T>接口，无须编写任何接口方法和配置文件，就能实现通用的增、删、改、查功能。

总之，MyBatis和MyBatis Plus框架各有优劣，前者适合高度定制化的数据库操作，后者则更适合快速开发项目。

4. 日志记录工具Log4j

Log4j是一个由Apache软件基金会维护的开源日志记录工具，深受基于Java的企业应用开发项目的欢迎。它功能强大，配置简单，能够帮助开发者简便、灵活地记录软件日志，记录范围包括输出方式、日志级别、日志格式等。在Log4j中，Logger组件负责捕获程序日志，Appender组件负责设置日志输出方式(如控制台、文件、数据库等)，Layout组件负责设置日志信息的格式。

5. 高速缓存Redis

Redis是一个开源的高性能内存数据库，通常用来做高速缓存、会话存储、消息队列、排行榜、实时分析等。Redis存储数据的方式是键值对，支持多种类型的数据如字符串、哈希、列表、集合等。

Redis数据库读写速度极快，能够缓解与硬盘数据库交互的压力，适用于更新少且使用频繁的数据。在许多软件系统中，基础数据、设置参数、广告音频、视频等都采用了Redis形式存储，能极大地提高系统性能和响应速度。

Redis数据库虽然是内存数据库，但也提供了持久化机制，支持将内存数据同步到硬盘保存，以便在服务器重启时恢复。Redis数据库对事务也有很好的支持，可以保证系列操作的原子性，即要么全执行，要么全不执行。Redis还支持跨平台，能够部署在多种操作系统上，如Windows、Linux和macOS等。

总之，在软件实现领域，涌现了大量安全、可靠、成熟且使用简便的技术，被软件研发人员广泛使用。以上仅列举了一部分较为流行的Java平台后端开发技术，还有很多技术也深受欢迎，能够用来解决不同方面的问题，例如单元测试工具Junit，微服务框架Spring Cloud，模板引擎Freemaker和Thymeleaf，Nosql数据库MongoDB，大数据分析工具Apache

Spark、Apache Hadoop、Apache HBas等，分布式应用程序协调Zookeeper，Token管理工具JWT，JSON处理工具Fastjson、Jackson等，Office文档操作工具Apache POI，自动生成接口文档工具Swagger，注解工具Lombok，JDBC连接池工具Druid和代码生成器Mybatis Generator等。

另外，在前端开发方面，也有许多技术得到了广泛使用。

(1) HTML(hypertext markup language)和HTML5：通过标签来构建并丰富网页呈现，是所有前端开发的基础。

(2) CSS(cascading style sheets)和CSS3：为网页组件提供了丰富的样式设置，如颜色、大小、阴影、动画、渐变等。

(3) JavaScript：一种高级解释性编程语言，为网页提供了动态交互能力。

(4) React框架：一个由Facebook维护的前端框架，能够方便地构建前端页面。

(5) Vue框架：一个渐进式的JavaScript框架，简单、易学、性能出众，能够快速构建前端页面，适用于单页面(SPA)项目开发。

(6) Angular框架：一个由Google维护的开源前端框架，提供了一系列强大的功能，如组件驱动、响应式编程、服务和依赖注入等。

(7) Webpack工具：一个打包工具，用来将项目资源打包成浏览器可识别的格式。

(8) npm管理器：一个包管理工具，用来管理项目中各种组件的依赖。

(9) Yarn管理器：由Facebook推出的包管理工具，跟npm功能相似，但比npm的包安装速度更快，安全性更好。

(10) Git管理器：一个分布式的版本管理工具，能方便地实现多人协作编码和版本控制。

(11) Axios组件：一个基于Promise的开源HTTP通信组件，提供了一系列简单、易用的API来完成HTTP请求和响应。

另外，Web Components、Grunt、Jest、Mocha、Cypress、Router、Vuex、NgRx等技术也都很受欢迎，为前端开发提供了极大的便利。

第三节 软件测试

一、软件测试的概念

软件测试是采用人工或自动手段运行或测试某个系统的过程，其目的在于检验软件是否满足规定的需求或弄清预期结果与实际结果之间的差别。软件测试的重点是测试软件的功能、性能、可靠性等是否符合用户需求指标。

软件测试的主要内容包括编制测试计划、编写测试用例、准备测试数据、编写测试脚本、选择测试工具、实施测试、测试评估和撰写测试文档等。目前，软件测试方式正在从单纯的手工测试向手工与自动混合测试发展,并且出现了一批专业的第三方测试机构。

软件测试是保证软件质量的关键,越早发现软件中存在的问题,修复的成本就越低。早期的软件测试活动主要在开发后期介入,随着面向对象和软件工程理论的发展,测试活动已经逐渐扩展到了整个软件生命周期。

一般认为,软件测试应坚持8个原则:

(1) 认真执行测试计划;
(2) 尽早开始软件测试活动;
(3) 使用合适的测试工具和方法;
(4) 精心设计测试用例;
(5) 交叉进行软件检测;
(6) 重点测试群集现象;
(7) 全面检查并分析测试结果;
(8) 妥善保管测试文档。

在时间顺序上,软件测试可分为单元测试、集成测试、有效性测试、系统测试和验收测试5个步骤,完成所有测试步骤后才能向用户交付软件。

1. 单元测试

单元测试又称为模块测试,是针对功能相对独立的软件模块的测试,如一个函数、一个类的方法或一个功能模块等,目的是发现代码是否与设计相符,功能和性能是否有问题,是否在编码过程中引入了错误等。单元测试的对象是模块,依据是代码、注释和详细设计文档,由开发人员完成,采用白盒测试方法,多个模块之间的测试相互独立,可以并行进行。

2. 集成测试

集成测试又称为组装测试、联合测试,是在所有模块完成单元测试后,在测试环境中将模块集成,进行联调和测试,目的是检查软件模块之间的接口是否正确。集成测试的对象是模块间的接口,依据是模块和概要设计文档,由开发人员完成,采用黑盒测试与白盒测试相结合的方法。

3. 有效性测试

有效性测试又称为确认测试、冒烟测试,是软件开发过程中的一种针对软件版本包的快速基本功能验证策略,目的是对软件基本功能进行确认与验证。有效性测试的对象是整个软件系统,依据是测试用例,由测试人员完成,采用黑盒测试方法。

4. 系统测试

系统测试是将集成好的软件系统,作为整个计算机系统的一部分,与硬件、外设、相关支持软件、数据和人员等元素结合在一起,在实际环境下运行的一系列测试活动。一般软件系统的主要测试工作集中在系统测试阶段,包括功能测试、性能测试、安全性测试、兼容性测试等，目的是验证系统是否满足了"软件需求规格说明书"的要求，找出与之不符或矛盾的地方，提出完善方案。系统测试的对象是整个软件系统，依据是需求文档、测试方案和测试用例，由测试人员完成，采用黑盒测试方法。

5. 验收测试

验收测试是软件部署之前的最后一个测试，目的是确保软件准备就绪，并向用户展示软件系统的功能和性能，确认满足了用户的需求。验收测试的对象是整个软件系统，依据是需求文档和验收标准，由用户完成，采用黑盒测试方法。

软件测试流程如图11-1所示。

图11-1　软件测试流程

二、软件测试方法

1. 黑盒测试

黑盒测试又称功能测试、黑箱测试等，其测试用例完全是根据程序的功能说明来设计的。"盒"是指被测试的软件，"黑盒"是指测试人员只知道它的外部情况，如界面、接口、功能等，并不知道或不需要考虑它的内部结构和实现逻辑。黑盒如同一个打不开的黑盒子，测试人员只能从用户的角度，在所有可能的输入条件和输出条件中确定测试数据，检验程序能否正确输出，能否满足预期要求。

2. 白盒测试

白盒测试又称结构测试、透明盒测试、开放盒测试等，其测试用例是根据程序的内部结构和执行路径来设计的。"白盒"是指测试人员完全清楚软件的内部执行逻辑和结构，如同一个打开的盒子，通过测试数据检查所有的执行路径是否正确，是否跟预期状态一致。

通常，白盒测试要求模块中每一个独立的路径至少执行一次，每个分支至少执行一次，每个循环的边界条件和一般条件均执行一次，以便尽可能覆盖所有的执行路径，检查执行数据和逻辑的正确性。

无论是黑盒测试，还是白盒测试，都不可能做到穷尽所有的数据和路径，软件测试也不可能发现所有的软件错误。因此，研发团队应该尽量设计优秀的测试用例，以便尽可能多地发现潜在错误，为系统后期的维护减少工作量。

另外，根据应用场景的不同，还可以将黑盒测试和白盒测试相结合，进行灰盒测试。灰盒测试多用于软件集成阶段，不仅关注输入、输出的正确性，同时关注软件内部结构和逻辑的正确性，但又达不到白盒测试关注内部逻辑的程度。

三、软件测试用例

软件测试用例是指为了某个特殊的测试目标而编写的一组测试输入数据、执行条件和预期结果,目的是测试软件系统或软件系统的某个功能模块是否满足目标要求。在软件测试的实施阶段,创建测试用例是一个重要环节,它是整个软件测试工作计划和实施的基础。

创建软件测试用例的步骤如下。

1. 确定测试范围

创建软件测试用例前,要充分了解软件系统的目标市场、用户群体和预期用途,并仔细阅读"软件需求规格说明书",理解软件必须满足的功能性需求和非功能性需求,据此确定要测试的功能和模块,进行整理,形成测试任务集合。软件系统的测试范围应当覆盖所有的正常流程和尽可能多的异常流程。

2. 识别测试类型

根据测试任务集合和测试范围,逐项确定测试任务的类型,如功能测试、性能测试、安全测试、兼容性测试等。

3. 设计测试用例

根据测试类型,设计测试用例,包括编号、标题、测试目标、前置条件、后置条件、测试步骤、测试数据、预期结果、实际结果、测试结果、缺陷编号和备注等。其中,前置条件是指在执行测试前必须满足的条件,如软/硬件环境、用户操作权限、网络连接、依赖组件或服务、系统状态等;后置条件是指在测试完成后需要执行的操作,如清理测试环境、清理测试产生的相关数据、重置软件运行状态、异常问题处理、日志处理等;测试步骤主要描述测试时的操作流程;测试数据需要根据测试内容设计,不同的功能点或性能点的测试数据不尽相同;预期结果描述了希望达到的效果,要根据需求规格说明书设定;实际结果是指测试出的真实效果,在测试完成后填写;测试结果是指比对预期结果和实际结果,得出的通过或不通过的测试结论。

在测试用例中,测试结果不通过时,常常伴有缺陷的发生,这时只需要写明缺陷编号,并另外撰写缺陷描述。缺陷描述是集中描述测试过程中所发现的各种缺陷的文档。通过缺陷描述,软件测试团队能够分门别类地收集测试过程中发现的各种缺陷,集中填写和整理,从而方便研发团队阅读、理解、重现和修复。

缺陷描述通常包括缺陷编号、缺陷标题、缺陷描述、严重性(高、中、低)、优先级(高、中、低)、预期结果、实际结果、复现步骤、佐证材料、备注等。

例11-1 完成用户无法在购物车页面更新商品数量的缺陷描述。

缺陷编号:BUG10008。

缺陷标题:用户无法在购物车页面更新商品数量。

缺陷描述:在购物车页面,用户尝试更新商品数量后,页面显示的数量未更新,导致结账时价格计算错误。

严重性：中。

优先级：高。

预期结果：购物车页面应显示更新后的商品数量和相应的价格。

实际结果：商品数量未更新，价格仍按原来的数量计算。

复现步骤：①登录到软件系统；②添加3个商品到购物车；③前往购物车页面；④将商品数量更改为2；⑤更新购物车。

佐证材料：附件cart_bug_screenshot.jpg。

备注：无。

4. 评审测试用例

完成测试用例设计后，召集相关研发团队成员一起评审测试用例，确保满足"软件需求规格说明书"中的目标与要求。

5. 执行测试用例

按照测试用例的要求，按步骤执行测试用例，对比执行结果和预期结果，做好记录，为编写测试报告收集数据。

6. 测试用例的维护

由于软件系统生产的特殊性，需求会经常出现变化，为了适应新的测试要求，必须对相应的测试用例进行更新，可以通过定期审查、更新测试用例、完善用例条件和测试数据、更新测试流程等方式完成。

例11-2 设计一个用户登录测试用例。

测试用例编号：TEST0001。

测试用例标题：用户登录功能测试。

测试目标：验证用户正确输入用户名和密码后能够登录系统。

前置条件：①测试环境已搭建好；②测试账号已经创建好。

后置条件：测试完成后，退出账号。

测试步骤：①打开登录页面；②输入有效的账号；③输入有效的密码；④单击"登录"按钮。

测试数据：①账号为testuser；②测试账号密码为testpassword。

预期结果：①系统显示欢迎页面；②系统显示用户信息。

实际结果：(执行测试后填写)

测试结果：(根据测试情况，确定通过或不通过)

缺陷编号：(如果有缺陷，填写缺陷描述)

备注：(任何额外的备注信息)

例11-3 设计一个验证添加商品到购物车的测试用例。

测试用例编号：TEST0006。

测试用例标题：验证添加商品到购物车。

测试目标：验证用户能够把商品添加到购物车，并且购物车中能够显示正确的商品数量和价格。

前置条件：①测试环境已经搭建好；②测试用户已经登录软件系统；③系统中有商品可以选择并添加到购物车。

后置条件：①清除测试中在购物车添加的商品；②测试完成后，将测试用户账号从系统中退出。

测试步骤：①打开软件系统；②浏览商品列表，选择一个商品；③单击"添加到购物车"按钮；④进入购物车，检查商品编号、商品名称、数量、单价和总价。

测试数据：①测试账号为testuser；②测试账号密码为testpassword；③商品编号为1122；④商品名称为128G高速闪存；⑤商品单价为99.99元；⑥选择数量3件。

预期结果：①商品成功添加到购物车；②购物车页面显示了正确的商品编号、商品名称、数量、单价和总价，分别是1122、128G高速闪存、3件、99.99元和299.97元。

实际结果：(执行测试后填写)

测试结果：(根据测试情况，确定通过或不通过)

缺陷编号：(如果有缺陷，填写缺陷描述)

备注：(任何额外的备注信息)

四、软件测试自动化

软件系统发展迅速，综合程度和项目规模也越来越大，软件测试工作十分繁重。软件测试自动化是利用软件工具或脚本来执行测试任务，让软件扮演测试人员，完成测试工作的方法。软件测试自动化采用计算机程序进行，具有测试效率高、覆盖范围广、失误少、成本低、支持大数据量测试和重复测试、测试灵活等优点。

常见的软件测试自动化工具如下。

1. Selenium

Selenium是一款开源的自动化测试工具，主要用于Web应用程序的自动化测试。Selenium提供了一系列工具库，如WebDriver、IDE、Grid等，支持Chrome、Firefox、Safari、Internet Explorer等多种浏览器，可以基于多种语言编写，如Java、Python、C#、Ruby等。

2. Appium

Appium是一款开源的自动化测试工具，主要用于移动应用的自动化测试，如Android、iOS等，支持Windows、Mac、Linux等操作系统。Appium对跨平台支持非常友好，可以做到一套测试脚本多处运行，极大地减少了软件测试人员的工作量。

Appium遵循WebDriver标准，学习成本比较低，支持Java、Python、JavaScript、Ruby、PHP、C#等多种语言，拥有一个非常活跃的讨论社区。

3. Apache JMeter

Apache JMeter是一款开源的压力测试工具,主要用于做性能测试和负载测试。Apache JMeter不仅支持HTTP,还支持HTTPS、FTP、JDBC、REST Web等多种应用。Apache JMeter基于Java编写,能在任何支持Java的操作系统环境中运行,方便配置参数并进行批量测试,还可以表格、图形等形式展示测试结果,如查看结果树、聚合报告等。

4. Postman

Postman是一款由美国Postman公司开发的十分流行的API开发工具。Postman支持HTTP、HTTPS等多种协议,能够发送GET、POST、PUT、DELETE等请求并进行接口测试,还支持环境管理、集合管理、变量管理等多种功能。

5. JUnit

JUnit是Erich Gamma、Kent Beck和其他贡献者于1997年以开源项目的形式创建的自动化测试工具。经历了多次版本迭代,已升级到了JUnit 5,也称为JUnit Jupiter,目前是由社区开发和维护的。JUnit基于Java语言编写,提供了一套Java库,涉及注解、断言、测试运行期等,能够方便地验证代码行为。JUnit可以被大部分开发工具继承,如Maven、Gradle、Eclipse、IntelliJ IDEA等。

6. TestNG

TestNG是一款开源的自动化测试框架,基于Java语言开发,设计灵感来源于JUnit和NUnit,但功能更强大、更易用,几乎涵盖了所有类别的测试,如单元测试、功能测试、端到端测试、继承测试等。TestNG支持数据驱动测试、参数化测试、多线程测试等,支持生成测试报告。TestNG安装简单,只需要配置Maven仓库即可。

7. Robot Framework

Robot Framework是一款基于Python开发的开源的自动化测试框架,由Nokia Siemens Network公司开发,并由非营利性组织Robot Framework Foundation维护。Robot Framework支持关键字驱动测试,支持大量的标准库和第三方库,可以进行客户端测试、接口测试或分布式测试。Robot Framework能够和其他测试工具(如Selenium WebDriver、Appium等)集成,支持跨平台(如Windows、Linux、macOS等)使用。

8. Cypress

Cypress是一款由Cypress公司开发的前端自动化测试工具,主要特点是安装简单、无须配置,提供了一系列直观的API接口,具有较高的执行速度和多种测试类型的支持能力。Cypress提供了丰富的断言库,能够与应用程序在相同的生命周期里执行,支持在测试失败时自动截图或录制视频,还可以在修改代码后自动重新加载并运行测试。

9. Puppeteer

Puppeteer是一款由Google公司开发的高级JavaScript API,能够基于DevTools协议控制Chrome浏览器以无头模式运行,进行网页自动化测试、网页爬取、生成截图、生成PDF或编写浏览器扩展等。Puppeteer性能较好，简单、易用，能够十分方便地模拟用户的各种浏览器使用行为，完成自动化测试工作。

10. Playwright

Playwright是一款由Microsoft公司开发的开源的自动化Web测试工具，可以在Windows、Linux和macOS操作系统上运行，支持无头或有头模式，能很好地支持Chromium、Webkit和Firefox浏览器内核，还提供了许多工具(如代码生成、代码跟踪和调试工具等)，以及截图、录制、网络拦截等功能。

11. TestCafe

TestCafe是一款由DevExpress公司推出的免费开源项目，基于Node.js开发，可以编写JavaScript或TypeScript测试脚本，支持在Chromium、Safari、Firefox、Edge、Internet Explorer等多种浏览器上运行，支持跨平台(如Windows、Linux和macOS)使用。TestCafe安装非常简单，提供了丰富的选择库和API，支持并发测试，效率很高。

12. LoadRunner

LoadRunner是一款商用的软件性能测试工具，最早由Mercury Interactive公司开发，后被HP公司收购。2017年，因为HP公司与Micro Focus公司合并，LoadRunner转到Micro Focus公司旗下。LoadRunner的主要组件包括Virtual User Generator、Controller和Analysis，能够把整体软件系统作为测试对象，模拟成千上万的用户进行访问，实时监控其性能，如负载压力、响应时间、并发数量和吞吐量等，从而发现软件的问题。

五、测试计划的撰写

《计算机软件文档编制规范》(GB/T 8567—2006)对测试计划有明确的要求和规范，具体内容和格式如下。

1. 引言

1.1 标识

说明被测软件的完整标识，包括名称、缩略词、版本号等。

1.2 背景

列出被测软件的开发历史，执行测试的机构。

1.3 项目概述

列出被测软件的特性和用途。

1.4 文档概述

概述本文档的用途和内容，说明保密性要求。

2. 引用文件

列出用得着的参考资料，主要包括经核准的计划任务书或合同、上级批文、相关的已发表文件，以及所引用的文件、资料、标准等。需要写明这些文件资料的标题、编号、发表日期、出版单位及获取方式。如果某文件不能从正常供货渠道获取，应加以说明。

3. 计划

3.1 软件说明

用表格的形式逐项说明被测软件的功能、输入和输出等指标，作为测试计划的提纲。

3.2 测试内容

列出集成测试和有效性测试中的每一项测试名称、进度安排、内容和目的，如模块功能测试、接口正确性测试、数据文卷存取的测试、运行时间的测试、设计约束和极限测试等。

然后，逐项叙述每项测试内容，原则上每项测试占用一节篇幅，但对于粒度较小的或较为简单的测试，可以合并说明。

3.3 测试1(测试名称)

3.3.1 进度安排

给出对这项测试的进度安排，包括进行测试的日期和工作内容，如熟悉环境、培训、准备输入数据等。

3.3.2 条件

陈述本项测试工作对资源的要求，如设备、支持软件、参与人员、任务分配、技术要求、特殊要求等。

3.3.3 测试资料

列出本项测试所需的资料，如文件、媒体、输入和输出举例、相关图表说明等。

3.3.4 测试培训

陈述本项测试的培训计划，如培训内容、主讲人、参加培训人员等。

3.4 测试2(测试名称)

同测试1(测试名称)。

4. 测试设计说明

4.1 测试1(测试名称)

4.1.1 控制

说明本测试的控制方式，如输入是人工、半自动还是自动引入，控制操作的顺序，以及结果的记录方法等。

4.1.2 输入

说明本项测试中所使用的输入数据及选择这些输入数据的策略。

4.1.3 输出

说明预期的输出数据，如测试结果及可能产生的中间结果或运行信息。

4.1.4 过程

说明完成本项测试的步骤和控制命令，包括准备、初始化、中间步骤和运行结束方式。

4.2 测试2(测试名称)

同测试1(测试名称)。

5. 评价准则

5.1 范围

说明所选择的测试用例能够检查的范围及其局限性。

5.2 数据整理

叙述为了把测试数据整理成适当形式，便于同已知结果比较而采用的处理方法，如手工方式或自动方式。如果采用自动方式，还要说明用到的软硬件支持资源。

5.3 尺度

说明用来判断本测试能否通过的评价尺度，如输出类型、与预期输出的偏离阈值、允许中断或停机的最大次数等。

六、测试分析报告的撰写

《计算机软件文档编制规范》(GB/T 8567—2006)对测试分析报告有明确的要求和规范，具体内容和格式如下。

1. 引言

1.1 标识

说明被测软件的完整标识，包括名称、缩略词、版本号等。

1.2 背景

列出被测软件的开发历史，执行测试的机构。

1.3 项目概述

列出被测软件的特性和用途。

1.4 文档概述

概述本文档的用途和内容，说明保密性要求。

2. 引用文件

列出用得着的参考资料，主要包括经核准的计划任务书或合同、上级批文、相关的已发表文件，以及所引用的文件、资料、标准等。需要写明这些文件资料的标题、编号、发表日期、出版单位及获取方式。如果某文件不能从正常供货渠道获取，应加以说明。

3. 测试概要

用表格的形式逐项列出测试名称和内容，指出与测试计划中预先设计内容的差别，并说明做出改变的原因。

4. 测试结果及发现

逐项叙述每项测试结果及发现，原则上每项测试占用一节篇幅，但对于粒度较小或较为简单的测试，可以合并说明。

4.1　测试1(测试名称)

把本项测试中实际得到的输出结果同目标要求进行比较，说明各项发现。

4.2　测试2(测试名称)

同测试1(测试名称)。

5. 功能测试分析

逐项叙述每项功能的测试结果，原则上每项功能占用一节篇幅，但对于粒度较小或较为简单的功能，可以合并说明。

5.1　功能1(功能名称)

简述本项功能，叙述为本项功能进行的一项或多项测试，说明测试结论，包括测试通过的功能和存在的缺陷或局限性。

5.2　功能2(功能名称)

同功能1(功能名称)。

6. 测试结论

6.1　能力

从整体上叙述测试通过的功能。

6.2　缺陷和限制

从整体上叙述测试证实的软件缺陷和限制，说明它们对软件的影响。还要针对每一项缺陷和限制提出修改建议，如修改方法、工作量大小、紧迫程度等。

6.3　结论

说明本软件是否达到了预定目标，能否交付使用。

第四节　软件部署

一、软件部署的概念

软件部署是在完成软件实现和测试后，将程序、数据库、配置和相关资源、资料、组件等，通过一定的策略和方法，分发或安装到用户使用的目标环境中，保证软件能够正常投入使用的过程。在软件生命周期，常常会遇到3种运行环境，分别是开发环境、测试环境和生产环境。开发环境是指开发者编写代码、调试和单元测试的计算机环境；测试环境是指模拟生产环境和用户行为，测试软件稳定性、兼容性的环境；生产环境是指软件系统最终部署、运行的环境。由于软件系统一般会长期运行，要充分考虑稳定性、可靠性、性价比和安全性。因此，软件部署是将软件从开发环境推向生产环境的过程，是向用户交付使用的关键环节，也是软件产品成果的重要体现形式。

由于开发环境和生产环境的软硬件资源配置不同，为了成功部署，就需要做充分的准备工作，包括制定部署策略、明确团队成员分工等。针对不同架构和类型的软件应用项目，以及用户对新旧系统交替的需求，部署方法不尽相同，常见的部署策略主要有以下5种。

1. 大爆炸部署

大爆炸部署是指在短时间内将整个软件系统全部部署到生产环境中去，适用于没有正在运行的历史系统的新建软件项目，或者规模较小且影响不大的软件项目。大爆炸部署简单、直接，效率高，人工成本和时间成本都很小，但也带来了很高的部署风险，因为一旦出现错误，可能会影响整个系统的运行，甚至丢失数据。由于缺乏循序渐进、逐步验证的过程，可能会集中出现多种问题，难以修复和回滚。

2. 滚动部署

滚动部署是指逐步将软件系统部署到生产环境中，是一种渐进式的部署策略。在滚动部署中，新版软件会被拆分成若干应用程序实例，首先停止运行一部分旧版实例，替换成对应的新版实例，然后监控新版实例的运行情况，验证其稳定性和性能是否达到了预期效果。如果表现为验证通过，则进一步替换其他实例，直至全部替换；如果发现问题，可以回滚有问题的实例到旧版，修复存在的问题，直至能重新部署和验证。

在滚动部署中，研发团队能够全程控制部署的速度和影响范围，当发现问题时，可以采取有针对性的策略，减小对系统的冲击，即使回滚也不影响系统的使用，服务器基本连续运行，不停机，具有很好的可控性和低风险性。但是，相比大爆炸部署，滚动部署需要更长的时间完成部署和验证过程，额外的管理和协调工作量较大，部署成本也较高。

滚动部署通常适用于大规模集群软件系统的部署，容易拆分成若干应用实例，也能尽量避免部署过程中造成的服务器停机。

3. 蓝绿部署

在蓝绿部署中，将原有的旧版软件生产环境称为蓝环境，要部署的新版生产环境称为绿环境，部署过程就是同时维护蓝、绿生产环境，并逐步由蓝变绿的过程，包括以下步骤。

(1) 准备新版软件：准备好经过测试和验证的新版软件。

(2) 部署绿环境：创建与蓝环境完全相同的绿环境，并部署新版软件。

(3) 测试和验证绿环境：在绿环境中进行新版软件测试和验证，保证运行稳定、可靠。

(4) 切换流量：将蓝环境全部流量中的一部分导向绿环境。

(5) 监控和验证：验证小部分流量在绿环境中运行是否稳定。

(6) 完全切换：如果绿环境表现稳定且可靠，就把全部流量导向绿环境。

蓝绿部署兼具大爆炸部署和滚动部署的特点，既能快速完成绿环境的部署，又能实现逐步过渡、测试和验证的过程，遇到问题时也能够快速回滚。但是，蓝绿部署的部署和验证时间比较长，管理和协调工作量大，而且需要同时维护两套生产环境，资源成本高，工作量大，性价比不高。

4. 金丝雀部署

"金丝雀"这个词来源于煤矿有毒气体检测。历史上，矿工们利用金丝雀对有毒气体敏感的特点，在井下作业时会携带金丝雀，如果金丝雀停止鸣叫或表现不适，就说明存在有毒气体；如果金丝雀死亡，说明有毒气体浓度上升，矿工们会立即撤离矿井。软件部署策略借用这一词语，表示将应用软件逐渐部署到生产环境的过程。在金丝雀部署中，研发团队会首选一小部分服务器和用户，部署新版应用软件，验证是否能够达到预期效果。如果发现问题，就回滚到旧版，进行修复和调整并重新部署；如果验证通过，就继续扩大范围，直到部署完成所有服务器。

金丝雀部署是均匀地更新所有服务器并完成替换，而滚动部署则是通过逐渐替换应用程序的若干实例完成部署。前者是通过限制新版软件的影响用户和范围来控制风险，而后者是通过控制替换程度来控制风险。

金丝雀部署与滚动部署都是渐进式部署，对系统的冲击小，能够基本做到服务器不停机，具有很好的可控性和低风险性，但都需要较长的时间，额外管理和协调工作量较大。金丝雀部署适用于云服务、在线游戏和频繁更新的互联网服务，能够较好地确保新版本的稳定性和可靠性，减少对用户的负面影响。

5. 功能切换部署

功能切换是一种通过开关或修改配置来控制某些功能是否可用的部署策略，开关可以是配置参数、环境变量、数据库标志字段或其他形式。当要部署新增功能或修改旧功能重新发布时，可以先禁用该功能，使用户不可见或不可操作。部署完成并验证通过后，再打开开关，如果验证有问题，进行修复时用户也感受不到任何影响。

功能切换部署的核心是引入了开关的概念，允许在生产环境中渐进地启用或禁用某些功能，逐渐完成功能交付和验证。开关控制灵活多样，当遇到问题时，也不需要复杂的回滚，只需要关闭新功能即可，切换十分方便。但是，功能切换部署需要引入额外的业务逻辑和编码来实现开关效果，增加了系统的复杂性和不稳定性，后期维护难度会变大，管理和沟通成本也比较高。

二、常见软件部署工具

软件部署工具可以自动构建部署流程，提升部署效率，常见的软件部署工具如下。

1. Docker

Docker最初由dotCloud公司开发，2013年转为开源项目并由Docker公司维护和提供商业化支持，是一个非常流行的软件容器引擎，能够在Linux和Windows服务器上部署。

Docker采用沙箱机制，允许开发者将不同的软件系统及其依赖打包到一个轻量级、可移植的镜像中，再部署到柜互隔离的应用容器中，不同的应用容器相互隔离，安全性很高。多个容器共享操作系统内核，虚拟化管理，每一个应用程序都运行在自己独立的系统环境中，有很好的可移植性和一致性，支持在不同机器、不同环境下的快速迁移。Docker的基本组件包括镜像、容器和仓库，相互配合，能够快速、高效地完成部署，几秒钟就能启动完成。近年来，Docker在微服务架构、持续集成、持续部署、应用程序打包和虚拟化应用方面很受欢迎。

2. Docker Compose

当软件部署的Docker容器较多时，管理起来非常烦琐，Docker Compose正是针对这类问题而开发的。它是Docker公司发布的一款开源部署工具，能够集中定义和管理多个Docker容器，通过几个简单的命令就能实现全部启动和停止。Docker Compose采用YAML文件编辑配置，简单、易用，还支持卷管理、依赖管理、网络管理和环境变量等功能，使复杂的多容器部署变得简单、直接，已经成为Docker部署生态中不可或缺的重要工具。

3. Deployer

Deployer是一款使用PHP编写的开源部署工具，能够通过SSH协议自动化部署，如代码部署、数据库迁移、缓存管理等，还支持多种流行的PHP框架，如Laravel、WordPress等。使用Deployer部署时，不需要在目标服务器上安装任何客户端，还可以并行执行多项部署任务，同时部署多台服务器。Deployer提供了丰富的任务钩子来执行自定义脚本，支持在发现问题时回滚到旧版。

4. AWS CodeDeploy

AWS CodeDeploy是由Amazon Web Services(AWS)公司开发的一款商用自动化部署工具，可以将软件自动部署到本地实例、无服务器Lambda函数、Amazon EC2实例或Amazon ECS服务，支持多种类型的应用程序部署，如代码、函数、配置文件、软件包、脚本、多媒体资源文件、可执行文件等。

AWS CodeDeploy支持两种部署方式。

第一，就地部署：在本地实例或Amazon EC2实例上，AWS CodeDeploy能够自动停止当前版本应用程序，安装最新修订，并启动和验证新版本。

第二，蓝绿部署：在本地实例或Amazon EC2实例上，依据部署任务，不同的蓝环境实例会被绿环境逐步替代，流量会自动转移到绿环境。

AWS CodeDeploy自动化部署工具停机时间短、操作简单，能够帮助用户高效完成部署工作，最大限度地避免了停机和错误风险。

除了以上列举的部署工具，还有很多其他部署工具，适用于不同的应用场景。选择恰当的工具能够明显提高部署质量和效率，降低研发团队的工作量和时间成本。

第五节 软件维护

一、软件维护的概念

软件投入使用后就进入了软件维护阶段,是软件生命周期的最后一个阶段。软件维护是指根据需求变化或软硬件环境的变化,对软件系统进行部分或全部修改的过程,通常包括4种类型。

1. 改正性维护

因为软件测试阶段不可能发现所有错误,尤其是大型综合软件系统。软件投入使用后,会在很长一段时间内不断暴露出问题或漏洞,这个过程可能持续几年甚至更长时间。改正性维护就是针对软件使用过程中暴露出的问题或漏洞所进行的维护工作,工作量通常占整个维护工作量的17%～21%。

2. 适应性维护

由于计算机软硬件的快速发展,而软件项目的使用时间又较长,用户常常为了改善运行环境而产生更新软件的想法和需求。适应性维护是针对这些需求进行的维护,工作量通常占整个维护工作量的18%～25%。

3. 完善性维护

由于软件系统的复杂性,在需求分析、概要设计和详细设计阶段难免有考虑不到的功能或性能,而它们的完善对系统功能是非常有必要的。完善性维护就是对这些功能或性能的扩充或改善,还包括对处理效率和程序编码的改进,如改进性能、调整界面、增加稳定性等。完善性维护的工作量比重比较大,通常占整个维护工作量的50%～60%。

4. 预防性维护

预防性维护是指为了改进软件系统的可靠性和可维护性,使其更加适应未来软硬件环境的变化,主动增加新功能,如报表格式改进、界面优化等。通常,预防性维护的工作量占整个维护工作量的4%左右。

二、常见软件维护工具

软件维护工具是指辅助软件维护过程的相关软件,通常包括以下几种类型。

1. 版本控制工具

版本控制工具可以协助软件开发或维护人员来管理代码的变更历史,方便追踪软件代码版本的演变过程,也可以在出现严重问题时,恢复到以前的版本。版本控制工具在协同开发中也扮演了重要角色。常见的版本控制工具有Git、SVN(Subversion)、

CVS(Concurrent Versions System)、VSS(Microsoft Visual SourceSafe)、TFS(Term Foundation Server)、Visual Studio Online等。

Git软件是由Linus Torvalds创建的一款开源、分布式版本控制系统，也是目前世界上最流行的版本控制系统，被广泛应用于各类软件系统的开发。Git软件的核心概念有本地仓库、远程仓库、工作区、暂存区、分支、合并、提交、标签、冲突等，通过操作实现高效的版本管理和团队协作。

不同于Git的分布式特点，SVN是一个集中式的版本管理软件，需要一个中央服务器来存储所有文档的历史和当前状态，核心概念包括仓库、工作副本、修订版、分支、提交、冲突、标签等。SVN的管理过程相对简单，但也高度依赖中央服务器，如果中央服务器出现问题，会影响所有开发者的工作。

2. 文档分析工具

撰写文档伴随着软件开发过程全程，非常耗时、费力。文档分析工具是协助研发团队自动生成各种文档的软件，它可以自动从项目中提取和整理相关信息，帮助开发者或维护者了解相关数据或结构。常见的文档分析工具有Swagger、Apidog、Stoplight、MuleSoft Anypoint Platform等。

Swagger软件是SmartBear公司旗下的一款非常流行的开源API文档工具，能够依据代码中按RESTful API规范定义的描述自动生成文档网页。Swagger提供了3个功能模块，分别是Swagger UI、Swagger Editor和Swagger Codegen。Swagger UI用来展示API文档网页，能够直接通过浏览器打开；Swagger Editor是一个在线编辑器，可以编写和验证OpenAPI规范文件，通常使用JSON或YAML格式编写；Swagger Codegen是一个根据OpenAPI规范自动生成服务端或客户端代码的工具。Swagger支持多种编程语言，如Java、Node.js和Python，可以帮助开发者把主要精力用于业务逻辑和代码实现，而不必关心文档的编写和维护。

Apidog由Apidog公司开发，是一款集成了API设计、调试开发、智能模拟服务器和自动化测试等功能的免费软件，被称为Postman、Swagger、Mock和JMeter的一站式替代产品，拥有强大的文档自动生成功能。在Apidog中，文档生成简单、直观，允许用户交互式生成和可视化编辑，能够根据代码变化实时更新文档，还能够导出OpenAPI、Markdown、HTML等多种格式的文档。

3. 性能分析工具

性能分析工具用来评估和优化软件性能，能够识别CPU使用率、内存泄露、内存访问错误、多线程性能等。常见的性能分析工具有VisualVM、YourKit Java Profiler、JProfiler、AJAX Profiler、YSlow、AIDA64、Intel VTune Profiler等。

VisualVM是一组可视化工具集合，包括jvmstat、JMX、SA、Attach API等。VisualVM从JDK 7开始，集成在了Oracle JDK中，无须额外安装即可使用，能够用来监控一段时间内软件应用的CPU使用情况，分析JVM中加载的类和对象信息，实时监控内存堆和永久保留区域，支持对多线程应用中的活动线程、守护线程数量进行跟踪，还可以自动生成多个性能分析快照并保存到本地磁盘，从而帮助研发团队快速定位问题。

YourKit Java Profiler是由德国Yourkit公司开发的一款商用的性能分析工具，提供了丰富的软件性能分析工具，如CPU分析、内存分配监控、线程状态跟踪、锁等待跟踪、异步调用分析等，能够与常见Java IDE环境集成，如IntelliJ IDEA、Eclipse、NetBeans等。YourKit Java Profiler支持Java和.NET应用程序的性能分析。

4. 监控和日志分析工具

软件系统部署完成后，日常监控和日志跟踪非常重要，能够帮助软件维护团队及时了解软件系统的运行情况，发现问题或追踪问题产生的原因，优化软件性能和资源分配。常见的监控工具有Nagios、Wireshark、Zabbix、Prometheus、Nmap等，常见的日志分析工具有Grafana、Graylog、Splunk等。

Nagios是由Nagios Enterprises开发的一款监控工具，用来监控服务器、交换机、路由器、防火墙、CPU使用率、内存使用率、HTTP、Mail、SSH等资源的健康状况，能通过邮件、短信等方式及时通知管理员。Nagios包括两个版本，即开源的Nagios Core和商用版Nagios XI，用户界面友好，简单易用，支持Linux和Unix操作系统，能够在发现问题时按照配置输出错误日志，可以在本地存储，也可以在远程日志服务器上存储。

Wireshark是一款流行的网络协议分析工具，支持Windows、macOS和Linux操作系统。Wireshark可以捕获经过网络接口的所有数据包，也可以设置过滤器捕获特定的数据包。Wireshark提供了详细的数据包分析功能，如帧、IP、TCP、UDP、HTTP等，可以跟踪TCP数据流，支持1000多种标准和协议解码。Wiresshark采用IO图、TCP流图等形式进行统计分析，被广泛应用于解决网络故障、调试网络协议和检测网络安全问题等场景。

Grafana是由Grafana Labs开发的一款开源的可视化日志分析工具，支持多种数据源，如Prometheus、InfluxDB、Elasticsearch等。Grafana提供了丰富的仪表盘模板和功能，支持灵活配置可视化面板，例如要展示哪些指标，使用哪种仪表盘，以及设定布局、仪表盘样式、刷新频率等，还可以设置多种报警规则和阈值，实现日志跟踪和分析。

5. 系统优化工具

软件的运行离不开用户服务器或本地机环境，通常情况下，系统优化也是软件维护的内容之一。系统优化工具非常多，常见的有Wise Care 365、CCleaner、IObit Advanced SystemCare、WinTools、Glary Utilities、Optimizer、Avira System Speedup、AVG tuneUp、RyTuneX、Ashampoo WinOptimizer等。

Wise Care 365是由中国北京熠科网络科技有限公司开发的深受欢迎的系统优化和隐私保护工具，能够扫描计算机中的垃圾文件、无效注册表，发现其他影响系统性能的问题，如临时文件、浏览器缓存、下载记录、浏览器历史记录、Cookie、用户名密码等，释放系统资源，提高整体性能，还可以进行磁盘碎片整理和文件粉碎，保护用户隐私。

CCleaner最早由英国Piriform公司开发，2017年被全球知名网络安全公司Avast收购，是一款流行的系统优化和隐私保护工具。CCleaner软件界面友好，功能强大，能够清理系统和应用程序产生的临时文件、缓存文件、无效注册表数据、程序卸载残留、系统启动项等，进行优化。CCleaner还可以清理浏览器历史记录和Cookie等，保护用户隐私。

参考文献 REFERENCES

[1] 朱扬勇，熊赟. 数据资源保护与开发利用[M]. 上海：上海科技文献出版社，2008.

[2] 丹尼尔·贝尔. 后工业社会的来临：对社会预测的一项探索[M]. 北京：商务印书馆，1984.

[3] 彼得·德鲁克. 管理的实践[M]. 北京：机械工业出版社，2006.

[4] 阿尔弗雷德·钱德勒. 战略与结构：美国工商企业成长的若干篇章[M]. 昆明：云南人民出版社，2002.

[5] 周丹. 数字化转型之企业架构重塑[M]. 北京：清华大学出版社，2022.

[6] 纳拉扬. 敏捷组织设计：面向数字化转型和持续交付的组织重构[M]. 熊节，译. 北京：清华大学出版社，2022.

[7] 迈克尔·波特. 竞争优势[M]. 陈小悦，译. 北京：华夏出版社，1997.

[8] Kogut B. Designing global strategies：comparative and competitive value-added chains[J]. Sloan Management Review，1985(4)：15-28.

[9] Gereffi G，Humphrey J，Sturgeon T. The governance of global value chains[J]. Review of international political economy，2005，12(1)：78-104.

[10] 付晓岩. 企业级业务架构设计：方法论与实践[M]. 北京：机械工业出版社，2019.

[11] 李书玲. 组织设计：寻找实现组织价值的规律[M]. 北京：机械工业出版社，2016.

[12] 亚历山大·奥斯特瓦德，伊夫·皮尼厄. 商业模式新生代[M]. 王帅，等译. 北京：机械工业出版社，2011.

[13] 潘泽清. 商业模式解析：商业模式画布的运用[M]. 北京：九州出版社，2022.

[14] 罗伯特·卡普兰，大卫·诺顿. 平衡计分卡：化战略为行动[M]. 刘俊勇，等译. 广州：广东经济出版社，2013.

[15] 罗伯特·卡普兰，大卫·诺顿. 战略地图化无形资产为有形成果[M]. 刘俊勇，等译. 广州：广东经济出版社，2005.

[16] 尹传高，张军. 战略地图：21世纪最佳战略模式[M]. 广州：广东经济出版社，2010.

[17] 亚德里安·斯莱沃斯基 J，大卫·莫里森 J，劳伦斯·艾伯茨 H. 发现利润区[M]. 凌晓东，等译. 北京：中信出版社，2000.

[18] 马文·沃泽尔 M. 什么是业务流程管理(升级版)[M]. 北京：电子工业出版社，2021.

[19] 王磊，等. 流程优化风暴：企业流程数字化转型从战略到落地[M]. 北京：机械工业出版社，2022.

[20] 张燕飞. 数字化转型：重塑业务流程管理[M]. 北京：中国铁道出版社，2022.

[21] 马凤才. 运营管理 [M]. 5版. 北京：机械工业出版社，2019.

[22] 贾铁军，李学相，王学军，等. 软件工程与实践[M]. 3版. 北京：清华大学出版社，2019.

[23] Ian Sommerville. 软件工程[M]. 10版. 彭鑫，赵文耘，等译. 北京：机械工业出版社，2018.

[24] Joseph Schmuller. UML基础、案例与应用(修订版)[M]. 3版. 李虎，李强，译. 北京：人民邮电出版社，2018.

[25] 陆惠恩，褚秋砚. 软件工程[M]. 3版. 北京：人民邮电出版社，2017.

[26] 毛新军，董威. 软件工程：从理论到实践[M]. 北京：高等教育出版社，2022.

[27] 曾强聪，赵歆. 软件工程原理与应用[M]. 2版. 北京：清华大学出版社，2016.

[28] 李军国，吴昊，郭晓燕，等. 软件工程案例教程[M]. 2版. 北京：清华大学出版社，2018.

[29] 范晓平，张京，曹黎明，等. 软件工程：方法与实践[M]. 北京：清华大学出版社，2019.

[30] Grady Booch，James Rumbaugh，Ivar Jacobson. UML用户指南(修订版)[M]. 2版. 邵维忠，等译. 北京：人民邮电出版社，2022.

[31] 李波，姚丽丽，朱慧. UML 2.5基础、建模与设计实践[M]. 北京：清华大学出版社，2024.

[32] 曹汉华，衣杨，关春喜，等. UML基础、建模与应用[M]. 北京：机械工业出版社，2024.